Monetäre und nicht-monetäre Effekte
von Erwerbsunterbrechungen

SCHRIFTEN ZUR EMPIRISCHEN WIRTSCHAFTSFORSCHUNG

Herausgegeben von Peter M. Schulze

Band 12

PETER LANG

Frankfurt am Main · Berlin · Bern · Bruxelles · New York · Oxford · Wien

Tanja Kasten

Monetäre und nicht-monetäre Effekte von Erwerbsunterbrechungen

Eine mikroökonometrische Analyse auf Basis des SOEP

PETER LANG
Internationaler Verlag der Wissenschaften

Bibliografische Information der Deutschen Nationalbibliothek
Die Deutsche Nationalbibliothek verzeichnet diese Publikation
in der Deutschen Nationalbibliografie; detaillierte bibliografische
Daten sind im Internet über <http://www.d-nb.de> abrufbar.

Zugl.: Münster (Westfalen), Univ., Diss., 2008

Gedruckt auf alterungsbeständigem,
säurefreiem Papier.

D 6
ISSN 1437-0697
ISBN 978-3-631-58160-5

© Peter Lang GmbH
Internationaler Verlag der Wissenschaften
Frankfurt am Main 2008
Alle Rechte vorbehalten.

Das Werk einschließlich aller seiner Teile ist urheberrechtlich
geschützt. Jede Verwertung außerhalb der engen Grenzen des
Urheberrechtsgesetzes ist ohne Zustimmung des Verlages
unzulässig und strafbar. Das gilt insbesondere für
Vervielfältigungen, Übersetzungen, Mikroverfilmungen und die
Einspeicherung und Verarbeitung in elektronischen Systemen.

Printed in Germany 1 2 3 4 5   7

www.peterlang.de

Monetäre und nicht-monetäre Effekte von Erwerbsunterbrechungen: Eine mikroökonometrische Analyse auf Basis des SOEP

Inauguraldissertation zur Erlangung des akademischen Grades eines Doktors der Wirtschaftswissenschaften durch die Wirtschaftswissenschaftliche Fakultät der Westfälischen Wilhelms-Universität Münster

vorgelegt von

Tanja Kasten

aus Berlin

Münster, 2007

Dekan:	Prof. Dr. Wolfgang Berens
Erster Berichterstatter:	Prof. Dr. Aloys Prinz
Zweiter Berichterstatter:	Prof. Dr. Mark Trede

Vorwort

Die vorliegende Arbeit entstand während meiner Tätigkeit als wissenschaftliche Mitarbeiterin am Institut für Finanzwissenschaft II der Westfälischen Wilhelms-Universität Münster und wurde im Wintersemester 2007/08 von der Wirtschaftswissenschaftlichen Fakultät als Dissertation angenommen. An dieser Stelle möchte ich mich bei all jenen Personen bedanken, die mich bei der Realisierung dieses Werkes unterstützt haben.

Mein besonderer Dank gilt meinem Doktorvater, Herrn Prof. Dr. Aloys Prinz, der die vorliegende Arbeit angeregt und fachlich betreut hat. Bedanken möchte ich mich auch bei Herrn Prof. Dr. Mark Trede für die Übernahme des Zweitgutachtens sowie für seine hilfreichen ökonometrischen Hinweise.

Besonders herzlicher Dank gebührt meinen Kollegen Dr. André Horstkötter und Dr. Jörg Schmidt, die nicht nur durch konstruktive Gespräche und zahlreiche Ermunterungen maßgeblich zum Gelingen dieser Arbeit beigetragen haben, sondern mir stets auch als sehr gute Freunde zur Seite gestanden haben. Unsere gemeinsame Zeit in Münster wird mir immer in schöner Erinnerung bleiben. Des Weiteren möchte ich mich ganz herzlich bei meiner besten Freundin Simone Lang für die umfassende Korrekturhilfe und für so manch kleine Ablenkung, die mir den zeitweise notwendigen Abstand zu meiner Arbeit verschafft hat, bedanken.

Meinen Eltern und meinem Bruder danke ich von ganzem Herzen für ihren uneingeschränkten Rückhalt und ihre liebevolle Unterstützung, die den erfolgreichen Abschluss meiner Promotion erst ermöglicht haben.

Münster, im März 2008

Tanja Kasten

Inhaltsverzeichnis

Abkürzungsverzeichnis   viii

Symbolverzeichnis   xiii

Abbildungsverzeichnis   xvii

Tabellenverzeichnis   xvii

1 Einleitung   **1**
   1.1 Problemstellung 1
   1.2 Zielsetzung 3
   1.3 Aufbau der Arbeit 4

I Theoretische Grundlagen   **9**

2 Allgemeine Lebenszufriedenheit, Einkommen und Erwerbspausen im Überblick   **11**
   2.1 Allgemeine Lebenszufriedenheit im ökonomischen Kontext 11
      2.1.1 Ökonomische Intention der Zufriedenheitsforschung 12
      2.1.2 Individueller Nutzen und allgemeine Lebenszufriedenheit . 13
      2.1.3 Zusammenhang zwischen Zufriedenheit, Einkommen und Erwerbsunterbrechungen 14
   2.2 Einfluss von Erwerbsunterbrechungen auf das Einkommen und die Zufriedenheit: Stand der Forschung 16
      2.2.1 Ergebnisse bisheriger Einkommensanalysen 16
         2.2.1.1 Überblick über internationale Studien 17
         2.2.1.2 Überblick über Studien für Deutschland 23
      2.2.2 Ergebnisse bisheriger Zufriedenheitsuntersuchungen 30
         2.2.2.1 Studien über den Einfluss des Einkommens . . . 30
         2.2.2.2 Studien über den Einfluss des Erwerbsstatus . . . 36
   2.3 Forschungsvorhaben 42

3 Grundlagen der Einkommens- und Zufriedenheitsforschung 49
3.1 Humankapitaltheoretischer Ansatz zur Einkommenserklärung ... 49
3.1.1 Begriffsdefinition und -abgrenzung 50
3.1.2 Humankapitalinvestitionen und Investitionserträge 52
3.1.3 Mincersche Einkommensgleichung 54
3.1.4 Auswirkungen von Erwerbsunterbrechungen aus humankapitaltheoretischer Sicht 58
3.2 Konzeption der Zufriedenheitsforschung 59
3.2.1 Begriffsdefinition und -abgrenzung 60
3.2.2 Determinanten der allgemeinen Lebenszufriedenheit 63
3.2.3 Zufriedenheitsmessung 70
3.2.3.1 Probleme der Zufriedenheitsmessung 70
3.2.3.2 Zufriedenheitsmaße in der SOEP-Studie 74
3.2.4 Herleitung einer allgemeinen Zufriedenheitsfunktion 76

II Schätztheoretische Grundlagen 77

4 Methodisches Vorgehen und Datenbeschreibung 79
4.1 Datenbasis und Stichprobenselektion 79
4.1.1 Sozio-ökonomisches Panel (SOEP) 79
4.1.2 Selektion der west- und ostdeutschen Teilstichproben ... 80
4.2 Modellspezifikation und Variablenbeschreibung 82
4.2.1 Grundlegende Schätzgleichungen 83
4.2.1.1 Erweiterte Einkommensgleichung 83
4.2.1.2 Basismodell der Zufriedenheitsanalysen 87
4.2.2 Charakterisierung der Teilstichproben 88
4.2.2.1 Westdeutsche Teilstichproben 89
4.2.2.2 Ostdeutsche Teilstichproben 94
4.3 Ökonometrische Schätzverfahren 99
4.3.1 Standardmodelle zur Einkommensanalyse 101
4.3.1.1 Lineare Modelle mit fixen Effekten 102
4.3.1.2 Lineare Modelle mit zufälligen Effekten 105
4.3.1.3 Hausman-Spezifikationstest 109
4.3.1.4 Selektionsprobleme 111
4.3.2 Diskrete Regressionsmodelle 112
4.3.2.1 Ordered-Probit-Modelle 113
4.3.2.2 Ordered Logit-Modelle 116
4.3.2.3 Odds Ratios 118

III Einkommens- und Zufriedenheitsanalyse 121

5 Deskriptive Analyse 123
5.1 Erwerbsunterbrechungen in Deutschland 123
5.1.1 Verteilung der Erwerbsunterbrechungen über den Lebenszyklus 123
5.1.1.1 Westdeutschland 124
5.1.1.2 Ostdeutschland 125
5.1.2 Aggregierte altersabhängige Erwerbspausen 127
5.1.2.1 Arbeitslosigkeit 128
5.1.2.2 Sonstige Nichterwerbstätigkeit 130
5.2 Deskriptive Analyse der Einkommens- und Zufriedenheitseffekte 132
5.2.1 Auswirkungen von Erwerbsunterbrechungen auf das Einkommen 132
5.2.1.1 Lohndichtefunktionen in Abhängigkeit des Erwerbsverhaltens 132
5.2.1.2 Einfluss der Anzahl und Dauer von Erwerbsunterbrechungen auf das Individualeinkommen 138
5.2.2 Auswirkungen von diskontinuierlichen Erwerbsverläufen auf die allgemeine Lebenszufriedenheit 141
5.2.2.1 Allgemeine Lebenszufriedenheit in Abhängigkeit des Erwerbsverhaltens 141
5.2.2.2 Einfluss der Anzahl und Dauer von Erwerbsunterbrechungen auf die Zufriedenheit 145

6 Empirische Analyse 149
6.1 Einkommenseffekte von Erwerbspausen 149
6.1.1 Einfluss auf den Bruttostundenlohn 150
6.1.1.1 Ergebnisse für Westdeutschland 150
6.1.1.2 Ergebnisse für Ostdeutschland 158
6.1.2 Auswirkungen auf das Haushaltsnettoeinkommen 166
6.1.2.1 Ergebnisse für die westdeutschen Teilstichproben 167
6.1.2.2 Ergebnisse für die ostdeutschen Teilstichproben 170
6.2 Zufriedenheitseffekte von Erwerbspausen 176
6.2.1 Einfluss auf die allgemeine Lebenszufriedenheit 176
6.2.1.1 Ergebnisse für Westdeutschland 176
6.2.1.2 Ergebnisse für Ostdeutschland 184
6.2.2 Auswirkungen auf die Einkommenszufriedenheit 191
6.2.2.1 Ergebnisse für die westdeutschen Teilstichproben 192
6.2.2.2 Ergebnisse für die ostdeutschen Teilstichproben 196

7 Zusammenfassung und Ausblick 201

A Deskriptive Statistiken des Bruttostundenlohnes   **211**

B Variablenliste   **213**

C Testergebnisse   **217**
   C.1 Hausman-Spezifikationstest 217
   C.2 White-Test auf Homoskedastizität 219

D FE-Zufriedenheitsschätzungen   **221**
   D.1 Ergebnisse für Westdeutschland 221
   D.2 Ergebnisse für Ostdeutschland 224

Literaturverzeichnis   **227**

Abkürzungsverzeichnis

AIC	AKAIKE Information Criterion
ALO	Arbeitslosigkeit
ALZ	Allgemeine Lebenszufriedenheit
Anz.	Anzahl
BIC	Bayes' Information Criterion
BRD	Bundesrepublik Deutschland
BGHQ	British General Health Questionnaire
BGHS	British General Household Survey
BHPS	British Houshold Panel Survey
CLS	Centre of Labour Market and Social Research
DDR	Deutsche Demokratische Republik
df	Degress of Freedom
DIW	Deutsches Institut für Wirtschaftsforschung
DLPD	Danish Longitudinal Panel Database
EBMS	Eurobarometer Survey
EK	Einkommen

EU	Europäische Union
EWU	Erwerbsunterbrechungen
EX	Experience
FE	Fixed Effects
FGLS	Feasible Generalized Least Squares
FWD	Family and Work Data
GLS	Generalized Least Squares
GSS	General Social Survey
H_0	Nullhypothese
H_1	Gegenhypothese
HK	Humankapital
IAB	Institut für Arbeitsmarkt- und Berufsforschung
IABS	Institut für Arbeitsmarkt- und Berufsforschung Sample
IERE	Institute for Empirical Research in Economics
i.i.d.	identically independently distributed
IZA	Institut zur Zukunft der Arbeit
KQ	Kleinste Quadrate
kum.	kumuliert
LINDA	Longitudinal Individual Data
LSDV	Least Squares Dummy Variables
MBA	Master of Business Administration
ML	Maximum Likelihood
NBER	National Bureau of Economic Research

ABKÜRZUNGSVERZEICHNIS

NCDS	National Child Development Study
NERW	Nichterwerbstätigkeit
NLS	National Longitudinal Survey of Work Experience
NLSY	National Longitudinal Survey of Youth
OECD	Organisation of Economic Cooperation and Development
OEPNV	Öffentlicher Personennahverkehr
OLS	Ordinary Least Squares
OPCS	Office of Population Censuses and Surveys
OR	Odds Ratio
p.a.	per anno
PSID	Panel Study of Income Dynamics
QES	Quality of Employment Survey
quadr.	quadriert
RE	Random Effects
RPS	Russian Panel Study
RUSSET	Russian Socio-Economic Transition Panel
S	Schooling
SIPP	Survey of Income and Program Participation
SLID	Survey of Labour and Income Dynamics
SOEP	Sozio-ökonomisches Panel
2SLS	Two Stage Least Squares
SUYS	Survey of Unemployed Youth in Stockholm
UK	United Kingdom

USA	United States of Amerika
WZB	Wissenschaftszentrum Berlin für Sozialforschung
ZEW	Zentrum für Europäische Wirtschaftsforschung

Symbolverzeichnis

A	Anzahl der Erwerbsunterbrechungen
a_0	Alter bei Beendigung der Pflichtschuljahre
a_1	Alter bei Eintritt in den Arbeitsmarkt
a_2	Alter bei Beendigung der Erwerbsphase
α	$(NT \times 1)$ - Konstantenvektor
b	Ordered-Logit-Schätzer des Koeffizientenvektors β
β	$(K \times 1)$ - Koeffizientenvektor
$\hat{\beta}$	Gewöhnlicher OLS-Schätzer des Parameters β
$\hat{\beta}_{FE}$	Within- oder Fixed-Effects-Schätzer des Parameters β
$\hat{\beta}_{GLS}$	GLS-Schätzer des Parameters β
$\hat{\beta}_{LSDV}$	Least Squares Dummy Variable-Schätzer des Parameters β
$\hat{\beta}_{ML}$	Maximum-Likelihood-Schätzer des Koeffizientenvektors β
D	Dauer der Erwerbsunterbrechungen in Jahren
D_{ij}	Dummyvariable für Individuum $i = 1, \ldots, N$ und Regressor $j = 1, \ldots, K$
EX	Berufserfahrung in Jahren (Experience)

ϵ	$(NT \times 1)$ - dimensionaler Störterm
ϵ_i	Individuenspezifischer Störterm
ϵ_t	Störterm in Periode t
ϵ_{it}	Störgröße des Individuums i zum Zeitpunkt t
e	Geschätzte Residuen aus einer Pooled Regression
e^w	Geschätzte Residuen aus einer LSDV-Regression
η_{it}	Unerklärte Restgröße des Individuums i zum Zeitpunkt t
$\bar{\eta}_i$	Individuenspezifischer Mittelwert der unerklärten Restgröße
$\hat{\gamma}_{ML}$	Maximum-Likelihood-Schätzer der $M-2$ Cutpoints in γ
γ_m	Cutpoint der Antwortkategorie m
I	Indikatorfunktion
I_N	$(N \times N)$ - Einheitsmatrix
I_T	$(T \times T)$ - Einheitsmatrix
i	Individueller Laufindex mit $i = 1, \cdots, N$
i_T	$(T \times 1)$ - Einsenvektor
j	Laufindex für die Regressoren mit $j = 1, \cdots, K$
K	Anzahl der Regressoren
$\mathcal{L}$	Log-Likelihood-Funktion
ℓ_{it}	Log-Likelihood-Funktion für Individuum $i = 1, \ldots, N$ zum Zeitpunkt $t = 1, \ldots, T$
Λ	Logistische Standardverteilungsfunktion
$ln\ w_{it}$	Natürlicher Logarithmus des Bruttostundenlohnes von Individuum $i = 1, \ldots, N$ zum Zeitpunkt $t = 1, \ldots, T$

SYMBOLVERZEICHNIS

$ln\ y_t$	Natürlicher Logarithmus des in Periode t beobachteten (Haushaltsnetto-) Einkommens
$ln\ y_{it}$	Natürlicher Logarithmus des (Haushaltsnetto-) Einkommens von Individuum $i = 1, \ldots, N$ zum Zeitpunkt $t = 1, \ldots, T$
M	Anzahl der Antwortkategorien im Rahmen einer Meinungsumfrage
m	Laufindex für die verschiedenen Antwortmöglichkeiten im Rahmen einer Meinungsumfrage mit $m = 0, \cdots, M-1$
N	Anzahl der Beobachtungseinheiten
Φ	Kumulierte Standardnormalverteilung
ϕ	Dichtefunktion der Standardnormalverteilung
S	Ausbildungsdauer in Jahren (Schooling)
Σ	Individuenspezifische Varianz-Kovarianzmatrix des Störterms ϵ der Dimension $(T \times T)$
σ_ϵ^2	Varianz des Störterms ϵ
$\hat{\sigma}_\epsilon^2$	Schätzer für die Varianz des Störterms ϵ
σ_η^2	Varianz des Störterms η
$\hat{\sigma}_\eta^2$	Schätzer für die Varianz des Störterms η
σ_u^2	Varianz des Störterms u
$\hat{\sigma}_u^2$	Schätzer für die Varianz des Störterms u
T	Beobachtungszeitraum
t	Zeitlicher Laufindex mit $t = 1, \cdots, T$
$U(\cdots)$	Individuelle Nutzenfunktion
u_i	Unbeobachteter zeitkonstanter Effekt des Individuums i
v	Zufallsvariable

W	Wald-Teststatistik
w	Bruttostundenlohn
X	$(NT \times K)$ - dimensionale Matrix der erklärenden Variablen
X_u	Nutzen- oder Zufriedenheitsdeterminanten
X_y	Einkommensdeterminanten
x'_{it}	K - dimensionaler Zeilenvektor der erklärenden Variablen des Individuums i zum Zeitpunkt t
$\tilde{x}_{it}$	Transformierte Regressoren aus der GLS-Regression
$\bar{x}'_i$	K - dimensionaler Zeilenvektor der individuenspezifischen Mittelwerte der erklärenden Variablen
Y	$(NT \times 1)$ - Vektor der abhängigen Variablen
y	Individual- oder Haushaltseinkommen
y_{it}	Wert der endogenen Variablen für Individuum i zum Zeitpunkt t
$\tilde{y}_{it}$	Transformierte unabhängige Variablen aus der GLS-Regression
$\bar{y}_i$	Individuenspezifischer Mittelwert der endogenen Variablen
Ψ	Varianz der Differenz $[\hat{\beta}_{LSDV} - \hat{\beta}_{GLS}]$
Ω	Varianz-Kovarianzmatrix des Störterms ϵ für den gesamten Beobachtungsraum NT
z_{it}	Zufriedenheitsniveau von Individuum i zum Zeitpunkt t
$z_{it}*$	Latenter Zufriedenheitsindikator (bzw. latente Variable) von Individuum i zum Zeitpunkt t

Abbildungsverzeichnis

1.1 Aufbau der Arbeit 6

2.1 Monetäre und nicht-monetäre Auswirkungen von Erwerbsunterbrechungen 43

2.2 Zeitliche Entwicklung der Bruttostundenlöhne im innerdeutschen Vergleich 44

2.3 Zeitliche Entwicklung der allgemeinen Lebenszufriedenheit im innerdeutschen Vergleich 45

3.1 Exemplarische Alters-Einkommens-Profile 53

3.2 Messmethoden und -instrumente aus dem Bereich der Zufriedenheitsforschung 70

3.3 Bereiche der Zufriedenheitsmessung im SOEP 75

4.1 Aggregation der Spelltypen des Sozio-ökonomischen Panels 86

5.1 Verteilung der Erwerbsunterbrechungen über den Lebenszyklus westdeutscher Arbeitnehmer 124

5.2 Verteilung der Erwerbsunterbrechungen über den Lebenszyklus ostdeutscher Arbeitnehmer 126

5.3 Kumulierte Anzahl und Dauer der Arbeitslosigkeitsphasen 129

5.4 Kumulierte Anzahl und Dauer sonstiger Nichterwerbstätigkeitsphasen 130

5.5 Lohndichtefunktionen westdeutscher Männer 133

5.6 Lohndichtefunktionen westdeutscher Frauen 134

5.7 Lohndichtefunktionen ostdeutscher Männer 136

5.8 Lohndichtefunktionen ostdeutscher Frauen 137

5.9 Zufriedenheitsboxplots westdeutscher Arbeitnehmer mit unterschiedlichen Erwerbsprofilen 142

5.10 Zufriedenheitsboxplots ostdeutscher Arbeitnehmer mit unterschiedlichen Erwerbsprofilen 144

Tabellenverzeichnis

2.1 Internationale Studien zu den Auswirkungen von Erwerbsunterbrechungen auf das Einkommen 17

2.2 Studien zu den Einkommenseffekten von Erwerbsunterbrechungen für Deutschland 23

2.3 Studien über den Einfluss des Einkommens auf die allgemeine Lebenszufriedenheit 30

2.4 Studien über den Einfluss des Erwerbsstatus auf die allgemeine Lebenszufriedenheit 36

3.1 Klassische Studien zur Erklärung individueller Einkommensverläufe 55

4.1 Deskriptive Statistiken für Westdeutschland 90

4.2 Deskriptive Statistiken für Ostdeutschland 95

5.1 Deflationierter Bruttostundenlohn in Abhängigkeit der Anzahl der Erwerbsunterbrechungen 139

5.2 Deflationierter Bruttostundenlohn in Abhängigkeit der Dauer der Erwerbsunterbrechungen 140

5.3 Zufriedenheit in Abhängigkeit der Anzahl der Erwerbsunterbrechungen 145

5.4 Zufriedenheit in Abhängigkeit der Dauer der Erwerbsunterbrechungen 147

6.1 Robuste Fixed-Effects-Lohnschätzungen für westdeutsche Männer 151

6.2 Robuste Fixed-Effects-Lohnschätzungen für westdeutsche Frauen . 155

6.3 Robuste Fixed-Effects-Lohnschätzungen für ostdeutsche Männer . 158

6.4 Robuste Fixed-Effects-Lohnschätzungen für ostdeutsche Frauen . 162

6.5 Robuste FE-Einkommensschätzungen für westdeutsche Männer . 167

6.6 Robuste FE-Einkommensschätzungen für westdeutsche Frauen . . 169

6.7 Robuste FE-Einkommensschätzungen für ostdeutsche Männer . . 171

6.8 Robuste FE-Einkommensschätzungen für ostdeutsche Frauen . . . 172

6.9 Robuste Ordered-Logit-Zufriedenheitsschätzungen für westdeutsche Männer 177

6.10 Robuste Ordered-Logit-Zufriedenheitsschätzungen für westdeutsche Frauen 180

6.11 Robuste Ordered-Logit-Zufriedenheitsschätzungen für ostdeutsche Männer 184

6.12 Robuste Ordered-Logit-Zufriedenheitsschätzungen für ostdeutsche Frauen 188

6.13 Robuste Einkommenszufriedenheitsschätzungen für westdeutsche Männer 192

6.14 Robuste Einkommenszufriedenheitsschätzungen für westdeutsche Frauen 194

6.15 Robuste Einkommenszufriedenheitsschätzungen für ostdeutsche Männer 196

6.16 Robuste Einkommenszufriedenheitsschätzungen für ostdeutsche Frauen 198

A.1 Deskriptive Lohnstatistiken 211

B.1 Relevante Einkommens- und Zufriedenheitsdeterminanten 213

TABELLENVERZEICHNIS

C.1 Ergebnisse der Hausman-Spezifikationstests für Westdeutschland . 217

C.2 Ergebnisse der Hausman-Spezifikationstests für Ostdeutschland . 218

C.3 Ergebnisse der White-Tests für Westdeutschland 219

C.4 Ergebnisse der White-Tests für Ostdeutschland 220

D.1 Robuste FE-Zufriedenheitsschätzungen für westdeutsche Männer . 221

D.2 Robuste FE-Zufriedenheitsschätzungen für westdeutsche Frauen . 222

D.3 Robuste FE-Zufriedenheitsschätzungen für ostdeutsche Männer . . 224

D.4 Robuste FE-Zufriedenheitsschätzungen für ostdeutsche Frauen . . 225

Kapitel 1

Einleitung

1.1 Problemstellung

In der modernen Gesellschaft dient Arbeit im Sinne einer Erwerbstätigkeit nicht nur der Einkommenserzielung und damit der finanziellen Absicherung des Lebens; das Nachgehen einer Beschäftigung kann für ein Individuum in vielfältiger Weise nutzenstiftend sein.[1] Nach den Vorstellungen von GOSSEN [1854] (1967) und JEVONS [1879] (1970) umfasst Arbeit sowohl körperliche als auch geistige Aktivitäten, die der Mensch vollzieht, um seinen allgemeinen Lebensgenuss zu erhöhen.[2] Neben der finanziellen Sicherheit kann Arbeit also auch zahlreiche immaterieller Bedürfnisse befriedigen, von denen nachfolgend beispielhaft einige genannt werden sollen:[3]

- Der Arbeitsplatz kann den Arbeitnehmern ein soziales Umfeld bieten und ihnen damit die Möglichkeit geben, soziale Kontakte z.B. zu ihren Kollegen aufzubauen.

- Die Berufswahl kann hifreich dabei sein, seinen Platz in der Gesellschaft zu finden und sich selbst zu definieren.

- Eine sinnvolle Tätigkeit kann das eigene Selbstwertgefühl und die Selbstachtung steigern und dazu beitragen, sich selbst zu verwirklichen.

- Beruflicher Erfolg kann nicht nur am Arbeitsplatz zu Anerkennung und Prestige führen, sondern auch im privaten Umfeld.

---

[1] Zum Verständnis von Arbeit im historischen Wandel vgl. z.B. *Frambach* (2002).
[2] Vgl. *Gossen* [1854] (1967), S. 38 und *Jevons* [1879] (1970), S. 188ff.
[3] Vgl. hierzu z.B. *Frambach* (2002).

Daraus folgt, dass eine Unterbrechung der Erwerbstätigkeit – sei sie freiwillig oder unfreiwillig – nicht nur monetäre sondern auch nicht-monetäre Folgen haben kann.[4] Der Verlust des Arbeitsplatzes kann neben finanziellen Einbußen bspw. auch negative Auswirkungen auf das Selbstwertgefühl und die Selbstachtung des betreffenden Arbeitnehmers haben. Die Wirkungsrichtung und das Ausmaß der nicht-monetären Effekte von Erwerbsunterbrechungen hängen dabei vermutlich nicht unwesentlich davon ab, wie stark sich ein Individuum über seinen Beruf definiert bzw. welchen Stellenwert *Arbeit* in seinem Leben einnimmt.

Den Grundstein für das ausgeprägte Interesse an der Erforschung der monetären Kosten von Erwerbsunterbrechungen wurde mit den fundamentalen Arbeiten der Ökonomen MINCER/ POLACHEK (1974) und (1978) gelegt. Seither sind die Einkommenseffekte von Arbeitslosigkeit und sonstiger Nichterwerbstätigkeit ein beliebter Forschungsgegenstand.[5] Auch in Deutschland wurden die finanziellen Auswirkungen von diskontinuierlichen Erwerbsverläufen bereits in zahlreichen, vorwiegend ökonomisch motivierten Studien thematisiert. Ein systematischer Vergleich der Einkommenseffekte in den alten und neuen Bundesländern liegt m.E. jedoch noch nicht vor. Obwohl seit der Wiedervereinigung eine stetige Annäherung der Arbeits- und Lebensbedingungen in beiden Teilen Deutschlands zu beobachten ist, lassen sich auch heute noch deutliche regionale Unterschiede – insbesondere in Bezug auf die Entlohnung – feststellen. Aufgrund dieser beobachtbaren Unterschiede scheint eine separate Analyse der Einkommenseffekte für West- und Ostdeutschland in jedem Fall sinnvoll zu sein.

Als noch interessanter stellt sich jedoch die Frage nach den nonpekuniären Folgen von Arbeitslosigkeit und sonstiger Nichterwerbstätigkeit dar. Der Schwerpunkt bisheriger Forschungsarbeiten liegt in diesem Bereich vornehmlich auf der Untersuchung des Zusammenhangs zwischen der Zufriedenheit und dem Einkommen oder dem Erwerbsstatus eines Individuums.[6] Eine differenzierte Analyse der Zufriedenheitseffekte von Erwerbsunterbrechungen unter Berücksichtigung ihrer Anzahl und Dauer sowie dem Grund für die Nichterwerbstätigkeit fehlt m.E. jedoch derzeit.

Genau an diesen Defiziten setzt die vorliegende Arbeit an. Um eine optimale Vergleichbarkeit der Ergebnisse gewährleisten zu können, werden den im Rahmen der vorliegenden Untersuchung durchgeführten Einkommens- und Zufriedenheitsanalysen dieselben Stichproben zugrunde gelegt. Zudem ähneln sich die spezifizierten Einkommens- und Zufriedenheitsmodelle in ihrem Aufbau stark, so dass die mo-

---

[4]Vgl. hierzu z.B. *Junankar* (1986) und (1991).
[5]Für einen Überblick über die Ergebnisse bisheriger Einkommensanalysen vgl. Abschnitt 2.2.1 in der vorliegenden Untersuchung.
[6]Für einen Überblick über die Ergebnisse bisheriger Zufriedenheitsanalysen vgl. Abschnitt 2.2.2 in der vorliegenden Untersuchung.

netären und nicht-monetären Auswirkungen von Erwerbsunterbrechungen – in Form von Einkommens- und Zufriedenheitseffekten – einander direkt gegenübergestellt werden können.

1.2 Zielsetzung

Ziel der vorliegenden Arbeit ist es, einen Erklärungsbeitrag zu den pekuniären und nonpekuniären Auswirkungen von Erwerbsunterbrechungen in Deutschland zu leisten. Zu diesem Zweck erfolgt eine differenzierte Analyse der Einkommens- und Zufriedenheitseffekte von Diskontinuitäten in den individuellen Erwerbsverläufen west- und ostdeutscher Arbeitnehmer und Arbeitnehmerinnen, wobei die Einkommensanalyse den monetären Einfluss und die Zufriedenheitsanalyse die nicht-monetären Auswirkungen aufdecken soll. Um die Einkommens- und Zufriedenheitseffekte möglichst genau erfassen zu können, wird in der vorliegenden Untersuchung zwischen arbeitslosigkeitsbedingten und sonstigen Erwerbsunterbrechungen unterschieden.[7] Darüber hinaus wird sowohl für die Anzahl als auch für die kumulierte Dauer der individuellen Arbeitslosigkeits- und Nichterwerbstätigkeitsphasen kontrolliert.

Aufgrund der gravierenden regionalen und geschlechtsspezifischen Unterschiede hinsichtlich des Erwerbsverhaltens und der Verdienstmöglichkeiten sowie in Bezug auf die Zufriedenheit und ihre Determinanten in Deutschland, wird sowohl die Einkommens- als auch die Zufriedenheitsanalyse zum einen separat für Männer und Frauen und zum anderen getrennt für die alten und neuen Bundesländer durchgeführt. Insgesamt ergeben sich somit vier zu untersuchende Teilstichproben: westdeutsche Männer, westdeutsche Frauen, ostdeutsche Männer und ostdeutsche Frauen.

Im Fokus der Einkommensanalyse liegt die Erfassung der individuellen Einkommenseffekte von diskontinuierlichen Erwerbsverläufen, d.h. präziser die Untersuchung des Einflusses von Arbeitslosigkeit und sonstiger Nichterwerbstätigkeit auf den Bruttostundenlohn west- und ostdeutscher Arbeitnehmer und Arbeitnehmerinnen. Aus ökonomischer Sicht ist jedoch nicht nur das Individualeinkommen von Bedeutung, sondern vor allem auch das gesamte verfügbare Einkommen eines Haushaltes, da dieses die (wirtschaftliche) Leistungsfähigkeit und somit die Kon-

---

[7]Zu den sonstigen Erwerbsunterbrechungen gehören alle beruflichen Auszeiten, in denen das betreffende Individuum nicht offiziell arbeitslos gemeldet ist. Beispielhaft zu nennen sind in diesem Zusammenhang kinderbedingte Auszeiten, Ausbildungs- und Trainingszeiten oder auch Wehr- und Zivildienstzeiten. Für eine detaillierte Herleitung der aggregierten Erwerbskategorien „*Arbeitslosigkeit*" und „*Sonstige Nichterwerbstätigkeit*" vgl. Abschnitt 4.2 in der vorliegenden Untersuchung.

summöglichkeiten des Haushaltes widerspiegelt. Daher werden ergänzend zu der Lohnanalyse die Auswirkungen von individuellen Erwerbspausen auf das Haushaltsnettoeinkommen der ausgewählten Teilstichproben untersucht.

Zentrale Fragestellung der Zufriedenheitsanalyse ist, ob und inwiefern sich arbeitslosigkeitsbedingte und sonstige Erwerbsunterbrechungen auf die allgemeine Lebenszufriedenheit west- und ostdeutscher Männer und Frauen auswirken. Im Rahmen der Zufriedenheitsanalyse steht die allgemeine Lebenszufriedenheit im Mittelpunkt der Betrachtung, da sie sich auf das gesamte Leben und nicht nur auf ausgewählte Lebensbereiche bezieht und damit eine Möglichkeit bietet, die nichtmonetären Effekte von Erwerbsunterbrechungen relativ weitgehend zu erfassen.[8] Zusätzlich wird jedoch auch der Zusammenhang zwischen den individuellen Erwerbspausen und der Einkommenszufriedenheit der betrachteten Arbeitnehmer und Arbeitnehmerinnen untersucht. Das besondere Interesse für die Einkommenszufriedenheit ist damit zu begründen, dass sie sich gerade auf den Bereich des Lebens bezieht, der unmittelbar durch die Unterbrechung der Erwerbstätigkeit betroffen ist, denn in Folge von Arbeitslosigkeit und sonstiger Nichterwerbstätigkeit wird sich das Einkommen eines Haushaltes zumindest kurzfristig mit hoher Wahrscheinlichkeit reduzieren.

Neben einer allgemeinen Gegenüberstellung der monetären und nicht-monetären Auswirkungen von Arbeitslosigkeits- und sonstigen Nichterwerbstätigkeitsphasen, gilt es im Rahmen der vorliegenden Untersuchung insbesondere, die regionalen und geschlechtsspezifischen Unterschiede hinsichtlich der Einkommens- und Zufriedenheitseffekte von Erwerbsunterbrechungen in Deutschland aufzudecken, wobei auf regionaler Ebene lediglich zwischen den alten und neuen Bundesländern unterschieden wird.

1.3 Aufbau der Arbeit

Abbildung 1.1 gibt einen grafischen Überblick über den Aufbau der vorliegenden Arbeit. In den Kapiteln 2 und 3 werden zunächst die theoretischen Grundlagen der geplanten Einkommens- und Zufriedenheitsanalyse dargestellt. Kapitel 2 beginnt mit einer Erläuterung des Zusammenhangs zwischen der allgemeinen Lebenszufriedenheit, der Entlohnung und dem Erwerbsverhalten eines Individuums aus ökonomischer Perspektive. Danach wird ein Überblick über den derzeitigen Stand der Einkommens- und Zufriedenheitsforschung gegeben. Während im Rahmen der Einkommensanalysen unmittelbar die Auswirkungen von Er-

---

[8]Für einen Überblick über die unterschiedlichen Aspekte, die einen Einfluss auf die allgemeinen Lebenszufriedenheit haben können, vgl. Abschnitt 3.2.3 in der vorliegenden Untersuchung.

1.3 Aufbau der Arbeit

werbsunterbrechungen untersucht wurden, hat sich die Zufriedenheitsforschung bisher primär der Untersuchung des Zusammenhangs zwischen dem subjektiven Wohlbefinden einer Person und ihrem Einkommen bzw. ihrem (aktuellen) Erwerbsstatus gewidmet. Anhand der Ergebnisse der bisherigen Einkommens- und Zufriedenheitsstudien wird das derzeitige Forschungsdefizit aufgezeigt und daraus die exakte Fragestellung der vorliegenden Untersuchung abgeleitet.

Kapitel 3 widmet sich den theoretischen Grundlagen der Einkommens- und Zufriedenheitsforschung. In Abschnitt 3.1 wird zunächst der humankapitaltheoretische Ansatz zur Einkommenserklärung kurz erläutert. Mit der von MINCER (1974) entwickelten Einkommensgleichung wird in diesem Zusammenhang eines der in der empirischen Wirtschaftforschung populärsten Grundmodelle zur Einkommensanalyse vorgestellt. Abschließend werden in Abschnitt 3.1 die negativen Einkommenseffekte von Erwerbsunterbrechungen humankapitaltheoretisch begründet. In Abschnitt 3.2 werden anschließend die wichtigsten Grundlagen der Zufriedenheitsforschung dargestellt. Abschnitt 3.2 beinhaltet neben einer klaren Definition des zentralen Begriffs „*Allgemeine Lebenszufriedenheit*" und einer kurzen Abhandlung über die Probleme der Zufriedenheitsmessung u.a. auch eine Übersicht über die verfügbaren Zufriedenheitsmaße im Sozio-ökonomischen Panel (SOEP). Zudem wird ein einfaches Zufriedenheitsmodell hergeleitet, das die Grundlage des später spezifizierten Schätzmodells bildet.

In Kapitel 4 werden die schätztheoretischen Grundlagen der Einkommens- und Zufriedenheitsanalysen dargestellt. Zu Beginn erfolgt eine eingehende Beschreibung der Datenbasis (des SOEP) sowie der Stichprobenselektion. Im Anschluss werden geeignete Modelle zur Analyse der Einkommens- und Zufriedenheitseffekte von Erwerbsunterbrechungen hergeleitet und spezifiziert sowie die interessierenden Variablen beschrieben. Kapitel 4 schließt mit einer kurzen Erläuterung der relevanten ökonometrischen Schätz- und Testverfahren. In diesem Zusammenhang werden u.a. auch potenzielle Probleme, die bei der Durchführung empirischer Einkommens- und Zufriedenheitsanalysen auftreten können, diskutiert und – soweit wie möglich – geeignete Lösungsansätze aufgezeigt.

In den Kapiteln 5 und 6 werden die Ergebnisse der Einkommens- und Zufriedenheitsanalyse präsentiert. Kapitel 5 gibt zunächst einen Überblick über die deskriptiven Befunde in Bezug auf diskontinuierliche Erwerbsverläufe und ihre Auswirkungen auf das Individualeinkommen und die allgemeine Lebenszufriedenheit in Deutschland. In diesem Zusammenhang wird u.a. untersucht, wie sich Arbeitslosigkeits- und sonstige Nichterwerbstätigkeitsphasen über den Lebenszyklus west- und ostdeutscher Arbeitnehmer und Arbeitnehmerinnen verteilen und wie sich das Erwerbsverhalten der betrachteten Teilstichproben allgemein auf ihre Lohndichte oder ihre Zufriedenheit auswirkt.

Abbildung 1.1: Aufbau der Arbeit

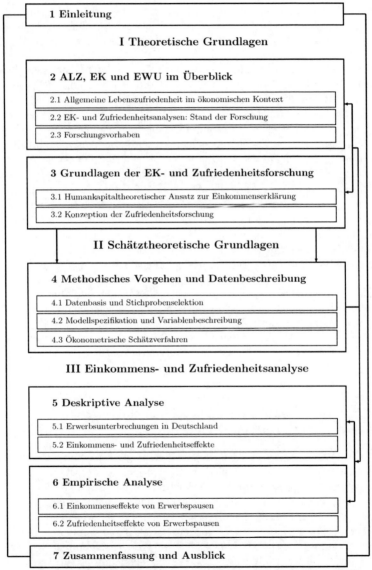

Abkürzungen: ALZ: Allgemeine Lebenszufriedenheit; EK: Einkommen; EWU: Erwerbsunterbrechungen.

1.3 Aufbau der Arbeit

Kapitel 6 ist wie folgt aufgebaut: In Abschnitt 6.1 werden zunächst die Ergebnisse der empirischen Einkommensanalyse präsentiert und ausgewertet, bevor in Abschnitt 6.2 eine Darstellung der empirischen Befunde der Zufriedenheitsuntersuchung für die ausgewählten Teilstichproben der west- und ostdeutschen Männer und Frauen erfolgt. Im Rahmen der Einkommensanalyse werden sowohl die Auswirkungen von Erwerbsunterbrechungen auf den Bruttostundenlohn west- und ostdeutscher Arbeitnehmer und Arbeitnehmerinnen als auch die entsprechenden Effekte auf das gesamte Nettoeinkommen der betreffenden Haushalte untersucht. Die nicht-monetären Kosten von Erwerbsunterbrechungen werden auf Basis von Zufriedenheitsschätzungen ermittelt. Im Vordergrund steht dabei die Analyse der Auswirkungen von Diskontinuitäten in den Erwerbsverläufen auf die allgemeine Lebenszufriedenheit in Deutschland. Zusätzlich wird jedoch auch untersucht, inwiefern Erwerbspausen die Einkommenszufriedenheit der ausgewählten Teilstichproben beeinflussen.

Die Arbeit schließt mit einer Zusammenfassung der wesentlichen Ergebnisse der Einkommens- und Zufriedenheitsanalyse sowie einem Ausblick auf weiterführende Forschungsfragen hinsichtlich der monetären und nicht-monetären Kosten von Erwerbsunterbrechungen.

Teil I

Theoretische Grundlagen

Kapitel 2

Allgemeine Lebenszufriedenheit, Einkommen und Erwerbspausen im Überblick

2.1 Allgemeine Lebenszufriedenheit im ökonomischen Kontext

Aus ökonomischer Perspektive besteht ein enger Zusammenhang zwischen dem theoretischen Konzept des subjektiven Wohlbefindens und der traditionellen Nutzentheorie.[9] Das Nutzenkonzept stellt einen der Eckpfeiler der modernen Ökonomie dar, da es die Beschreibung individueller Entscheidungsprozesse ermöglicht.[10] Im Mittelpunkt der ökonomischen Theorie steht das rational handelnde Wirtschaftssubjekt – der sog. *homo oeconomicus* – das im Allgemeinen unter Gültigkeit bestimmter natürlicher, technischer und finanzieller Restriktionen nach der Maximierung seines individuellen Nutzens strebt.[11] In Analogie dazu gehen Ökonomen davon aus, dass ein hohes Zufriedenheitsniveau in erster Linie durch die Optimierung der eigenen Lebensbedingungen erreicht werden kann.[12] Subjektiv empfundene Lebenszufriedenheit kann in diesem Zusammenhang als eine Art Bewertungsmaß der individuellen Lebensumstände betrachtet werden.[13]

---

[9]Vgl. *Easterlin* (1974), S. 90.
[10]Vgl. *Plug* (1997), S. 8.
[11]Vgl. *van Praag u.a.* (2004), S. 196.
[12]Für eine Beschreibung des utilitaristischen Glücks- oder Zufriedenheitsbegriffs vgl. bspw. *Gesang* (2003), S. 26ff.
[13]Vgl. *Gerlach u.a.* (2001), S. 515.

Die klassische ökonomische Nutzentheorie fokussiert sich auf die Untersuchung und Beschreibung der objektiven Bestandteile des Individualnutzens, die sich indirekt durch das beobachtete Verhalten eines Wirtschaftssubjektes identifizieren lassen.[14] Im Rahmen der traditionellen Nutzentheorie wird unterstellt, dass das objektiv beobachtbare Verhalten einer Person annähernd ihre individuellen Präferenzen widerspiegelt. Als einer der ersten Ökonomen weist VAN PRAAG (1968) jedoch darauf hin, dass es neben dieser objektiv beobachtbaren Verhaltensdimension auch eine emotionale Nutzendimension gibt.[15] Die Erfassung und Beschreibung dieser emotionalen Nutzenkomponente gehört zu den zentralen Aufgaben der psychologisch und soziologisch motivierten Zufriedenheitsforschung.[16] Zufriedenheitsindikatoren werden häufig auf Basis von individueller Selbsteinschätzung im Rahmen von Interviews oder schriftlichen Befragungen erhoben.[17] Die befragten Individuen können durch ihr Antwortverhalten bestimmte Präferenzen sowie ihre Wahrnehmung von der ökonomischen Umwelt und deren Restriktionen offenbaren, die sich aus ihrem beobachteten Verhalten – wenn überhaupt – nur schwer ableiten lassen.[18] Das Konzept der allgemeinen Lebenszufriedenheit kann somit als eine Erweiterung der traditionellen ökonomischen Nutzentheorie angesehen werden, da es eine Ausweitung der Betrachtung auf die subjektiven Komponenten des Individualnutzens ermöglicht.[19]

2.1.1 Ökonomische Intention der Zufriedenheitsforschung

Die Zufriedenheitsforschung stellt ein wertvolles Instrument zur Beurteilung politischer und ökonomischer Entscheidungsprozesse dar.[20] Fundierte Kenntnisse über das subjektive Wohlbefinden in einer Gesellschaft sowie über dessen Einflussfaktoren können eine hilfreiche Grundlage für politische Handlungsempfehlungen sein. Die Bereitstellung öffentlicher Güter und anderer staatlicher Leistungen, insbesondere sozialer Leistungen, ist stets mit gesellschaftlichen und individuellen Kosten – in erster Linie in Form von Steuern und Abgaben – verbunden. Die Zufriedenheitsforschung kann Aufschluss über den Zusammenhang zwischen dem Nutzen und den Kosten staatlicher Aktivitäten und Leistungen geben. Ein erhöh-

---

[14]Vgl. *Gesang* (2003), S. 17ff.
[15]Ausgehend von den Arbeiten von *van Praag* (1968, 1971) hat sich ein eigenständiges Nutzenkonzept entwickelt, das auf der Kombination der beiden Nutzendimensionen – Verhaltensdimension und emotionale Dimension – basiert und allgemein als *Leyden*-Ansatz – benannt nach seinem Entstehungsort, der Universität Leiden – bezeichnet wird. Vgl. *van Praag u.a* (2004), S. 206.
[16]Vgl. hierzu ausführlich Abschnitt 3.2.
[17]Zu den Möglichkeiten und Grenzen der Zufriedenheitsmessung vgl. Abschnitt 3.2.3.
[18]Vgl. *Plug* (1997), S. 25.
[19]Vgl. *Frey u.a.* (2002b), S. 404.
[20]Vgl. *ebd.*, S. 402f.

2.1 Allgemeine Lebenszufriedenheit im ökonomischen Kontext 13

tes Verständnis in Bezug auf die gesellschaftlichen Zufriedenheitsdeterminanten kann zum einen einen wesentlichen Beitrag zur Expost-Beurteilung staatlicher Maßnahmen hinsichtlich ihrer Effektivität und Effizienz leisten. Zum anderen kann es exante den politischen Entscheidungsfindungsprozess erleichtern. Darüber hinaus kann die Zufriedenheitsforschung Informationen über die institutionellen Bedingungen in einer Volkswirtschaft bzw. über die Qualität des staatlichen Systems in seiner Gesamtheit liefern.[21] Es ist davon auszugehen, dass die Effektivität und die Stabilität der Regierung und des staatlichen Sicherheitssystems einen erheblichen Einfluss auf die allgemeine Lebenszufriedenheit der Bevölkerung haben. Neben politischen bzw. gesamtgesellschaftlichen Entscheidungen können aber auch individuelle (ökonomische) Entscheidungen, wie bspw. das Konsum- oder Erwerbsverhalten einer Person, von der subjektiv empfundenen Zufriedenheit abhängen.

Des Weiteren lassen sich mit Hilfe der Zufriedenheitsforschung einige paradoxe Phänomene erklären, die auf Basis der klassischen ökonomischen Theorie lediglich unzureichend begründet werden können.[22] Erwerbstätigkeit hat bspw. nicht nur einen positiven Einkommensstrom zur Folge, sondern kann in Abhängigkeit der Arbeitsbedingungen und -anforderungen auch zu physischen oder psychischen Belastungen der Arbeitnehmer führen. Zudem ist das Nachgehen einer Beschäftigung mit zeitlichen Opportunitätskosten zu Lasten der Freizeit verbunden und weniger Freizeit bedeutet gleichsam weniger Zeit für soziale Kontakte und Aktivitäten. Trotz dieser potenziellen arbeitsbedingten Belastungen kann im Rahmen der Zufriedenheitsforschung empirisch nachgewiesen werden, dass insbesondere unfreiwillige Arbeitslosigkeit häufig zu einer Reduktion der allgemeinen Lebenszufriedenheit führt.[23] Erwerbstätigkeit scheint folglich nicht nur der Einkommenserzielung, sondern zusätzlich auch der Befriedigung nicht-monetärer Bedürfnisse, wie bspw. der Selbstverwirklichung, zu dienen.

2.1.2 Individueller Nutzen und allgemeine Lebenszufriedenheit

In der Ökonomie wird üblicherweise davon ausgegangen, dass die allgemeine Lebenszufriedenheit oder das subjektive Wohlbefinden eines Wirtschaftssubjektes approximativ den individuellen Nutzen reflektiert.[24] Unter Gültigkeit dieser Annahme lässt sich die allgemeine Lebenszufriedenheit (ALZ) einer Person daher näherungsweise mit Hilfe ihrer individuellen Nutzenfunktion $U(X_u)$ beschreiben:

---

[21]Vgl. *Frey u.a.* (2002b), S. 402.
[22]Vgl. *ebd.*, S. 403.
[23]Vgl. bspw. *Frey u.a.* (2002a), S. 97, *Winkelmann u.a.* (1995) oder *Clark u.a.* (1994).
[24]Vgl. *Plug* (1997), S. 25f.

$$ALZ \approx U(X_u),$$

wobei X_u eine Vielzahl nutzendeterminierender Variablen – z.B. das Einkommen, den Erwerbsstatus oder soziodemografische Merkmale wie das Alter oder Geschlecht einer Person – beinhaltet.

In der traditionellen empirischen Grundlagenforschung wird das Nutzenniveau eines Individuums primär auf Basis seines beobachtbaren Verhaltens, wie bspw. dem Konsumverhalten oder den kurz- und langfristigen Arbeitsangebotsentscheidungen, bestimmt.[25] Die Zufriedenheitsforschung bietet die Möglichkeit, dieses auf Objektivität beruhende Nutzenkonzept um eine subjektive Komponente zu erweitern, indem sie die individuelle Selbsteinschätzung des eigenen Wohlbefindens zulässt. Dadurch fließen (subjektive) Aspekte, wie z.B. die Selbstachtung, das Temperament oder die optimistischen bzw. pessimistischen Neigungen des beobachteten Wirtschaftssubjektes, in die Betrachtung ein, die im Rahmen der traditionellen Nutzentheorie nur schwer zu erfassen sind.

2.1.3 Zusammenhang zwischen Zufriedenheit, Einkommen und Erwerbsunterbrechungen

Einer der Schwerpunkte der theoretischen und empirischen Zufriedenheitsforschung liegt in der Bestimmung und Analyse der Einflussfaktoren der allgemeinen Lebenszufriedenheit.[26] Aus ökonomischer Sicht ist insbesondere der Zusammenhang zwischen dem Einkommen sowie dem Erwerbsstatus einer Person und ihrer allgemeinen Lebenszufriedenheit von Interesse. Dabei kann nicht nur der aktuelle Erwerbsstatus einen Einfluss auf das subjektive Wohlbefinden eines Individuums haben, sondern auch die Verteilung von Erwerbspausen über den gesamten Lebenszyklus. Wie bereits in Abschnitt 2.1.2 erläutert, kann die allgemeine Lebenszufriedenheit (ALZ) einer Person approximativ mit Hilfe ihrer individuellen Nutzenfunktion $U(\cdots)$ abgebildet werden, so dass sich folgender Zusammenhang ergibt:

$$ALZ \approx U(y, EWU, X_u),$$

---

[25]Vgl. *Frey u.a.* (2002b), S. 404.
[26]Vgl. *Schumacher u.a.* (1996), S. 4.

2.1 Allgemeine Lebenszufriedenheit im ökonomischen Kontext 15

mit y als absolutes oder relatives Individual- oder Haushaltseinkommen und EWU als Erwerbsunterbrechungen, die in Art, Anzahl, Dauer und Timing individuell variieren können. X_u umfasst weitere nutzen- oder zufriedenheitsspezifische Einflussfaktoren.[27]

Das Einkommen wird in ökonomisch motivierten Zufriedenheitsanalysen häufig als Proxyvariable für die individuellen oder auch haushaltsbezogenen Konsummöglichkeiten verwendet. Die Erzielung von Individual- und Haushaltseinkommen stellt in der modernen Gesellschaft eine der wichtigsten Grundlagen des menschlichen Daseins dar.[28] Verfügbares Einkommen dient nicht nur der Befriedigung menschlicher Grundbedürfnisse, wie der Beschaffung von Nahrungsmitteln, einer Unterkunft und Kleidung, sondern ermöglicht darüber hinaus das Erreichen eines gewissen Lebensstandards sowie die Bildung von Ersparnissen für eine gesicherte Zukunft. Individuen und Haushalte erzielen ihr Einkommen primär aus Arbeit, so dass nicht nur dem Einkommen per se, sondern auch dem Erwerbsverhalten bzw. der Erwerbsbeteiligung aus ökonomischer Sicht eine große Bedeutung zukommt. Erwerbsunterbrechungen können somit neben zahlreichen anderen Determinanten einen entscheidenden Einfluss auf das Einkommen haben. Dieser Zusammenhang lässt sich wie folgt definieren:

$$y = f(EWU, X_y),$$

wobei y das Einkommen ist, EWU die individuellen Erwerbspausen einer Person umfasst und X_y weitere potenzielle Einkommensdeterminanten, wie bspw. die schuliche oder berufliche Ausbildung oder die Berufserfahrung, beinhaltet.

Grundsätzlich ist davon auszugehen, dass Erwerbsunterbrechungen mit Einkommensverlusten und folglich mit einer Einschränkung der Konsummöglichkeiten verbunden sind, so dass sie sich negativ auf die allgemeine Lebenszufriedenheit auswirken können. Neben diesem monetären Effekt können diskontinuierliche Erwerbsverläufe aber auch nicht-monetäre Zufriedenheitseffekte zur Folge haben, da Erwerbstätigkeit häufig nicht nur der Einkommenserzielung dient, sondern den betreffenden Individuen u.a. eine Möglichkeit zur Selbstverwirklichung gibt und sich demzufolge positiv auf ihr Selbstwertgefühl auswirken kann. Dieser nonpekuniäre Effekt kann je nach Art der Erwerbsunterbrechung sehr unterschiedlich ausfallen.[29]

---

[27] Für einen Überblick über potenzielle Zufriedenheitsdeterminanten vgl. Abschnitt 3.2.2 in der vorliegenden Untersuchung.
[28] Vgl. *Dössel* (1999), S. 7f.
[29] Für einen Überblick über mögliche Gründe für Erwerbsunterbrechungen vgl. Abschnitt 4.2.1.1 in der vorliegenden Untersuchung.

Arbeitslosigkeit kann bspw. zu einer Stigmatisierung der betreffenden Individuen auf dem Arbeitsmarkt führen. Arbeitgeber verbinden Arbeitslosigkeit häufig mit einer geringen Arbeitsbereitschaft und -motivation, so dass insbesondere Langzeitarbeitslose eine geringere Chance haben, einen neuen Arbeitsplatz zu finden. Eine andauernde, erfolglose Arbeitsplatzsuche kann in Frustation, Selbstzweifeln und letztlich in Depressionen enden. JUNANKAR (1991) hat empirisch nachgewiesen, dass die nonpekuniären oder auch sozialen Kosten der Arbeitslosigkeit den monetären Effekt sogar übersteigen können.

In Bezug auf kinderbedingte Erwerbsunterbrechungen sind hingegen durchaus auch positive nicht-monetäre Effekte zu erwarten. Die Geburt eines Kindes kann je nach Lebensziel und Lebensumständen die unterschiedlichsten Empfindungen hervorrufen. Für Menschen, die sich bewusst für eine Kind entscheiden und sich vollständig mit ihrer Elternrolle identifizieren können, kann die Geburt eines Kindes ein Zugewinn an Lebensinhalt und Lebensfreude bedeuten und somit trotz (temporärem) Einkommensverlust zu einer höheren allgemeinen Lebenszufriedenheit führen. TRZCINSKI/ HOLST (2005) zeigen auf Basis der Mikrodaten des Sozio-ökonomischen Panels, dass die Geburt eines Kindes die Lebenszufriedenheit in Deutschland lebender Mütter zumindest kurzfristig erhöhen kann.

Die Art der Erwerbsunterbrechung kann aber nicht nur einen nonpekuniären Einfluss auf die allgemeine Lebenszufriedenheit haben, sondern sich auch direkt auf das Einkommen auswirken. Des Weiteren können sowohl die Einkommens- als auch die Zufriedenheitseffekte in Abhängigkeit von Anzahl, Dauer und Timing der Erwerbspausen variieren. Im Folgenden soll ein Überblick über die Ergebnisse bisheriger empirischer Einkommens- und Zufriedenheitsanalysen gegeben werden.

2.2 Einfluss von Erwerbsunterbrechungen auf das Einkommen und die Zufriedenheit: Stand der Forschung

2.2.1 Ergebnisse bisheriger Einkommensanalysen

Der Einfluss von Erwerbsunterbrechungen auf das Individual- oder Haushaltseinkommen wurde bereits eingehend untersucht. In Abschnitt 2.2.1.1 werden zunächst die Ergebnisse ausgewählter internationaler Studien präsentiert, bevor sich Abschnitt 2.2.1.2 den Ergebnissen bisheriger Einkommensanalysen speziell für Deutschland widmet.

2.2.1.1 Überblick über internationale Studien

Tabelle 2.1 gibt zunächst einen Überblick über die Ergebnisse neuerer internationaler Studien, in denen die Einkommenseffekte von Erwerbsunterbrechungen untersucht werden, ohne dabei einen Anspruch auf Vollständigkeit zu erheben. Mögliche Divergenzen in den Untersuchungsergebnissen sind dabei im Wesentlichen auf Unterschiede in der Spezifikation der Einkommensmodelle sowie in der Auswahl der Schätzverfahren und der zugrunde liegenden Datensätze zurückzuführen.

Tabelle 2.1: Internationale Studien zu den Auswirkungen von Erwerbsunterbrechungen auf das Einkommen

Studie	Datenbasis	Ausgewählte Ergebnisse
OLSON/ FRIEZE (1989)	1984, Eigene Erhebung, USA	Kinderbedingte Erwerbsunterbrechungen und Teilzeitarbeitsphasen haben keinen signifikanten Einfluss auf den Lohnsatz von MBA-Absolventen.
KIM/ POLACHEK (1994)	1976-1987 PSID, USA	Die Erträge aus Humankapitalinvestitionen und die Abschreibungsrate von Erwerbsunterbrechungen sind für Männer und Frauen nahezu identisch.
JACOBSEN/ LEVIN (1995)	1984, Panel, SIPP, USA	Der negative Einkommenseffekt von Erwerbsunterbrechungen nimmt im Zeitverlauf ab.
LIGHT/ URETA (1995)	1966-81 (M), 1968-84 (F), NLS, USA	12% der geschlechtsspezifischen Einkommenslücke sind auf Unterschiede in der zeitlichen Planung des Erwerbslebens zurückzuführen.
ALBRECHT/ EDIN/ SUNDSTRÖM/ VORMAN (1996)	1992/ 93, FWD, Schweden	Der negative Einkommenseffekt hängt u.a. entscheidend von dem Grund der Erwerbsunterbrechung ab.
RUHM (1998),	1969-1993, Europa	Die geschlechtsspezifische Lohnlücke steigt tendenziell, je besser Elternzeiten gesetzlich abgesichert sind.
WALDFOGEL (1998a)	1969-1993, NLSY, USA, NCDS, UK	In den USA und in Großbritannien beträgt der Einkommensunterschied zwischen Müttern und kinderlosen Frauen ca. 20%.
WALDFOGEL (1998b)	1969-1993, NLSY, USA	In den 1980er Jahren ist der Lohnunterschied zwischen Frauen mit und ohne Kindern in den USA um knapp 8% gestiegen.
GUPTA/ SMITH (2000)	1980-1995, Dänemark	Die Existenz von Kindern hat per se keine signifikanten Auswirkungen auf das Einkommen von in Dänemark lebenden Frauen.

Fortsetzung der Tabelle 2.1 folgt auf der nächsten Seite ...

Fortsetzung - Tabelle 2.1

Studie	Datenbasis	Ausgewählte Ergebnisse
SIMPSON (2000)	1975-1993, SLID, Kanada	Die negativen Einkommenseffekte von Erwerbspausen und Teilzeitarbeit unterscheiden sich nicht wesentlich voneinander.
BAUM (2002)	1979-1994, NLSY, USA	Eine einjährige Erwerbspause reduziert den Lohnsatz durchschnittlich um 2-3%.
CAMPBELL (2002)	NCDS, UK	Frauen, die eine Unterbrechung ihrer Karriere planen, beginnen ihr Berufsleben tendenziell früher und mit niedrigeren Einstiegsgehältern als vergleichbare männliche Arbeitnehmer.
PYLKKÄNEN/ SMITH (2003)	1992-2000, LINDA, Schweden, 1993-1996, DLPD, Dänemark	Sowohl in Schweden als auch in Dänemark kehren über 90% der Mütter nach dem Erziehungsurlaub in den Arbeitsmarkt zurück.

OLSON/ FRIEZE (1989) untersuchen speziell die Auswirkungen von Erwerbsunterbrechungen und Teilzeitarbeitsphasen auf den Einkommensverlauf von MBA[30]-Studenten der Universität Pittsburgh. Auf Basis eigener Erhebungen wird gezeigt, dass Unterbrechungen der Vollzeiterwerbstätigkeit, die darauf basieren, dass der betreffende Student keinen geeigneten Job findet, im Gegensatz zu Nichterwerbstätigkeitsphasen aus familiären Gründen hochsignifikante negative Lohneffekte zur Folge haben.

KIM/ POLACHEK (1994) stellen mit Hilfe von einfachen, simultanen Fixed- und Random-Effects-Schätzungen fest, dass sowohl die Ertragsraten aus Humankapitalinvestitionen als auch die Entwertung des Humankapitalbestandes in Folge von Erwerbsunterbrechungen für Männer und Frauen in den USA der Höhe nach vergleichbar sind. Nachdem für Heterogenität, Endogenität und Selektivitätsprobleme kontrolliert wird, werden insgesamt höhere Abschreibungsraten als in eigenen vorangegangenen Untersuchungen ermittelt. Des Weiteren sinkt der unerklärte Anteil des geschlechtsspezifischen Lohndifferenzials durch die Berücksichtigung unbeobachtbarer Populationsheterogenität von 40% auf 20%.

JACOBSEN/ LEVIN (1995) konstatieren ebenfalls einen Einkommensverlust für u.s.-amerikanische Frauen, die ihre Karriere aus familiären Gründen unterbrechen. Als Gründe für den negativen Lohneffekt führen sie die Durchbrechung der Senioritätsentlohnung sowie des Training-on-the-job und die verstärkte Entwertung des Humankapitalbestandes in Folge diskontinuierlicher Erwerbsverläufe an. Im Rahmen der Analyse wird festgestellt, dass der negative Einkommenseffekt im

---

[30]Master of Business Administration.

2.2 Stand der Forschung

Zeitverlauf zwar abschwächt, jedoch auch 20 Jahre nach der Beschäftigungspause immer noch zu beobachten ist.

Das von LIGHT/ URETA (1995) entwickelte *Work History Modell* ermöglicht eine wesentlich flexiblere Erfassung von Erwerbsunterbrechungen als die von MINCER (1974) entwickelte, traditionelle Einkommensgleichung. Mit Hilfe des *Work History Modells* kann der zeitliche Anteil der Erwerbstätigkeit in jedem einzelnen Berufsjahr berücksichtigt werden. Dabei wird jedoch auf eine Differenzierung zwischen verschiedenen Arten von Erwerbsunterbrechungen verzichtet. Die Untersuchung ergibt im Durchschnitt einen kurzfristigen Einkommenseffekt in Höhe von 13%. Vier Jahre nach Wiederaufnahme einer Beschäftigung hat der Lohnsatz wieder das gleiche Niveau wie vor der Unterbrechung erreicht. Dieser sog. Restaurationseffekt wird damit begründet, dass der Lohnsatz nach Wiederaufnahme einer Beschäftigung im Allgemeinen stärker ansteigt als bei durchgehender Beschäftigung. Dadurch kann zumindest ein Teil der Einkommenseinbuße kompensiert werden. Ein wesentlicher Vorteil des von LIGHT/ URETA (1995) verwendeten nichtparametrischen Ansatzes zur Einkommensschätzung besteht darin, dass er von den restriktiven Annahmen der klassischen Humankapitaltheorie in Bezug auf die Humankapitalabschreibung in Folge von Erwerbsunterbrechungen – insbesondere von der quadratischen Berufserfahrungsfunktion – abstrahiert.[31] Nachteilig ist jedoch die große Anzahl an zu schätzenden Parametern, die entsprechend viele Beobachtungen erfordert, um valide Schätzergebnisse zu ermöglichen.

ALBRECHT u.a. (1998) untersuchen die Auswirkungen von Nichterwerbstätigkeitsphasen auf die Einkommensprofile schwedischer Männer und Frauen unter Berücksichtigung verschiedener Arten von Erwerbsunterbrechungen, wie bspw. gesetzliche Erziehungszeiten, Wehr- oder Zivildienstzeiten, Arbeitslosigkeit und sonstige berufliche Auszeiten. Im Ergebnis variieren die Einkommenseffekte in Abhängigkeit der Art der Erwerbsunterbrechung sowie des Geschlechts des Arbeitnehmers. Für gesetzliche Elternzeiten kann für Mütter kein signifikant negativer Einfluss auf den Lohnsatz nachgewiesen werden, während sich bei den wenigen betroffenen Männern durchaus empirische Evidenz für einen negativen Lohneffekt zeigt. Dieser geschlechtsspezifische Unterschied lässt sich nicht allein auf Basis der Humankapitaltheorie erklären. Ergänzend verweisen ALBRECHT u.a. (1998) auf die Signaltheorie: Im Gegensatz zu männlichen Arbeitnehmern werden von Frauen diskontinuierliche Erwerbsverläufe aus Gründen der Familienplanung erwartet und sogar staatlich gefördert. Folglich werden Karriereunterbrechungen von Frauen nicht als Signal zur Beurteilung der Produktivität herangezogen. Für Männer hingegen stellen kinderbedingte Erwerbspausen immer noch eine Ausnahme dar, so dass Unternehmen mit ihnen i.d.R. eine geringere

---

[31]Für einen Überblick über die Grundlagen der klassischen Humankapitaltheorie vgl. Abschnitt 3.1 in der vorliegenden Untersuchung.

Erwerbsorientierung assoziieren. Die Analyse ergibt weiterhin, dass die anderen Arten von Erwerbsunterbrechungen uneingeschränkt mit Einkommensverlusten verbunden sind. Ein derart prägnanter Unterschied zwischen den Geschlechtern, wie er in Bezug auf Elternzeiten ermittelt wurde, lässt sich für die anderen untersuchten Erwerbsunterbrechungstypen jedoch nicht feststellen.

RUHM (1998) stellt in seiner Untersuchung neun europäische Länder[32] einander vergleichend gegenüber. Im Allgemeinen bedingen gesetzliche Regelungen für Erziehungszeiten – insbesondere das Recht auf bezahlten Erziehungsurlaub – einen Anstieg der weiblichen Erwerbsbeteiligung in Höhe von 3-4%. Der Einkommensverlust korreliert dabei stark mit der gesetzlich vorgesehenen Dauer der Elternzeit. Je länger der Anspruch auf bezahlten Erziehungsurlaub, desto größer ist der negative Lohneffekt einer kinderbedingten Erwerbsunterbrechung. Da gesetzliche Elternzeiten hauptsächlich von Frauen genutzt werden, ist in Ländern mit einer sehr guten gesetzlichen Absicherung der Familienplanung ein dementsprechend hohes geschlechtsspezifisches Lohndifferenzial zu beobachten.

WALDFOGEL (1998a) fokussiert sich in ihrer Studie auf die Analyse der Einkommensunterschiede junger u.s.-amerikanischer und britischer Frauen mit und ohne Kindern. Insgesamt ergibt sich sowohl auf Basis des NLSY als auch auf Grundlage der NCDS ein Lohndifferenzial von 20% zwischen Müttern und kinderlosen Frauen. In den USA realisieren 30-jährige Frauen ohne Kinder im Durchschnitt 90% des Einkommens ihrer männlichen Kollegen, während gleichaltrige Mütter im Vergleich lediglich 70% verdienen. In Großbritannien stellt sich die Situation ähnlich dar. Kinderlose Frauen erhalten im Alter von 33 Jahren durchschnittlich 84% des Verdienstes vergleichbarer männlicher Alterskohorten, Mütter hingegen nur 64%. Der Familienstand – verheiratet oder ledig – trägt weder in den USA noch in Großbritannien zur Erklärung der kinderbedingten Einkommenslücke von Frauen bei. In beiden Ländern wirkt sich eine zunehmende gesetzliche Absicherung von Mutterschaft positiv auf den Lohnsatz junger Frauen mit Kindern aus.

In Ergänzung zu der vorangegangenen Studie ermöglicht der Beitrag von WALDFOGEL (1998b) ein tiefergehendes Verständnis des in fast allen Industrienationen zu beobachtenden Lohndifferenzials zwischen Müttern und kinderlosen Frauen. Ausgangspunkt der Untersuchung ist der in den 1980er Jahren in den USA zunehmende familiär bedingte Einkommensunterschied. Während junge Frauen 1980 noch durchschnittlich 60% des Verdienstes ihrer männlichen Kollegen erzielten, lag der Lohnquotient 1991 bereits bei 77%. Mütter profitieren an diesem Fortschritt allerdings unterproportional. 1980 verdienten junge Mütter gerade einmal 56% und Frauen ohne Kinder immerhin 66% des Einkommens vergleichbarer männlicher Arbeitnehmer. Elf Jahre später betrug der durchschnittliche Stunden-

---

[32]Dänemark, Finnland, Frankreich, Deutschland, Griechenland, Irland, Italien, Norwegen und Schweden.

2.2 Stand der Forschung

lohn junger Mütter gut 72% und kinderloser Frauen rund 90% des männlichen Einkommensniveaus, so dass das kinderbedingte Lohndifferenzial im Betrachtungszeitraum von anfänglich 10% auf ca. 18% gestiegen ist. Um dieser Entwicklung entgegenzuwirken, werden verschiedene familienpolitische Maßnahmen zur Diskussion gestellt. Insbesondere gesetzlich geschützter Erziehungsurlaub, die staatliche Förderung von Kinderbetreuungsmaßnahmen sowie die Flexibilisierung der Arbeitszeit werden als Lösungsmöglichkeiten in Betracht gezogen.

Ausschlaggebend für die von GUPTA/ SMITH (2000) durchgeführte Untersuchung war die Beobachtung eines seit Anfang der 1980er Jahre stagnierenden Anpassungsprozesses des geschlechtsspezifischen Lohndifferenzials in Dänemark. Als mögliche Begründung für dieses reale Arbeitsmarktphänomen verweisen GUPTA/ SMITH (2000) auf die umfangreiche Ausweitung des gesetzlichen Mutterschutzes und Erziehungsurlaubs, die aufgrund der im Vergleich zu Männern stark überproportionalen Inanspruchnahme gesetzlicher Kindererziehungszeiten von Frauen den geschlechtsspezifischen Einkommensunterschied negativ beeinflussen kann. Im Fokus der Analyse steht der Einfluss von Kindern und kinderbedingten Erwerbsunterbrechungen auf das Individualeinkommen von Arbeitnehmerinnen. Die Existenz von Kindern hat per se zumindest langfristig keinen signifikanten Effekt auf das Einkommensprofil von Frauen. Der Einfluss des Bildungsniveaus sowie der Branche, in der die jeweilige Arbeitnehmerin tätig ist, kann hingegen empirisch bestätigt werden. Im öffentlichen Sektor führen diskontinuierliche Erwerbsverläufe bspw. zu deutlich geringeren Karrierenachteilen als im privaten Sektor. Bei differenzierterer Berücksichtigung von Nichterwerbstätigkeitsphasen finden GUPTA/ SMITH (2000) empirische Evidenz für eine Intensivierung des Lohnunterschieds zwischen Männern und Frauen. Dieser Effekt ist auf die Unterbrechung der Humankapitalbildung sowie die daraus resultierenden geringeren Ertragsraten während der Kindererziehungsphase zurückzuführen.

Motiviert durch die zunehmende Bedeutung von Teilzeitarbeit in Kanada, untersucht SIMPSON (2000) den Einfluss von diskontinuierlichen Erwerbsverläufen auf das Individualeinkommen von Männern und Frauen. Dabei wird explizit zwischen Erwerbsunterbrechungen und Teilzeitarbeitsphasen unterschieden. Im Ergebnis sind keine signifikanten Unterschiede zwischen den Auswirkungen von Nichtbeschäftigungs- und Teilzeitarbeitsphasen festzustellen. Frauen und junge Männer mit diskontinuierlichen Erwerbsprofilen sind tendenziell jedoch stärker von Karrierenachteilen betroffen als ältere Arbeitnehmer. Des Weiteren werden im Rahmen der Analyse erwartungsgemäß höhere Renditen für die aktuelle Betriebszugehörigkeitsjahre als für die weiter in der Vergangenheit liegende Berufserfahrung nachgewiesen.

BAUM (2000) bestätigt die Signifikanz negativer Einkommenseffekte aufgrund von Erwerbsunterbrechungen für u.s.-amerikanische Frauen, insbesondere in Hinblick auf Kindererziehungszeiten. In Übereinstimmung mit den Ergebnissen einer Vielzahl vorangegangener Studien für die USA wird zumindest kurzfristig eine durchnittliche Reduktion des Lohnsatzes um 2-3% bestimmt. Es ergeben sich keine prägnanten Unterschiede für familiär bedingte Unterbrechungen und sonstige berufliche Auszeiten. Bereits zwei Jahre nach Wiedereinstieg in das Berufsleben lassen sich keine signifikanten Nachteile mehr nachweisen. Die Rückkehr zum früheren Arbeitgeber wirkt sich positiv auf den Karriereverlauf sowie das erzielbare Einkommen von Müttern aus. Die ermittelten negativen Lohneffekte sind in diesem Fall nicht signifikant.

CAMPBELL (2002) überprüft die Hypothese, dass Frauen, die eine Unterbrechung ihrer Karriere planen, tendenziell einen geringeren Anreiz haben, in die Bildung von Humankapital zu investieren als vergleichbare männliche Arbeitnehmer mit voraussichtlich kontinuierlichen Erwerbsverläufen. Die Analyse zeigt, dass Frauen mit potenziellen Erwerbsunterbrechungen weniger Zeit in ihre formale Ausbildung investieren, früher erwerbstätig werden und folglich einen etwa 10% (7,5%) niedrigeren Einstiegslohnsatz realisieren als Männer (Frauen) ohne geplante Nichterwerbstätigkeitsphasen. Ergänzend wird festgestellt, dass sich der negative Effekt einer geplanten Erwerbspause mit ihrer Dauer erhöht. Des Weiteren spielt das Timing der Nichterwerbstätigkeitsphase eine entscheidende Rolle: Je früher eine Unterbrechung der Karriere geplant ist, desto früher beginnt i.d.R. das Erwerbsleben und desto geringer ist der erzielbare Lohnsatz.

PYLKKÄNEN/ SMITH (2003) vergleichen den Einfluss familienpolitischer Maßnahmen auf das Erwerbsverhalten dänischer und schwedischer Mütter. Die Analyse beschränkt sich auf erwerbstätige Frauen, die in einer Partnerschaft leben und in den 1990er Jahren ihre Karriere aufgrund der Geburt eines Kindes unterbrochen haben. Die analysierten skandinavischen Länder weisen in Bezug auf ihr soziales Sicherungssystem viele Gemeinsamkeiten auf, unterscheiden sich jedoch hinsichtlich der gezetzlichen Mutterschutzregelungen und des Erziehungsurlaubs. Schweden sieht im Vergleich zu Dänemark längere Elternzeiten vor, weshalb für schwedische Mütter tendenziell längere Nichterwerbstätigkeitsphasen und infolgedessen höhere Einkommenseinbußen zu verzeichnen sind. Dafür ist das schwedische System durch eine stärkere Integration der Väter in die Kinderbetreuung geprägt. Die Studie zeigt, dass sich die Erwerbsunterbrechungen von Müttern mit zunehmender Beteiligung der Väter am Erziehungsurlaub verkürzen. Besonders auffallend ist, dass sich für Dänemark diesbezüglich kein signifikanter Zusammenhang nachweisen lässt. Die Wiederbeschäftigungswahrscheinlichkeit von Müttern nach einer Erwerbsunterbrechung liegt mit über 90% in beiden Ländern im Vergleich zu den meisten anderen Industrienationen sehr hoch. Sowohl in Schweden als auch in Dänemark hängt die Erwerbsneigung von Frauen positiv von deren Qualifikationsniveau ab.

2.2 Stand der Forschung

2.2.1.2 Überblick über Studien für Deutschland

Die Entwicklung neuer ökonometrischer Modelle und Schätzverfahren sowie die Verfügbarkeit komplexer Datensätze aus dem Bereich der Arbeitsmarktökonomie hat vor allem in den letzten Jahrzehnten auch in Deutschland zu einem gesteigerten Interesse geführt, Einkommensunterschiede auf Grundlage der humankapitaltheoretisch fundierten Einkommensgleichung zu untersuchen. In Tabelle 2.2 werden die Ergebnisse einiger dieser Studien überblicksartig dargestellt.

Tabelle 2.2: Studien zu den Einkommenseffekten von Erwerbsunterbrechungen für Deutschland

Studie	Datenbasis	Ausgewählte Ergebnisse
LAUTERBACH (1991)	1981-1983, Erhebung des Max-Planck-Instituts	Ein Vergleich unterschiedlicher Alterskohorten zeigt, dass Frauen im Zeitververlauf zu immer kürzeren Erwerbsunterbrechungen tendieren.
GALLER (1991)	1984-1988, SOEP	Erwerbsunterbrechungen führen zu höheren Einkommenseinbußen als Teilzeitarbeitsphasen.
LICHT/ STEINER (1991a)	1984-1988, SOEP	Die Wahrscheinlichkeit einer Erwerbspause sowie die durchschnittliche Dauer einer Nichterwerbstätigkeitsphase ist für Frauen deutlich höher als für Männer.
LICHT/ STEINER (1991b)	1984-1989, SOEP	Eine einjährige Erwerbsunterbrechung führt bei Männern im Durchschnitt zu höheren Einkommensverlusten als bei Frauen.
LICHT/ STEINER (1992)	1984-1989, SOEP	Langfristig ergibt sich für Männer durch eine einjährige Erwerbsunterbrechung ein Einkommensverlust in Höhe von 3,6%, während die Einkommenseinbuße bei Frauen im Durchschnitt lediglich 2,4% beträgt.[33]
BEBLO/ WOLF[34] (2000)	1998, SOEP (West)	Erwerbspausen zu Beginn des Berufslebens haben geringere Einkommenseinbußen zur Folge als Unterbrechungen in späteren Phasen der Karriere.
BEBLO/ WOLF (2002b)	1990-1995, IABS (West)	Während der negative Lohneffekt von Männern primär auf Arbeitslosigkeit zurückzuführen ist, resultieren die Einkommensverluste von Frauen vor allem aus familiär bedingten Erwerbspausen.

Fortsetzung der Tabelle 2.1 folgt auf der nächsten Seite ...

---

[33] Als langfristig wird ein Folgeeffekt bezeichnet, der auch noch drei Jahre nach der Erwerbsunterbrechung zu beobachten ist. Vgl. *Licht u.a* (1992), S. 261.

[34] Für eine komprimierte Zusammenfassung der Untersuchungsergebnisse vgl. *Beblo u.a.* (2002a).

Fortsetzung - Tabelle 2.2

Studie	Datenbasis	Ausgewählte Ergebnisse
KUNZE (2002)	1981-1997, IABS (West)	Die stärkste Einkommenseinbuße zeigt sich bei jüngeren Frauen nach einer kinderbedingten Erwerbsunterbrechung. Arbeitslosigkeit bewirkt geschlechtsunabhängig einen sehr geringen Einkommensverlust.
ONDRICH/ SPIESS/ YANG (2002)	1984-1989, 1990-1994, SOEP (West)	Jeder zusätzliche Monat Erziehungsurlaub führt in den ersten fünf Jahren nach Wiederaufnahme einer Beschäftigung zu einer 1,5%igen Reduktion des Lohnsatzes.
BEBLO/ WOLF (2003)	1990-1995, IABS (West)	20% des geschlechtsspezifischen Lohndifferenzials lassen sich durch unterschiedliche Diskontinuitäten in den Erwerbsverläufen von Männern und Frauen erklären.
ZIEFLE (2004)	1984-1999, SOEP (West/ Ost)	Die negativen Folgen von Erziehungsurlaub wirken sich nicht direkt bei Wiederaufnahme einer Beschäftigung aus, sondern führen vor allem mittel- und langfristig zu verminderten Karrierechancen von Müttern.
BEBLO/ BENDER WOLF (2006)	1985-1999, IABS (West)	Erwerbsunterbrechungen aufgrund der Geburt des ersten Kindes führen im unternehmensinternen Vergleich zu einer Lohneinbuße zwischen 16% und 19%.

LAUTERBACH (1991) führt eine Kohortenanalyse für die Erwerbsverläufe von Frauen unter besonderer Berücksichtigung von Erwerbspausen durch. In der Untersuchung werden die Geburtsjahrgänge 1929-31, 1939-41 und 1949-51 einander gegenübergestellt. Ergebnis der Studie ist, dass Erwerbsunterbrechungen aufgrund von Kindererziehungszeiten auch für jüngere Alterskohorten immer noch die Regel sind, ihre Dauer jedoch im Zeitverlauf tendenziell zurückgeht. Die Erwerbsunterbrechungen der jüngsten Kohorte sind im Durchschnitt fast 50% kürzer als diejenigen der ersten beobachteten Geburtsjahrgänge. Des Weiteren wurde beobachtet, dass in der ältesten Kohorte Frauen mit geringem Bildungsniveau nach einer Erwerbsunterbrechung eine höhere Tendenz zum Wiedereintritt in das Berufsleben haben, während in den späteren Geburtsjahrgängen eher Frauen mit höherer Qualifikation zu einer Rückkehr in die Beschäftigung neigen.

GALLER (1991) schätzt auf Basis des humankapitaltheoretischen Ansatzes die Auswirkungen von Unterbrechungen der Erwerbstätigkeit auf den Lohnsatz abhängig beschäftigter Frauen im Alter zwischen 16 und 60 Jahren, wobei explizit zwischen Teilzeit- und Vollzeitarbeitsphasen unterschieden wird. Auf Grundlage der Daten des Sozio-ökonomischen Panels der Jahre 1984 bis 1988 können Einkommensverluste in Folge von Erwerbsunterbrechungen und Teilzeitarbeitspha-

2.2 Stand der Forschung

sen nachgewiesen werden, die sowohl mit höheren Bildungsabschlüssen als auch mit der Dauer der Erwerbspause oder der Teilzeitarbeitsphase positiv korrelieren. Teilzeitarbeitsphasen führen insgesamt jedoch zu geringeren Einkommenseinbußen als Erwerbsunterbrechungen. Teilzeitbedingte Einkommensverluste können nach Wiedereintritt in die Vollbeschäftigung sogar wieder vollständig ausgeglichen werden, da die vor der Teilzeitarbeitsphase gesammelte Berufserfahrung i.d.R. einen schwächeren Effekt auf den individuellen Lohnsatz hat als das nach der Wiederaufnahme der Vollzeittätigkeit akkumulierte Humankapital.

LICHT/ STEINER (1991a) untersuchen getrennt für Männer und Frauen die individuellen Wiederbeschäftigungschancen nach Nichterwerbstätigkeitsphasen und stellen dabei gravierende geschlechtsspezifische Unterschiede fest.[35] Sowohl die Abgangsrate in die (vorübergehende) Nichtbeschäftigung als auch die Dauer der Erwerbslosigkeit ist für Frauen deutlich höher als für Männer. Während fast Zweidrittel der untersuchten Arbeitnehmerinnen über ein Jahr arbeitslos ist, sind von den Männern vergleichsweise lediglich 38% von Langzeitarbeitslosigkeit betroffen. Des Weiteren sind die Wiederbeschäftigungschancen nach einer Erwerbsunterbrechung für männliche Arbeitnehmer deutlich höher als für weibliche Beschäftigte, insbesondere in den ersten Monaten der Nichterwerbstätigkeit. Zu den wichtigsten Einflussfaktoren der Wiederbeschäftigungswahrscheinlichkeit gehören geschlechtsunabhängig zum einen bestimmte persönliche Merkmale, wie bspw. die Nationalität, der Familienstand, die Existenz von Kleinkindern im Haushalt etc., sowie zum anderen die individuelle Erwerbsbiografie. Abweichend von den Ergebnissen zahlreicher vorangegangener Studien konnte jedoch kein negativer Zusammenhang zwischen der Wiedereinstellungschance und dem Fehlen einer formalen Schul- oder Berufsausbildung nachgewiesen werden. Auch die gängige Hypothese, dass sich die Arbeitssuche mit zunehmender Arbeitslosenunterstützung verlängert, konnte nicht bestätigt werden.

In Erweiterung der im Rahmen dieser Untersuchung relativ restriktiven Modellspezifikation zeigen LICHT/ STEINER (1991b) unter Berücksichtigung möglicher Selektionsverzerrungen mit Hilfe des zweistufigen Heckman-Verfahrens und unter Kontrolle für unbeobachtbare Populationsheterogenität empirische Evidenz für geschlechtsspezifische Unterschiede sowohl in Bezug auf die Einkommenseffekte der Betriebszugehörigkeitsdauer und der früheren Berufserfahrung als auch hinsichtlich der Einkommensverluste in Folge von Erwerbsunterbrechungen. Allgemein führt ein zusätzliches Jahr Berufserfahrung oder Betriebszugehörigkeit bei Männern zu einer stärkeren Zunahme des Lohnsatzes als bei Frauen. Aber auch der negative Effekt in Folge einer Nicherwerbstätigkeitsphase wirkt sich auf

---

[35]Aufgrund der geringen Fallzahlen von Männern, die ihre Erwerbstätigkeit aus anderen Gründen als Arbeitslosigkeit unterbrechen, erfolgt keine explizite Unterscheidung zwischen Arbeitslosigkeit und sonstigen Phasen der Nichtbeschäftigung. Vgl. *Licht u.a.* (1991a), S. 189.

das Einkommen männlicher Arbeitnehmer stärker aus als auf den Verdienst ihrer Kolleginnen.

LICHT/ STEINER (1992) ermitteln für Männer eine durchschnittliche Rendite in Höhe von 2,6% je zusätzliches Berufsjahr. Vergleichsweise liegt die jährliche Ertragsrate für Frauen lediglich bei 1,9%. Dem stehen jedoch die höheren Einkommenseinbußen von Männern nach einer Erwerbspause gegenüber. Während der Wiedereinstiegslohn der männlichen Arbeitnehmer nach einer Nichterwerbstätigkeitsphase im Durchschnitt um 4,8% unter dem vor der Unterbrechung erzielten Einkommen liegt, reduziert sich der Lohnsatz weiblicher Beschäftigter gerade einmal um 3%. Im Fokus der Studie steht allerdings der Einfluss der Dauer von Erwerbsunterbrechungen auf das Einkommensprofil von Männern und Frauen. LICHT/ STEINER (1992) konstatieren einen signifikant mit zunehmender Dauer der Nichterwerbstätigkeitsphase abnehmenden Lohnsatz.

Im Mittelpunkt der Studie von BEBLO/ WOLF (2000) steht die Schätzung der Abschreibungsraten in Folge diskontinuierlicher Erwerbsverläufe westdeutscher Frauen. Dabei wird zwischen Erwerbsunterbrechungen und Teilzeitarbeitsphasen unterschieden. Während für Teilzeitarbeit kein signifikanter Einfluss auf den Lohnsatz festgestellt werden kann, beträgt die Abschreibungsrate für eine einjährige Erwerbsunterbrechung durchschnittlich 33%.[36] Auf Grundlage dieser Ergebnisse werden fünf verschiedene Erwerbsverläufe simuliert, wobei abweichend von vorangegangenen Untersuchungen für Deutschland nicht nur die Dauer der Diskontinuitäten sondern zusätzlich deren Timing berücksichtigt wird. Die Analyse bestätigt neben einem signifikant negativen Einfluss der Dauer ebenfalls einen Zusammenhang zwischen dem Lohnverlust und dem Zeitpunkt der Erwerbsunterbrechung: Je später das Berufsleben unterbrochen wird, desto größer ist der Bestand an bereits akkumuliertem Humankapital und desto höher ist demzufolge der aus ihr resultierende Einkommensverlust. Eine westdeutsche Frau, die ihre Erwerbstätigkeit im Alter von 25 Jahren für drei Jahre unterbricht, erleidet im Vergleich zu einer gleichaltrigen, durchgehend beschäftigten Arbeitnehmerin im Durchschnitt einen Lohnverlust in Höhe von 1%. Verschiebt sich die Nichterwerbstätigkeitsphase um fünf Jahre nach hinten, reduziert sich der Lohnsatz bereits um 3,5%. Für eine 40-Jährige führt eine dreijährige Erwerbspause sogar zu einer Lohnsenkung von 15%.

Ziel der Untersuchung von BEBLO/ WOLF (2002b) ist die Bestimmung der langfristigen Einkommenseffekte verschiedener Arten von Erwerbsunterbrechungen, wie bspw. Elternzeiten, Arbeitslosigkeit, Ausbildungszeiten etc. Die relativ restriktive Annahme, die der Mehrzahl früherer Studien – so auch der Analyse von BEBLO/ WOLF aus dem Jahr 2000 – zugrunde liegt, dass die Abschreibungsra-

---

[36]Vgl. hierzu auch *Beblo u.a.* (2002a), S. 92.

2.2 Stand der Forschung

ten für unterschiedliche Nichterwerbstätigkeitsphasen identisch sind, wird somit aufgehoben. Für Deutschland liefert der IAB-Datensatz die relevanten Informationen zur Modellierung unterschiedlicher Arten der Nichterwerbstätigkeit. In Anlehnung an die Untersuchung von LIGHT/ URETA (1995) ersetzen BEBLO/ WOLF (2002b) die traditionelle, auf MINCER (1974) zurückzuführende Einkommensgleichung durch das wesentlich flexiblere *Work History Modell*, das die individuelle Berücksichtigung jedes einzelnen Karrierejahres erlaubt. Die Ergebnisse der Schätzungen zeigen, dass der Lohnsatz männlicher Arbeitnehmer vor allem durch Arbeitslosigkeitsphasen negativ beeinträchtigt wird. Mit Ausnahme von Erwerbsunterbrechungen aufgrund von Erziehungsurlaub führen auch sonstige Auszeiten zu Einkommenseinbußen. Frauen sind hingegen primär von negativen Lohneffekten in Folge von kinderbedingten Erwerbspausen betroffen. Arbeitslosigkeit hat im Gegensatz zu sonstigen Auszeiten keinen signifikanten Einfluss auf den individuellen Einkommensverlauf weiblicher Beschäftigter. Dementsprechend werden laut BEBLO/ WOLF (2002b) Frauen vorwiegend aufgrund von Kindererziehungszeiten und Männer in Folgen von Arbeitslosigkeit von ihren potenziellen Arbeitgebern stigmatisiert.

KUNZE (2002) illustriert in ihrer Studie ebenfalls auf Grundlage des IAB-Datensatzes die Relevanz der Erwerbsunterbrechungsart für die Höhe des Einkommenseffektes. Die Untersuchung beschränkt sich jedoch auf beruflich qualifizierte, vollzeitbeschäftigte westdeutsche Männer und Frauen im Alter zwischen 17 und 36 Jahren. Der Fokus der Analyse liegt auf den kurz- und langfristigen Effekten der verschiedenen Arten von Erwerbsunterbrechungen. Arbeitslosigkeit führt allgemein zu einem sehr geringen Einkommenseffekt. Der Lohnsatz von Arbeitnehmerinnen reduziert sich innerhalb des ersten Jahres nach Abgang aus der Arbeitslosigkeit durchschnittlich gerade einmal um 1,9% im Vergleich zum vor der Nichterwerbstätigkeitsphase erzielten Lohn. Langfristig verschwindet dieser Effekt sogar vollständig. In Bezug auf die männliche Alterskohorte lässt sich keine Signifikanz für einen negativen arbeitslosigkeitsbedingten Einkommenseffekt nachweisen. Sonstige Nichterwerbstätigkeitsphasen, z.B. aufgrund der Teilnahme an Fort- und Weiterbildungsmaßnahmen oder aufgrund zeitweiser Haushaltstätigkeiten, führen bei Männern in den ersten zwei Jahren der Wiederbeschäftigung zu einer Minderung des Lohnsatzes um 1,4% bis 1,9%. Danach sinkt der Effekt auf unter 1%. Wehr- und Zivildienstzeiten haben hingegen eine Erhöhung des Einkommens zur Folge. Die stärkste Einkommenseinbuße ist bei Frauen zu beobachten, die ihre Erwerbstätigkeit aufgrund von Kindererziehungszeiten unterbrechen. Kurzfristig, d.h. im ersten Jahr nach der Erwerbspause, verlieren sie durchschnittlich 18,3% ihres Verdienstes. Auch fünf Jahre nach der Unterbrechung liegt der Lohnsatz immer noch 13% unter dem Lohn einer durchgängig beschäftigten Arbeitnehmerin.

Unter Verwendung des SOEP-Datensatzes analysieren ONDRICH/ SPIESS/ YANG (2002) die Effekte von Erziehungsurlaub auf die Einkommensprofile westdeutscher Mütter. Aufgrund der nicht unerheblichen Änderungen im Bundeserziehungsgesetz in den Jahren 1986 und 1991[37], werden für die Zeitintervalle 1984-1989 und 1990-1994 separate Einkommensregressionen durchgeführt. Dies ermöglicht die Berücksichtigung der potenziell längeren Erziehungszeiten in der zweiten Untersuchungsperiode. In beiden Fällen zeigt sich empirische Evidenz für einen negativen Einkommenseffekt in Folge einer familiär bedingten Erwerbsunterbrechung. Für beide Betrachtungszeiträume ergibt sich eine durchschnittliche Lohneinbuße in Höhe von 1,5% pro Erziehungsmonat. Dieser Effekt ist lediglich innerhalb der ersten fünf Jahre nach Wiedereinstieg in die Erwerbstätigkeit zu beobachten und verschwindet danach vollständig, so dass langfristig keine Effekte mehr festzustellen sind.

Ziel der Studie von BEBLO/ WOLF (2003) ist es, einen Beitrag zur Erklärung des geschlechtsspezifischen Lohndifferenzials in Westdeutschland zu leisten. Auf Basis des IAB-Datensatzes werden unter Berücksichtigung des gesamten Erwerbslebens die Einkommenseffekte in Folge von unterschiedlichen Erwerbsunterbrechungsarten geschätzt.[38] Im Vordergrund steht dabei die Unterscheidung zwischen Arbeitslosigkeit, Elternzeit und sonstigen beruflichen Auszeiten. Mit Hilfe einer Faktorzerlegung der Untersuchungsergebnisse lassen sich 15% des Lohndifferenzials zwischen Männern und Frauen auf geschlechtsspezifische Unterschiede in Struktur und Bewertung der Berufserfahrung zurückführen.[39] Eine differenzierte Betrachtung männlicher und weiblicher Nichterwerbstätigkeitsphasen trägt zur Erklärung weiterer 20% der Lohnlücke bei.

Im Vordergrund der Untersuchung von ZIEFLE (2004) steht die Ermittlung des mittel- und langfristigen Einflusses von Mutterschaft und Elternzeiten auf die Karriereverläufe deutscher Frauen. Für eine deutliche Mehrheit der Frauen sind unmittelbar nach Beendigung der Nichtbeschäftigungsphase keine gravierenden Lohnabschläge zu verzeichnen, insbesondere nicht, wenn sie zu ihrem früheren Arbeitgeber zurückkehren. Betrachtet man den Median der Differenz zwischen dem Lohnsatz vor der Erwerbsunterbrechung und dem Wiedereinstiegsgehalt, ist sogar ein leichter Anstieg zu beobachten. Die mittel- und langfristigen Analysen ergeben jedoch, dass die Ertragsrate jedes zusätzlichen Berufsjahres nach Wiederaufnahme einer Beschäftigung umso geringer ist, je länger der Erziehungsurlaub in Anspruch genommen wurde. Daraus zieht ZIEFLE (2004) die Schlussfolge-

---

[37]Nach dem 1986 in Kraft getretenen Bundeserziehungsgesetz wurde nach der Geburt eines Kindes ein 12-monatiger Erziehungsurlaub gewährt. Die Dauer der rechtlich vorgesehenen Erwerbspause wurde bis zum Jahr 1991 stufenweise auf 18 Monate erhöht. Seit 1992 steht sowohl Müttern als auch Vätern eine Elternzeit von drei Jahren zu. Vgl. *Ondrich u.a.* (2002), S. 6f.
[38]Vgl. hierzu auch *Beblo/ Wolf* (2002b).
[39]Das Einkommensprofil von Männern verläuft i.d.R. steiler als dasjenige von Frauen.

2.2 Stand der Forschung

rung, dass Arbeitnehmerinnen mit diskontinuierlichen Erwerbsverläufen mittel- und längerfristig geringere berufliche Aufstiegschancen haben als Frauen, die auf eine Unterbrechung ihrer Erwerbstätigkeit verzichten. Karrierenachteile aufgrund von Elternzeiten werden demnach nicht sofort bei Wiedereinstieg in das Berufsleben sichtbar, sondern zeichnen sich erst im Verlauf des weiteren Erwerbslebens ab. Bei Verzicht auf kinderbedingte Erwerbspausen, lassen sich keine signifikant negativen Einkommenseffekte für Mütter nachweisen.

Motiviert durch den beobachtbaren Lohnunterschied zwischen Müttern und kinderlosen Frauen führen BEBLO/ BENDER/ WOLF (2006) auf Basis der IAB-Beschäftigtenstichprobe und unter Verwendung eines semiparametrischen Ansatzes unternehmensinterne Einkommensanalysen durch.[40] Kinderbedingte Lohneinbußen sind nach BEBLO/ BENDER/ WOLF (2006) in erster Linie auf zwei Phänomene zurückzuführen: Zum einen auf Unterschiede in Bezug auf die Akkumulation und Abschreibung von Humankapital und zum anderen auf kinderbedingte Segregationsprozesse. Der erste Effekt resultiert daraus, dass Mütter tendenziell in geringerem Ausmaß an Bildungsaktivitäten partizipieren als kinderlose Frauen. Zudem ist eine kinderbedingte Erwerbspause i.d.R. mit einer verstärkten Abschreibung des akkumulierten Humankapitals verbunden. Der zweite Effekt (Segregationseffekt) wird damit begründet, dass Frauen mit Kinderwunsch tendenziell Branchen oder Berufe wählen bzw. berufliche Positionen besetzen, die sich leichter mit einer Familie vereinbaren lassen. In diesem Zusammenhang verzichten sie häufig auch auf eine höhere Entlohnung. Die Untersuchung von BEBLO/ BENDER/ WOLF (2006) zielt insbesondere darauf ab, diese beiden Effekte isoliert zu betrachten. Dazu werden die Lohnsätze von Frauen, die ihre Erwerbstätigkeit kinderbedingt unterbrechen, dem Verdienst von Kolleginnen mit kontinuierlichen Erwerbsprofilen, die in derselben Firma beschäftigt sind, gegenübergestellt. Im Ergebnis führt die Geburt des ersten Kindes zu einer durchschnittlichen Lohneinbuße von 16% bis 19%. Ohne Berücksichtigung firmenspezifischer Effekte reduziert sich der Lohnsatz in Folge der Erwerbspause sogar um 30%. Zusätzlich konnte bestätigt werden, dass der Lohneffekt positiv mit der Dauer der Erwerbsunterbrechung korreliert, d.h. je länger die Unterbrechung der Erwerbstätigkeit andauert, desto höher ist die Lohneinbuße.

Zusammenfassend bleibt festzuhalten, dass sowohl im Rahmen der internationalen als auch der deutschen Studien fast ausnahmslos ein negativer Zusammenhang zwischen der individuellen Einkommensentwicklung und potenziellen oder tatsächlichen Arbeitslosigkeits- bzw. sonstigen Nichterwerbstätigkeitsphasen festgestellt werden konnte.

---

[40] Die Register- bzw. Spelldaten des IAB beinhalten u.a. firmenspezifische Identifikationskennzahlen, so dass sie eine unternehmensinterne Längsschnittanalyse der Einkommensverläufe von Müttern im Vergleich zu ihren kinderlosen Kolleginnen ermöglichen. Vgl. *Beblo/ Bender/ Wolf* (2006).

2.2.2 Ergebnisse bisheriger Zufriedenheitsuntersuchungen

Die Auswirkungen von Arbeitslosigkeits- und sonstigen Nichterwerbstätigkeitsphasen auf die allgemeine Lebenszufriedenheit wurden m.E. bisher vornehmlich mittelbar über die Einkommenseffekte oder über den aktuellen Erwerbsstatus untersucht. In den folgenden Abschnitten 2.2.2.1 und 2.2.2.2 soll ein Überblick über die Ergebnisse dieser Studien gegeben werden, wobei aufgrund der Fülle der Untersuchungen analog zu den Ausführungen in Abschnitt 2.2.1 ebenfalls auf Vollständigkeit verzichtet werden muss.

2.2.2.1 Studien über den Einfluss des Einkommens

Im Gegensatz zum Einfluss von Arbeitslosigkeit auf die allgemeine Lebenszufriedenheit ist der Zusammenhang zwischen der Einkommenshöhe und dem subjektiven Wohlbefinden nicht eindeutig geklärt.[41] Die Mehrheit der empirischen Untersuchungen kommt jedoch zu dem Ergebnis, dass das Einkommen einen signifikant positiven Effekt auf die individuelle Zufriedenheit hat, allerdings in relativ geringem Umfang.[42] Tabelle 2.3 fasst einige interessante Analyseergebnisse in Hinblick auf den Zusammenhang zwischen Einkommen und allgemeiner Lebenszufriedenheit überblicksartig zusammen.

Tabelle 2.3: Studien über den Einfluss des Einkommens auf die allgemeine Lebenszufriedenheit

Studie	Datenbasis	Ausgewählte Ergebnisse
EASTERLIN (1995)	1972-91, US GSS	Eine gleichmäßige Erhöhung aller Einkommen hat keinen Einfluss auf das mittlere Zufriedenheitsniveau in einer Volkswirtschaft.
CLARK/ OSWALD (1996a)	1991, BHPS	Je höher das mittlere Einkommen einer Referenzgruppe mit vergleichbaren Arbeitsmarktbedingungen ist, desto unzufriedener sind Individuen mit ihrer Arbeit und ihrem Leben.
OSWALD (1997)	1973-97, EBMS, BGHS; 1991, BGHQ; 1972-97 US GSS	Der Anstieg des Nationaleinkommens führt in großen Industrienationen wie den USA, Großbritannien oder den Ländern der Europäischen Union zu einer geringen Erhöhung der allgemeinen Lebenszufriedenheit.

Fortsetzung der Tabelle 2.3 folgt auf der nächsten Seite ...

---

[41] Vgl. *Frijters* u.a. (2004b), S. 730f.
[42] Vgl. bspw. *Frey* u.a. (2002b), S. 409 und *Diener* (1984), S. 553f.

2.2 Stand der Forschung

Fortsetzung - Tabelle 2.3

Studie	Datenbasis	Ausgewählte Ergebnisse
SCHYNS (2000)	1992-96, SOEP (West); 1993-96, 1993-96, RPS	Sowohl die absolute Einkommenshöhe als auch ein im Zeitverlauf steigendes Individualeinkommen haben in Westdeutschland und Russland einen positiven Einfluss auf die durchschnittliche Lebenszufriedenheit.
ALESINA/ DI TELLA/ MACCULLOCH (2001)	1972-94, US GSS; 1975-92, EBMS	Die Ungleichheit der Einkommensverteilung hat in den USA keinen Einfluss auf das subjektive Wohlbefinden der Bevölkerung, während sie sich in Europa negativ auf die allgemeine Lebenszufriedenheit auswirkt.
MCBRIDE (2001)	1994, US GSS	Während das subjektive Wohlbefinden mit steigendem Individualeinkommen zunimmt, führt eine Erhöhung des Durchschnittseinkommens der eigenen Alterskohorte zu einer Reduktion der individuellen Zufriedenheit.
FREY/ STUTZER (2002b)	1972-74, 1994-96, US GSS; 1975-91, EBMS; 1980-82, 1990-91, 1995-97, WVS	Allgemein wirkt sich das Individualeinkommen positiv auf das subjektive Wohlbefinden aus. Die relative Positionierung in der Einkommenverteilung hat jedoch einen erheblich stärkeren Einfluss auf die individuelle Zufriedenheit als die Einkommenshöhe per se.
SCHYNS (2002a)	1993-95, SOEP, (West/ Ost); 1993-95, RUSSET	Einkommensänderungen, die ein Unter- oder Überschreiten der Armutsgrenze bewirken, haben einen stärkeren Einfluss auf das subjektive Wohlbefinden als Einkommensänderungen, die keine Veränderung der relativen Position in Hinblick auf die Armutsgrenze zur Folge haben.
SCHYNS (2002b)	1980, 1990, WVS I, II	Das reale BIP ist positiv mit dem mittleren Zufriedenheitsniveau in einer Volkswirtschaft korreliert.
FERRER-I-CARBONELL (2004)	1992-97, SOEP (West/ Ost)	Die Höhe des Haushaltseinkommens hat einen signifikanten, aber geringen Einfluss auf das individuelle Zufriedenheitsniveau.

EASTERLIN (1995) untersucht, ob eine gleichzeitige Erhöhung aller Einkommen in einer Volkswirtschaft zu einem Anstieg der mittleren Lebenszufriedenheit führt. EASTERLIN (1995) zeigt, dass das durchschnittliche Zufriedenheitsniveau der u.s.-amerikanischen Bevölkerung im Zeitverlauf relativ stabil geblieben ist, obwohl sich das reale Pro-Kopf-Einkommen in der zweiten Hälfte des 20. Jahunderts mehr als verdoppelt hat. Auch in Japan und in einigen ausgewählten europäischen Ländern konnte trotz wirtschaftlichen Wachstums und steigendem Bruttoinlandsprodukt keine wesentliche Verbesserung der mittleren Lebenszufriedenheit festgestellt werden. Dieses beobachtbare Phänomen ist gemäß EASTERLIN (1995) zum einen darauf zurückzuführen, dass sich im Fall einer gleichmäßigen Erhöhung aller Einkommen in einem Land die relative Position des Einzelnen in der Einkommenshierarchie nicht verändert. Zum anderen kann davon ausgegangen werden, dass die Bevölkerung ihre Ansprüche und Bedürfnisse an den höheren Lebensstandard anpasst.

Im Vordergrund der Analyse von CLARK u.a. (1996a) steht die Überprüfung der Hypothese, dass das subjektive Wohlbefinden in Großbritannien von der relativen Einkommensposition einer Person abhängt. Mit Hilfe von Ordered-Probit-Schätzungen wird auf Basis der Daten des britischen Haushaltspanels (BHPS) des Jahres 1991 empirische Evidenz für einen negativen Zusammenhang zwischen dem individuellen Zufriedenheitsniveau und dem Durchschnittseinkommen von Personen mit vergleichbaren Arbeitsmarktbedingungen gezeigt. Insgesamt hängt die allgemeine Lebenszufriedenheit stärker von der Höhe des Referenzeinkommens als vom eigenen Einkommen ab. Des Weiteren wird nachgewiesen, dass ein höheres Bildungsniveau unter der Annahme eines konstanten Individualeinkommens zu einer Reduktion des subjektiven Wohlbefindens führt. CLARK u.a. (1996a) schließen daraus, dass mit zunehmender Bildung auch die Ansprüche an das Leben steigen.

OSWALD (1997) zeigt im Rahmen seiner Untersuchung u.a., dass wirtschaftliches Wachstum in Form eines steigenden BIP in größeren Industrienationen wie den USA, Großbritannien und den Ländern der Europäischen Union lediglich einen geringen positiven Einfluss auf das durchschnittliche Zufriedenheitsniveau hat.

SCHYNS (2000) untersucht auf Basis der Daten des Sozio-ökonomischen Panels (SOEP) und der Russischen Panelstudie (RPS) den Zusammenhang zwischen der absoluten Einkommenshöhe sowie Einkommensänderungen und dem durchschnittlichen Zufriedenheitsniveau in Westdeutschland und Russland. Die Analyse zeigt sowohl für Westdeutschland als auch für Russland empirische Evidenz für eine positive Korrelation zwischen der absoluten Einkommenshöhe und der individuellen Zufriedenheit, wobei sich für Russland ein etwas stärkerer Effekt nachweisen lässt. Des Weiteren kann im Rahmen der Untersuchung statistisch belegt werden, dass eine Einkommenserhöhung in beiden Ländern tendenziell zu einem geringfügigen Anstieg der durchschnittlichen Zufriedenheit führt, d.h. Individuen, deren relative Einkommensposition sich im Laufe der Zeit verbessert hat, sind im Mittel zufriedener mit ihrem Leben. Im Widerspruch zu der weit verbreiteten Annahme, dass sich Individuen relativ kurzfristig an veränderte Einkommens- und Lebensbedingungen anpassen, nimmt der positive Effekt einer Einkommens-

2.2 Stand der Forschung

erhöhung in Deutschland im Zeitverlauf nicht ab. In Russland verschwindet der positive Effekt hingegen im dritten Jahr nach der Einkommensänderung.

ALESINA u.a. (2001) widmen sich in ihrer Untersuchung primär der Frage, ob eine ungleiche Einkommensverteilung das mittlere Zufriedenheitsniveau in einem Land beeinflusst. Während sich in den USA Einkommensungleichheit nicht auf das durchschnittliche subjektive Wohlbefinden der Bevölkerung auswirkt, wird in Europa eher eine Gleichverteilung des Einkommens präferiert. Ein Vergleich unterschiedlicher Einkommensgruppen sowie ideologischer Gruppen ergibt jedoch, dass die Zufriedenheit von Besserverdienern und Individuen, die im politischen Spektrum eher rechts positioniert sind, auch in Europa tendenziell von einer ungleichen Einkommensverteilung unbeeinflusst bleibt. Für ärmere Bevölkerungsschichten sowie für Vertreter oder Wähler von Linksparteien kann hingegen nachgewiesen werden, dass die durchschnittliche Zufriedenheit mit zunehmender Einkommensungleichheit sinkt.

MCBRIDE (2001) analysiert mittels Ordered-Probit-Schätzungen die Einflüsse des absoluten und relativen Einkommens auf die allgemeine Lebenszufriedenheit in den USA. Die Proxy-Variable für das Referenzeinkommen wird auf Basis der Angaben der Befragungsteilnehmer zum Lebensstandard ihrer Eltern sowie auf Grundlage des Durchschnittseinkommens der entsprechenden Altersgruppe der Befragten gebildet. Im Ergebnis führt ein höheres absolutes Einkommen zu einer signifikanten Verbesserung der allgemeinen Lebenszufriedenheit, während das Referenzeinkommen einen negativen Einfluss auf das subjektive Wohlbefinden hat. Die individuelle Zufriedenheit von Besserverdienern hängt tendenziell stärker von der Veränderung des Referenzeinkommens ab. Das Zufriedenheitsniveau von Personen mit geringerem Einkommen wird hingegen stärker durch die Höhe des absoluten Einkommens beeinflusst.

FREY/ STUTZER (2002b) konzentrieren sich in ihrer Studie auf die Untersuchung von Einkommenseffekten auf das subjektive Wohlbefinden in unterschiedlichen Ländern. Es gilt u.a. zu klären, ob ein Anstieg des eigenen Einkommens zu einer höheren Zufriedenheit führt, ob Besserverdiener im Allgemeinen zufriedener sind als Personen mit geringerem Einkommen und ob das mittlere Zufriedenheitsniveau in reicheren Ländern höher ist als in ärmeren Nationen. Die Analysen zeigen, dass das individuelle Zufriedenheitsniveau mit zunehmendem Einkommen in geringem Ausmaß steigt. FREY/ STUTZER (2002b) weisen jedoch darauf hin, dass der kausale Zusammenhang zwischen Individualeinkommen und subjektivem Wohlbefinden nicht eindeutig geklärt ist. Es ist einerseits möglich, dass ein höheres Einkommen die Individuen zufriedener macht. Andererseits könnte ein höheres Zufriedenheitsniveau aber auch mit mehr Selbstbewusstsein und einer größeren Arbeitsmotivation verbunden sein, was wiederum zu einem höheren Einkommen führen könnte. Insgesamt lässt sich feststellen, dass Besserverdiener im Mittel zufriedener sind als Individuen mit relativ geringem Einkommen. Des Weiteren weisen FREY/ STUTZER (2002b) nach, dass das durchschnittliche Zufriedenheitsniveau in reicheren Ländern höher ist als in ärmeren Nationen. In diesem Zusammenhang geben FREY/ STUTZER (2002b) jedoch zu bedenken, dass diese positive Korrelation zwischen subjektivem Wohlbefinden und Pro-Kopf-Einkommen nicht unmittelbar aus dem höheren Einkommensniveau resultieren muss. Länder mit hohem Pro-Kopf-Einkommen verfügen i.d.R. über ein stabileres demokratisches System als ärmere Länder. Zudem ist ein höheres Einkommensniveau im Allgemeinen auch mit einer besseren medizinischen Versorgung und daraus resultierend einem besseren allgemeinen Gesundheitszustand der Bevölkerung verbunden. Der scheinbar positive Zusammenhang zwischen dem Bruttoinlandsprodukt und der allgemeinen Lebenszufriedenheit könnte somit bspw. auch auf die besseren demokratischen Bedingungen oder den besseren allgemeinen Gesundheitszustand in reicheren Ländern zurückzuführen sein.

SCHYNS (2002a) analysiert in ihrer Untersuchung die Wirkungen des Individualeinkommens sowie die Effekte von Einkommensänderungen auf die durchschnittliche Einkommens- und Lebenszufriedenheit in Deutschland und Russland.[43] Insgesamt zeigt sich, dass die durchschnittliche Einkommens- und Lebenszufriedenheit in Russland geringer ist als in Deutschland. Des Weiteren stellt sich heraus, dass Einkommensveränderungen in beiden Ländern einen stärkeren Effekt auf die mittleren Zufriedenheitsniveaus haben, wenn sie zu einem Über- oder Unterschreiten der länderspezifischen Armutsgrenze[44] führen. In Bezug auf den Zusammenhang zwischen Einkommens- und Lebenszufriedenheit ergibt sich für Deutschland, dass die Lebenszufriedenheit sowohl in ärmeren als auch in reicheren Bevölkerungsschichten einen etwas stärkeren Einfluss auf die Einkommenszufriedenheit hat als umgekehrt. Auf Grundlage der russischen Daten konnte lediglich für einen positiven Einfluss der Einkommens- auf die Lebenszufriedenheit empirische Evidenz gezeigt werden. Zudem scheint der Effekt der Einkommenszufriedenheit auf die allgemeine Lebenszufriedenheit in Russland stärker zu sein als in Deutschland. SCHYNS (2002a) begründet diese Ergebnisse mit den unterschiedlichen Wohlstandsniveaus in Deutschland und Russland. In der relativ armen Nation Russland hat die Befriedigung der elementaren Sicherungsbedürfnisse und damit auch die Einkommenserzielung und -sicherung eine weitaus größere Bedeutung als im Wohlstandsstaat Deutschland.

In ihrer zweiten Studie aus dem Jahr 2002 untersucht SCHYNS (2002b) die Determinanten der allgemeinen Lebenszufriedenheit in 42 Ländern. Im Mittelpunkt der Analyse steht der Einfluss des Individualeinkommens sowie der volkswirtschaftlichen Wohlfahrt auf das mittlere Zufriedenheitsniveau in den 42 ausgewählten

---

[43]Für eine genaue Modellbeschreibung vgl. *Schyns* (2001).
[44]*Schyns* (2002a) definiert die länderspezifischen Armutsgrenzen als 50% des jeweiligen Medianeinkommens.

2.2 Stand der Forschung

Ländern. SCHYNS (2002b) unterstellt zusätzlich zu dem Einfluss der Persönlichkeitsmerkmale auf die allgemeine Lebenszufriedenheit einen Zusammenhang zwischen den länderspezifischen Charakteristika und dem subjektiven Wohlbefinden einer Nation. Die Untersuchungen ergeben einen schwachen signifikanten Zusammenhang zwischen der Höhe des Individualeinkommens und der allgemeinen Lebenszufriedenheit, d.h. Individuen mit höherem Einkommen weisen im Mittel ein höheres Zufriedenheitsniveau auf als Geringverdiener. Der Nutzen einer zusätzlichen Einkommenseinheit nimmt allerdings mit steigendem Einkommen ab. Des Weiteren wird festgestellt, dass der Zusammenhang zwischen Individualeinkommen und der allgemeinen Lebenszufriedenheit vom Wohlstandsniveau der jeweiligen Nation abhängt. Arme Individuen aus ärmeren Ländern sind im Durchschnitt unzufriedener mit ihrem Leben als arme Bevölkerungsschichten in reicheren Nationen. Insgesamt variiert das Zufriedenheitsniveau ärmerer Personen stärker als dasjenige von Besserverdienern, was SCHYNS (2002b) damit begründet, dass es für Individuen am unteren Ende der Einkommenshierarchie wesentlich wichtiger ist, genügend Einkommen zur Sicherung ihres Lebensunterhalts und zur Befriedigung der menschlichen Grundbedürfnisse zu erzielen.

FERRER-I-CARBONELL (2004) untersucht in ihrer Studie auf Grundlage der SOEP-Datensätze für West- und Ostdeutschland, ob und inwieweit das subjektive Wohlbefinden durch das Einkommen beeinflusst wird. Mit Hilfe von Ordered-Probit-Modellen überprüft sie unter Berücksichtigung zufälliger Individualeffekte die folgenden vier Hypothesen:[45]

1. Lediglich das eigene Haushaltseinkommen hat einen positiven Effekt auf das individuelle Zufriedenheitsniveau.

2. Das subjektive Wohlbefinden wird durch die Höhe des Einkommens einer bestimmten Referenzgruppe beeinflusst.

3. Die individuelle Lebenszufriedenheit hängt von der Differenz zwischen dem eigenen Haushaltseinkommen und dem Durchschnittseinkommen einer bestimmten Referenzgruppe ab.

4. Sowohl individuelle als auch gruppenspezifische Einkommensvergleiche sind im Allgemeinen nach oben gerichtet, d.h. Individuen vergleichen ihre Einkommenssituation i.d.R. mit derjenigen von Besserverdienern.

Im Ergebnis hat das individuelle Haushaltseinkommen einen signifikant positiven Einfluss auf das subjektive Wohlbefinden, allerdings in relativ geringem Ausmaß. Insgesamt ist der Einkommenseffekt in Ostdeutschland höher als in den alten

---
[45]Vgl. *Ferrer-i-Carbonell* (2004), S. 1003ff.

Bundesländern, was u.a. auf das geringere mittlere Einkommensniveau zurückzuführen ist. FERRER-I-CARBONELL (2004) zeigt weiterhin, dass eine Person umso zufriedener ist, desto höher das eigene Haushaltseinkommen im Vergleich zum Einkommen der jeweiligen Referenzgruppe ist. Ein Anstieg des eigenen Haushaltseinkommens hat bei gleichzeitiger Erhöhung des jeweiligen Referenzeinkommens dementsprechend keine Veränderung der allgemeinen Lebenszufriedenheit zur Folge. Zusätzlich zeigt FERRER-I-CARBONELL (2004) im Rahmen ihrer Untersuchung, dass sich Individuen bevorzugt mit Besserverdienern vergleichen.

2.2.2.2 Studien über den Einfluss des Erwerbsstatus

In Tabelle 2.4 werden nachfolgend die Ergebnisse einiger repräsentativer Studien über den Einfluss des Erwerbsstatus einer Person auf ihre allgemeine Lebenszufriedenheit zusammenfassend dargestellt.

Tabelle 2.4: Studien über den Einfluss des Erwerbsstatus auf die allgemeine Lebenszufriedenheit

Studie	Datenbasis	Ausgewählte Ergebnisse
NEAR/ SMITH/ RICE/ HUNT (1984)	1977, US QES	Die Zufriedenheit eines Individuums mit seiner Arbeit und die objektiv beobachtbaren Arbeitsbedingungen haben einen relativ geringen Einfluss auf seine allgemeine Lebenszufriedenheit.
JUNANKAR (1986)	1970-72, OPCS; 1971, Employment Gazette	Arbeitslosigkeit führt im Allgemeinen zu einer höheren Sterberate sowie zu einer erhöhten Selbstmordgefahr. Des Weiteren sind insbesondere Langzeitarbeitslose krankheitsanfälliger und leiden häufiger unter Stress.
JUNANKAR (1991)	1978, 1986, OPCS	Unter Berücksichtigung der sozialen Herkunft sowie regionaler Unterschiede korreliert die Mortalitätsrate britischer Männer mit der entsprechenden Arbeitslosigkeitsrate.
CLARK/ OSWALD (1994)	1991, BGHQ	Arbeitslose sind in Großbritannien tendenziell unzufriedener als erwerbstätige Personen. Der negative Einfluss von Arbeitslosigkeit auf das subjektive Wohlbefinden britischer Arbeitnehmer ist sogar stärker als der Effekt einer Scheidung oder Trennung vom Lebenspartner.
WINKELMANN/ WINKELMANN (1995)	1984-89, SOEP (West)	Sowohl Arbeitslosigkeits- als auch Nichterwerbstätigkeitsphasen haben einen negativen Einfluss auf die allgemeine Lebenszufriedenheit westdeutscher Männer und Frauen.

Fortsetzung der Tabelle 2.4 folgt auf der nächsten Seite ...

2.2 Stand der Forschung

Fortsetzung - Tabelle 2.4

Studie	Datenbasis	Ausgewählte Ergebnisse
KORPI (1997)	1981, 1982, SUYS	Das Ereignis der Arbeitslosigkeit führt zu einer Reduktion des durchschnittlichen Zufriedenheitsniveaus schwedischer Jugendlicher.
OSWALD (1997)	1973-97, EBMS; 1973-97, BGHS; 1991, BGHQ; 1972-97, US GSS	Arbeitslosigkeit führt in Industrienationen wie den USA, Großbritannien und den Ländern der Europäischen Union zu einer deutlichen Reduktion der durchschnittlichen allgemeinen Lebenszufriedenheit.
WINKELMANN/ WINKELMANN (1998)	1984-90, SOEP (West)	Die nicht-monetären Kosten von Arbeitslosigkeits- und Nichterwerbstätigkeitsphasen übersteigen die monetären Kosten in Form von Einkommenseinbußen in beträchtlichem Ausmaß.
GERLACH/ STEPHAN (2001)	1992-97, SOEP (West)	Arbeitslosigkeitsphasen wirken sich negativ auf die allgemeine Lebenszufriedenheit ost- und westdeutscher Männer und Frauen aus.
SHIELDS/ WAIBO (2002)	1994, PSI	Arbeitslosigkeit führt im Durchschnitt zu einer Verschlechterung des subjektiven Wohlbefindens ethnischer Minderheiten in Großbritannien.
VAN PRAAG/ FERRER-I- CARBONELL (2002)	1992-97, SOEP (West)	Der Verlust des Arbeitsplatzes ist für die Mehrzahl westdeutscher Arbeitnehmer mit einer Reduktion der allgemeinen Lebenszufriedenheit verbunden, selbst wenn das Haushaltseinkommen unverändert bleibt.
LUCAS/ CLARK/ GEORGELLIS/ DIENER (2004)	1984-98, SOEP	Arbeitslosigkeit kann zu einer deutlichen Reduktion der allgemeinen Lebenszufriedenheit führen, die auch noch lange Zeit nach Wiedereintritt in den Arbeitsmarkt zu beobachten ist.

NEAR u.a. (1984) untersuchen in ihrer Studie auf Basis der Daten des Quality of Employment Surveys (QES) den Zusammenhang zwischen der individuellen Arbeitszufriedenheit und der allgemeinen Lebenszufriedenheit von US-Amerikanern. Dabei stellt sich heraus, dass sowohl die objektiven Arbeitsbedingungen als auch die subjektive Zufriedenheit mit der beruflichen Situation einen relativ geringen Effekt auf die allgemeine Lebenszufriedenheit haben. Zusätzlich wird festgestellt, dass sich die Arbeitsbedingungen nicht nur auf die allgemeine Lebenszufriedenheit auswirken, sondern auch auf die individuelle Zufriedenheit in speziellen Bereichen des Privatlebens, wie bspw. der Zufriedenheit mit der Ehe, dem Familienleben oder der Freizeitgestaltung. Des Weiteren weisen NEAR u.a. (1984) nach, dass der Einfluss spezieller Bereichszufriedenheiten, wie bspw. der Arbeitszufriedenheit, auf die allgemeine Lebenszufriedenheit insgesamt größer ist als die Korrelation zwischen den objektiv beobachtbaren Arbeits- und Lebensbedingungen und der allgemeinen Lebenszufriedenheit.

JUNANKAR (1986) unterstellt im Rahmen seiner Studie, dass das Ereignis der Arbeitslosigkeit nicht nur monetäre, sondern auch soziale Kosten zur Folge hat, die die arbeitslosigkeitsbedingte Einkommenseinbuße deutlich übersteigen können. Zu den sozialen Kosten der Arbeitslosigkeit gehören seiner Meinung nach mentale und physische Belastungen, eine erhöhte Sterbe- und Selbstmordrate, eine höhere Gewaltbereitschaft oder auch eine höhere Wahrscheinlichkeit für den Missbrauch von Drogen. Ziel der Untersuchung ist es, einen Teil dieser sozialen Kosten zu erfassen. Im Ergebnis zeigt sich empirische Evidenz für einen arbeitslosigkeitsbedingten Anstieg der Krankheitsanfälligkeit eines Individuums, der allgemeinen Sterbe- und Selbstmordrate sowie der Gewaltbereitschaft. Des Weiteren kann nachgewiesen werden, dass das Ereignis der Arbeitslosigkeit häufig mit familiären Problemen und sonstigem Stress für die Betroffenen verbunden ist. Die Richtung der kausalen Zusammenhänge lässt sich jedoch in den meisten Fällen nicht eindeutig bestimmen. So ist es einerseits möglich, dass der Verlust des Arbeitsplatzes zu gesundheitlichen Beschwerden und psychischen Belastungen und im Extremfall sogar zu Selbstmordgedanken führt. Andererseits könnte es jedoch auch sein, dass depressive und psychisch labile Menschen eine höhere Wahrscheinlichkeit haben, ihren Arbeitsplatz zu verlieren.

Ausgehend von der Annahme, dass das Ereignis der Arbeitslosigkeit neben den monetären Kosten in Form von Einkommensverlusten zusätzlich soziale Kosten verursacht, analysiert JUNANKAR (1991) in einer Folgestudie den Zusammenhang zwischen der Mortalitäts- und Arbeitslosigkeitsrate britischer Männer. Unter Berücksichtigung sozialer und regionaler Merkmale ergibt sich eine positive Korrelation zwischen der Mortalitäts- und Arbeitslosigkeitsrate in Großbritannien bzw. Wales. Des Weiteren weist JUNANKAR (1991) auf Grundlage der Daten des Office of Population Censuses and Surveys (OPCS) empirisch nach, dass die standardisierte Mortalitätsrate britischer Männer von deren sozialer Herkunft abhängt. Sozial schwache Bevölkerungsschichten werden allgemein durch eine höhere Mortalitätsrate geprägt. Zusätzlich ergeben sich im Rahmen der Analysen regionale Unterschiede. Im reicheren Süd-Osten ist die Mortalitätsrate tendenziell geringer als in den ärmeren Regionen des Nordens.

CLARK u.a. (1994) testen in ihrer Studie die Hypothese, dass Arbeitslosigkeit in Großbritannien überwiegend freiwillig ist. Ergebnis ihrer Untersuchungen ist, dass arbeitslose Briten tendenziell unzufriedener mit ihrem Leben sind als Individuen, die einer Beschäftigung nachgehen. Arbeitslosigkeit führt sogar zu höheren Zufriedenheitseinbußen als eine Scheidung oder Trennung vom Lebenspartner. Jüngere Arbeitnehmer sind im Mittel von geringeren Zufriedenheitseinbußen betroffen.

2.2 Stand der Forschung

Insgesamt zeigen CLARK u.a. (1994) empirische Evidenz für einen u-förmigen Verlauf des durchschnittlichen Zufriedenheitsniveaus über das Alter. Zudem wirkt sich der Verlust des Arbeitsplatzes in Regionen mit hoher Arbeitslosigkeitsrate tendenziell schwächer auf das subjektive Wohlbefinden aus. Weiterhin sind Langzeitarbeitslose im Mittel etwas zufriedener mit ihrem Leben als Individuen, die erst kürzlich ihren Arbeitsplatz verloren haben.

Mit Hilfe von Ordered-Probit- und Fixed-Effects-Ordered-Logit-Schätzungen zeigen WINKELMANN u.a. (1995) auf Basis der Daten des Sozio-ökonomischen Panels der Jahre 1984 bis 1989 empirische Evidenz für einen negativen Einfluss von Arbeitslosigkeits- und sonstigen Nichterwerbstätigkeitsphasen auf die allgemeine Lebenszufriedenheit westdeutscher Männer und Frauen. Arbeitslosigkeit wirkt sich insgesamt stärker auf das subjektive Wohlbefinden aus als sonstige Nichterwerbstätigkeitsphasen. Des Weiteren erleiden Männer sowohl in Folge von Arbeitslosigkeit als auch aufgrund von sonstigen Erwerbsunterbrechungen höhere Zufriedenheitseinbußen als Frauen. Dieses Phänomen begründen WINKELMANN u.a. (1995) damit, dass insbesondere nicht auf Arbeitslosigkeit beruhende Erwerbspausen von Frauen gesellschaftlich eine höhere Akzeptanz finden als Nichterwerbstätigkeitsphasen von Männern.

KORPI (1997) fokussiert sich in seiner Untersuchung auf die Relation zwischen dem Erwerbsstatus und dem subjektiven Wohlbefinden bzw. dem individuellen Nutzen schwedischer Jugendlicher im Alter zwischen 16 und 24 Jahren. Im Ergebnis hat Arbeitslosigkeit einen deutlich negativen Effekt auf das durchschnittliche Zufriedenheitsniveau der Jugendlichen. Die Teilnahme an arbeitsmarktpolitischen Programmen zur Senkung der Arbeitslosenquote hat hingegen zumindest temporär einen positiven Einfluss auf das subjektive Wohlbefinden der betrachteten Individuen. Das Beziehen von Arbeitslosenunterstützung – z.B. in Form von Arbeitslosengeld oder -hilfe – wirkt sich ebenfalls positiv auf die mittlere Zufriedenheit junger Arbeitsloser aus.

OSWALD (1997) führt auf Basis verschiedener Datensätze eine deskriptive Analyse der Entwicklung des subjektiven Wohlbefindens in mehreren Industrienationen durch. Im Mittelpunkt seiner Untersuchung steht der Einfluss eines positiven Wirtschaftswachstums auf die mittlere Lebenszufriedenheit in den einzelnen Ländern. OSWALD (1997) findet heraus, dass der Anstieg des Nationaleinkommens einen relativ geringen positiven Effekt auf das durchschnittliche Zufriedenheitsniveau in den USA, Großbritannien und den Ländern der Europäischen Union hat. Insgesamt ergibt die Analyse, dass insbesondere Verheiratete, Besserverdiener, Frauen, Selbständige, Rentner sowie Hausfrauen bzw. -männer ein hohes Zufriedenheitsniveau aufweisen. Das Ereignis der Arbeitslosigkeit führt allgemein hingegen zu einer deutlichen Reduktion des subjektiven Wohlbefindens.

Abschließend stellt OSWALD (1997) sogar fest, dass Arbeitslosigkeit aus ökonomischer Sicht die Hauptquelle für individuelle Unzufriedenheit zu sein scheint.[46]

In einer Folgestudie untersuchen WINKELMANN u.a. (1998) speziell den Einfluss von Arbeitslosigkeits- und sonstigen Nichterwerbstätigkeitsphasen auf das Zufriedenheitsniveau westdeutscher Männer im erwerbsfähigen Alter. WINKELMANN u.a. (1998) modellieren dabei die ordinal skalierte allgemeine Lebenszufriedenheit als dichotome Variable, die den Wert „1" annimmt, wenn das Individuum zufrieden ist, und den Wert „0", wenn es unzufrieden ist. Unter Berücksichtigung fixer Effekte führen WINKELMANN u.a. (1998) binäre Logit-Schätzungen durch, wobei die dichotome Zufriedenheitsvariable die abhängige Variable darstellt. Auf Grundlage dieser Schätzungen kann bestätigt werden, dass Arbeitslosigkeit einen starken negativen Effekt auf die Zufriedenheit westdeutscher Männer hat. Nichterwerbstätigkeitsphasen wirken sich ebenfalls signifikant negativ auf das subjektive Wohlbefinden der untersuchten Teilstichprobe des Sozio-ökonomischen Panels aus, allerdings in bedeutend geringerem Ausmaß. Insgesamt kann gezeigt werden, dass die nicht-monetären Kosten der Arbeitslosigkeit den monetären Effekt, der aus dem arbeitslosigkeitsbedingten Einkommensverlust resultiert, erheblich übersteigen. Im Gegensatz zu OSWALD u.a. (1994) weisen WINKELMANN u.a. (1998) einen streng negativen Zusammenhang zwischen dem Alter und der allgemeinen Lebenszufriedenheit einer Person nach. Weiterhin ergeben die Analysen, dass das Zufriedenheitsniveau allgemein unabhängig von der Dauer der Arbeitslosigkeitsphase ist. Die Ergebnisse sprechen demnach dafür, dass bei Langzeitarbeitslosigkeit keine Anpassung der individuellen Ansprüche und Erwartungen an die schlechteren Lebensbedingungen erfolgt.

GERLACH u.a. (2001) führen eine systematische Analyse des Zusammenhangs zwischen dem Erwerbsstatus und der allgemeinen Lebenszufriedenheit in West- und Ostdeutschland durch. Auf Basis von Ordered-Probit-Modellen schätzen sie insbesondere den Einfluss von Arbeitslosigkeitsphasen auf das individuelle Zufriedenheitsniveau west- und ostdeutscher Männer und Frauen. Die Analysen zeigen, dass Arbeitslosigkeitsphasen einen erheblichen negativen Einfluss auf die allgemeine Lebenszufriedenheit west- und ostdeutscher Männer und Frauen haben. Zudem kann nachgewiesen werden, dass ostdeutsche Bundesbürger im Durchschnitt deutlich unzufriedener mit ihrem Leben sind als Westdeutsche. Die geringere mittlere Lebenszufriedenheit in Ostdeutschland ist jedoch nur zum Teil auf die höhere Arbeitslosigkeitsrate und das niedrigere Einkommensniveau zurückzuführen. Als alternative Erklärungsmöglichkeiten für den signifikanten Unterschied verweisen GERLACH u.a. (2001) zum einen darauf, dass sich Ostdeutschland auch ein gutes Jahrzehnt nach der Wiedervereinigung immer noch in einem starken Veränderungsprozess befindet. Zum anderen könnte sich ihrer Meinung nach der

---

[46]Vgl. *Oswald* (1997), S. 1828.

2.2 Stand der Forschung

direkte Vergleich mit den alten Bundesländern negativ auf das mittlere Zufriedenheitsniveau in Ostdeutschland auswirken. Abschließend stellen GERLACH u.a. (2001) fest, dass in Ostdeutschland lediglich in sehr begrenztem Umfang eine Anpassung des Zufriedenheitsniveaus an das Ereignis der Arbeitslosigkeit erfolgt.[47]

SHIELDS u.a. (2002) bestätigen auf Basis der Daten des Policy Studies Institutes (PSI) die Ergebnisse der von CLARK u.a. (1994) durchgeführten Untersuchung für in Großbritannien lebende ethnische Minderheiten wie bspw. asiatische Einwanderer oder Immigranten aus der Karibik. Arbeitslose sind im Mittel unzufriedener mit ihrem Leben als Erwerbstätige. Dieses Ergebnis gibt einen Hinweis darauf, dass auch ethnische Minderheiten in Großbritannien i.d.R. unfreiwillig arbeitslos sind. Des Weiteren kann mit Hilfe verschiedener Ordered-Probit-Modelle empirisch belegt werden, dass Erwerbsarbeit per se einen stärkeren Einfluss auf das subjektive Wohlbefinden der ethnischen Minderheiten hat als die Art der Tätigkeit.

VAN PRAAG u.a. (2002) stellen in ihrer Untersuchung die mittlere Lebenszufriedenheit von westdeutschen Erwerbstätigen und Nichterwerbstätigen mit identischem Haushaltseinkommen einander vergleichend gegenüber. Im Ergebnis sind Nichterwerbstätige tendenziell unzufriedener mit ihrem Leben als Erwerbstätige, selbst wenn von möglichen Einkommensunterschieden abstrahiert wird. Der Einfluss von Arbeitslosigkeit auf das individuelle Zufriedenheitsniveau variiert dabei jedoch stark in Abhängigkeit von Persönlichkeitsmerkmalen wie bspw. dem Alter oder dem Geschlecht der Befragten. Insgesamt sind Männer in Bezug auf ihre Zufriedenheit in größerem Ausmaß negativ von Arbeitslosigkeit betroffen als Frauen. Des Weiteren stellen VAN PRAAG u.a. (2002) fest, dass Erwerbstätigkeit mit zunehmendem Alter an nicht-monetärer Bedeutung verliert. Aus Sicht von Individuen ab dem 65. Lebensjahr dient die berufliche Tätigkeit in erster Linie der Einkommenserzielung, so dass älteren Individuen bei Verlust des Arbeitsplatzes relativ geringe soziale Kosten entstehen.

LUCAS u.a. (2004) untersuchen auf Basis der Mikrodaten des SOEP, ob sich die allgemeine Lebenszufriedenheit einer Person vor, während und nach einer Arbeitslosigkeitsphase verändert. Zentrales Ziel der Analyse ist die Überprüfung der Gültigkeit der Adaptionstheorie hinsichtlich der Zufriedenheitseffekte von Arbeitslosigkeit.[48] LUCAS u.a. (2004) zeigen, dass Individuen mit Arbeitslosigkeitserfahrung tendenziell unzufriedener mit ihrem Lebens sind als Personen, deren Erwerbsbiographie (noch) keine Arbeitslosigkeitsphasen aufweist, selbst wenn der

---

[47]Vgl. *Gerlach* u.a. (2001), S. 527.
[48]Gemäß der Adaptionstheorie passen Individuen ihre Erwartungen relativ schnell an veränderte Lebensbedingungen an, so dass Zufriedenheitseffekte, die aus positiven (z.B. Beförderung oder Einkommenserhöhung) oder negativen Ereignissen (z.B. Scheidung) resultieren, i.d.R. lediglich kurzfristig wirken. Vgl. hierzu z.B. *Diener* u.a. (1999a).

Wiedereinstieg in den Arbeitsmarkt bereits einige Zeit zurückliegt. LUCAS u.a. (2004) können keinen Hinweis darauf finden, dass der negative Zufriedenheitseffekt, der sich in Folge von Arbeitslosigkeit ergibt, mit der Zeit verschwindet. Weiterhin wird festgestellt, dass das subjektive Wohlbefinden eines Arbeitnehmers bereits ein Jahr vor dem Verlust des Arbeitsplatzes sinkt.

2.3 Forschungsvorhaben

Humankapital stellt eine der wichtigsten Einkommensdeterminanten dar.[49] Die Humankapitaltheorie postuliert allgemein einen positiven Zusammenhang zwischen dem Bildungsniveau und dem Einkommen eines Individuums. Zahlreiche empirische Studien zeigen, dass Erwerbsunterbrechungen i.d.R. einen negativen Einkommenseffekt zur Folge haben. Dies ist zum einen darauf zurückzuführen, dass der Prozess der Humankapitalbildung während der Erwerbspause unterbrochen wird. Zum anderen wird unterstellt, dass während der Nichterwerbstätigkeitsphase – u.a. aufgrund des technischen Fortschritts sowie in Folge menschlichen Verlernens oder Vergessens – eine verstärkte Entwertung des bereits akkumulierten Humankapitalbestandes stattfindet. Das Erwerbsverhalten bzw. die Erwerbsbeteiligung einer Person hat jedoch nicht nur einen Einfluss auf ihre finanzielle Situation, sondern kann darüber hinaus auch nonpekuniäre Auswirkungen auf die allgemeine Lebenszufriedenheit eines Wirtschaftssubjektes haben.

Ziel der vorliegenden Untersuchung ist es zum einen, die monetären Folgen von Nichterwerbstätigkeitsphasen in Form von Einkommenseffekten systematisch zu untersuchen. Zum anderen soll die vorliegende Analyse einen Beitrag zur Erklärung der nicht-monetären Auswirkungen von Erwerbsunterbrechungen auf die allgemeine Lebenszufriedenheit leisten (vgl. Abbildung 2.1). Die Ergebnisse bisheriger empirischer Studien weisen darauf hin, dass sowohl der Einkommens- als auch der Zufriedenheitseffekt von dem Grund für die Nichterwerbstätigkeit abhängen kann. Im Folgenden wird daher zwischen Arbeitslosigkeits- und sonstigen Nichterwerbstätigkeitsphasen unterschieden. Zu den sonstigen Nichterwerbstätigkeitsphasen werden alle Erwerbspausen gezählt, in denen das betreffende Individuum nicht offiziell arbeitslos gemeldet war bzw. ist.[50] Dazu gehören z.B. kinderbedingte Erwerbsunterbrechungen, berufliche Ausbildungs- oder Trainingsphasen oder

---

[49]Vgl. *Beblo* u.a. (2000), S. 1.
[50]Eine differenziertere Unterscheidung zwischen den verschiedenen Arten von Erwerbsunterbrechungen ist im Rahmen der vorliegenden Untersuchung u.a. aufgrund zu geringer Fallzahlen für einige der im SOEP definierten Erwerbskategorien leider nicht möglich. Vgl. hierzu auch Abschnitt 4.2.

2.3 Forschungsvorhaben

auch Wehr- und Zivildienstzeiten. Weiterhin wird im Rahmen der Einkommens- und Zufriedenheitsanalysen sowohl die über den Lebenszyklus aufsummierte Anzahl als auch die kumulierte Dauer der individuellen Arbeitslosigkeits- und Nichterwerbstätigkeitsphasen berücksichtigt, so dass die Untersuchung u.a. Aufschluss darüber geben kann, ob die Häufigkeit von Erwerbsunterbrechungen einen Einfluss auf das Individualeinkommen oder die allgemeine Lebenszufriedenheit eines Wirtschaftssubjektes hat oder welche Effekte Langzeitarbeitslosigkeit im Vergleich zu relativ kurzen Erwerbspausen auslöst.

Abbildung 2.1: Monetäre und nicht-monetäre Auswirkungen von Erwerbsunterbrechungen

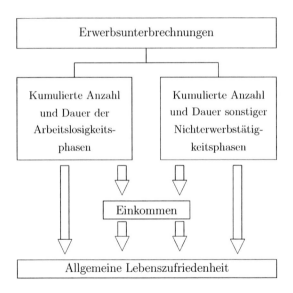

Quelle: Eigene Darstellung.

Der deutsche Arbeitsmarkt ist durch deutliche geschlechtsspezifische Unterschiede in Bezug auf das Erwerbsverhalten und die Entlohnung der potenziellen Arbeitnehmer gekennzeichnet. Abbildung 2.2 zeigt, dass Frauen tendenziell einen geringeren Lohnsatz erzielen als ihre männlichen Kollegen, was in den alten Bundesländern primär auf die geringere Erwerbsbeteiligung von Frauen zurückzuführen ist. Westdeutsche Frauen unterbrechen ihre Karriereverläufe im Mittel wesentlich häufiger als ihre männlichen Kollegen. Vor allem Elternzeiten werden trotz veränderter rechtlicher Rahmenbedingungen immer noch vorwiegend von Frauen in Anspruch genommen. Neben dem geschlechtsspezifischen Lohndifferenzial lassen sich in Deutschland zusätzlich gravierende regionale Unterschiede in Bezug auf die Entlohnung beobachten. Ostdeutsche Arbeitnehmer verdienen geschlechtsunabhängig im Durchschnitt deutlich weniger als vergleichbare Beschäftigte aus dem alten Bundesgebiet. Zudem sind ostdeutsche Beschäftigte stärker von Arbeitslosigkeit betroffen als ihre westdeutschen Kollegen.[51] Obwohl die Erwerbsbeteiligung von Frauen in Ostdeutschland wesentlich höher ist als in Westdeutschland[52], zeigt sich auch in den neuen Bundesländern eine geschlechtsspezifische Lohnlücke, allerdings in wesentlich geringerem Umfang als im westlichen Teil der Bundesrepublik (vgl. Abbildung 2.2).

Abbildung 2.2: Zeitliche Entwicklung der Bruttostundenlöhne im innerdeutschen Vergleich

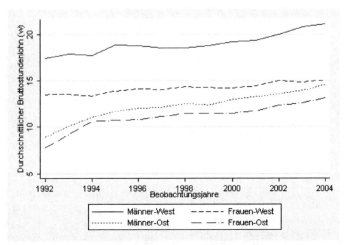

Quelle: Eigene Berechnungen auf Basis der Stichproben A und C des Sozio-ökonomischen Panels (Wellen I-U).

Weiterhin geht aus Abbildung 2.2 hervor, dass sich die ostdeutschen Lohnsätze stetig an das westdeutsche Lohnniveau annähern. Insbesondere in den ersten Jahren nach der Wiedervereinigung zeichnet sich in Ostdeutschland im Vergleich zu den alten Bundesländern ein enormer Anstieg der Bruttostundenlöhne ab. Dennoch lassen sich auch 15 Jahre nach dem Fall der Berliner Mauer immer noch deutliche Unterschiede erkennen, so dass es sinnvoll erscheint, die Einkom-

---

[51]Vgl. hierzu die Tabellen 4.1 und 4.2 in Kapitel 4.
[52]Ostdeutsche Arbeitnehmerinnen unterbrechen ihre Erwerbstätigkeit seltener und gehen häufiger einer Vollzeitbeschäftigung nach als ihre westdeutschen Kolleginnen.

2.3 Forschungsvorhaben

mensanalyse sowohl getrennt nach Geschlecht als auch separat für West- und Ostdeutschland durchzuführen.

In Bezug auf die allgemeine Lebenszufriedenheit lassen sich eher regionale als geschlechtsspezifische Unterschiede erkennen (vgl. Abbildung 2.3.). Ostdeutsche Bundesbürger sind unabhängig von ihrem Geschlecht trotz stetiger Angleichung der objektiven Lebens- und Arbeitsbedingungen an den westdeutschen Standard tendenziell unzufriedener mit ihrem Leben als die Bewohner der alten Bundesländer.

Abbildung 2.3: Zeitliche Entwicklung der allgemeinen Lebenszufriedenheit im innerdeutschen Vergleich

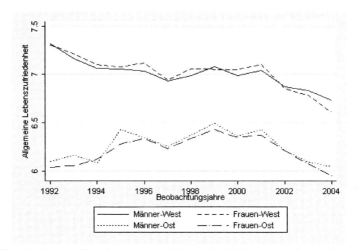

Quelle: Eigene Berechnungen auf Basis der Stichproben A und C des Sozio-ökonomischen Panels (Wellen I-U).

Eine Reihe deskriptiver und empirischer Zufriedenheitsanalysen hat gezeigt, dass das durchschnittliche Zufriedenheitsniveau in Ostdeutschland nach der Wiedervereinigung stark gestiegen ist, während das subjektive Wohlbefinden in Westdeutschland nahezu unverändert geblieben ist, so dass eine Angleichung der allgemeinen Lebenszufriedenheit in beiden Teilen Deutschlands stattgefunden hat.[53] FRITJERS u.a. (2004b) konnten in diesem Zusammenhang nachweisen, dass zwischen 35% und 40% der Erhöhung der allgemeinen Lebenszufriedenheit in den neuen Bundesländern auf den enormen Anstieg des Haushaltsnettoeinkommens

---
[53]Vgl. hierzu bspw. *Frijters* u.a. (2002), *Frijters* u.a. (2004a) und *Berlemann* u.a. (2004).

nach 1989 zurückzuführen sind. Insgesamt liegt die mittlere Lebenszufriedenheit in Ostdeutschland jedoch auch im zweiten Jahrzehnt nach der Wiedervereinigung immer noch deutlich unter dem westdeutschen Niveau. GERLACH u.a. (2001) begründen das geringere Zufriedenheitsniveau in den neuen Bundesländern u.a. mit der höheren Arbeitslosigkeitsrate und dem allgemein niedrigeren Einkommensniveau. Zudem verweisen sie darauf, dass sich insbesondere der direkte Vergleich mit den alten Bundesländern negativ auf das durchschnittliche Zufriedenheitsniveau auswirken könnte. Abschließend stellen GERLACH u.a. (2001) fest, dass der Veränderungs- bzw. Anpassungsprozess in Ostdeutschland auch über zehn Jahre nach der Wiedervereinigung noch nicht abgeschlossen ist.

Aus Abbildung 2.3 wird ersichtlich, dass nach der starken Annäherung der durschnittlichen west- und ostdeutschen Zufriedenheitsniveaus unmittelbar in den Jahren nach der Wiedervereinigung seit 1997 ähnliche Entwicklungstendenzen in beiden Teilen Deutschlands zu beobachten sind, so dass der Abstand zwischen den mittleren Lebenszufriedenheitsniveaus seither nahezu unverändert geblieben ist und somit auch im Jahr 2004 immer noch ein deutlicher Unterschied zwichen den alten und neuen Bundesländern zu verzeichnen ist. Seit 2001 sinkt die durchschnittliche allgemeine Lebenszufriedenheit sowohl der west- als auch der ostdeutschen Bundesbürger stetig. Eine der Ursachen für diese negative Entwicklung könnte die Euro-Einführung und die damit einhergegangene Senkung der Kaufkraft sein. In Hinblick auf die allgemeine Lebenszufriedenheit lassen sich im Vergleich zu der Entlohnung sowohl in den alten als auch in den neuen Bundesländern wesentlich geringere geschlechtsspezifische Unterschiede feststellen. Es ist jedoch davon auszugehen, dass das Erwerbsverhalten bzw. die Erwerbsbeteiligung von Männern und Frauen sehr unterschiedlich ist. Zudem ist es wahrscheinlich, dass die allgemeine Lebenszufriedenheit von Männern durch andere Faktoren beeinflusst wird als das subjektive Wohlbefinden von Frauen. Daher werden auch die Zufriedenheitsanalysen in der vorliegenden Untersuchung getrennt nach Geschlecht und separat für West- und Ostdeutschland durchgeführt. Dadurch lassen sich letztlich auch die Ergebnisse der Einkommens- und Zufriedenheitsanalysen besser miteinander vergleichen.

Festzuhalten bleibt also: Ziel des vorliegenden Beitrags ist eine systematische und differenzierte Untersuchung der Einkommens- und Zufriedenheitseffekte von Erwerbsunterbrechungen. Dazu werden im Rahmen der Analyse sowohl die Art, Anzahl und Dauer der individuellen Nichterwerbstätigkeitsphasen berücksichtigt. Dabei gilt es insbesondere, geschlechtsspezifische und regionale Unterschiede aufzudecken. In diesem Zusammenhang sollen u.a. folgende Fragen beantwortet werden: Welche monetären Folgen haben Erwerbsunterbrechungen in Deutschland? Gibt es signifikante Unterschiede in Bezug auf die Einkommenseffekte west- und ostdeutscher Männer und Frauen? Wie werden die monetären und nichtmonetären Auswirkungen von Nichterwerbstätigkeitsphasen (subjektiv) wahrge-

2.3 Forschungsvorhaben

nommen, d.h. inwiefern wirken sich diskontinuierliche Erwerbsverläufe auf die durchschnittliche Lebenszufriedenheit in beiden Teilen Deutschlands aus?

Ein wesentlicher Vorteil der vorliegenden Untersuchung besteht darin, dass den Einkommens- und Zufriedenheitsanalysen dieselben Teilstichproben sowie ähnliche Modellspezifikationen zugrunde liegen, so dass die jeweiligen Ergebnisse optimal miteinander vergleichbar sind. Bevor in Kapitel 4 eine genaue Beschreibung der methodischen Vorgehensweise und der schätztheoretischen Grundlagen erfolgt, sollen in Kapitel 3 zunächst die Grundzüge der Humankapitaltheorie sowie der Zufriedenheitsforschung skizziert werden.

Kapitel 3

Grundlagen der Einkommens- und Zufriedenheitsforschung

3.1 Humankapitaltheoretischer Ansatz zur Einkommenserklärung

Die Grundidee der Humankapitaltheorie, Investitionen in Humankapital aus ökonomischer Sicht mit Investitionen in Sachkapital, wie bspw. Produktionsanlagen, zu vergleichen und damit eine höhere Entlohnung für Arbeitnehmer mit einem höheren Qualifikationsniveau zu rechtfertigen, ist bereits auf Adam Smith (1776) zurückzuführen.[54] Als erster Ökonom definierte er den Faktor *Kapital* unter Beachtung der produktivitätssteigernden Wirkung von Humankapitalinvestitionen:

> „[···] The improved dexterity of a workman may be considered in the same light as a machine or instrument of trade which facilitates and abridges labour, and which, though it costs a certain expense, repays that expense with a profit. (ADAM SMITH [1776] (1976), S. 282.)"

Der Begriff *Humankapital* wurde jedoch erst zu Beginn der 1960er Jahre durch die Arbeiten der Ökonomen JACOB MINCER (1958), (1962), (1974), THEODORE SCHULTZ (1961), GARY S. BECKER (1962), (1964) und YORAM BEN-PORATH (1967) und (1973) geprägt, denen es gelungen ist, aus den ersten Denkansätzen zu der wirtschaftlichen und gesellschaftlichen Bedeutung von Investitionen in menschliche Fähig- und Fertigkeiten eine wissenschaftlich fundierte Theorie

---
[54]Vgl. *Sesselmeier u.a.* (1997), S. 65.

zu entwickeln, die in ihren wesentlichen Zügen die Grundlage der modernen Humankapitaltheorie bildet.[55] Ausgangspunkt dieser Entwicklung war das Versagen neoklassischer Modelle, reale Phänomene, wie bspw. wirtschaftliche Wachstumsunterschiede zwischen einzelnen Ländern, zu erklären und zu prognostizieren.[56]

Anfänglich wurde die Humankapitaltheorie in erster Linie zur Erklärung individueller oder gruppenspezifischer Einkommensunterschiede herangezogen. Im Laufe der Zeit hat sie sich jedoch allgemein zu einem wertvollen Instrument zur Analyse der vielfältigen, auf dem Arbeitsmarkt beobachtbaren Phänomene herausgebildet.[57] Dabei stützt sie sich bis heute unverändert auf die zentrale Annahme von einem positiven Zusammenhang zwischen Bildungsaktivitäten und der individuellen Entlohnung. Im Folgenden sollen die Grundlagen der modernen Humankapitaltheorie sowie ihre schätztheoretische Implementierung kurz erläutert werden.[58]

3.1.1 Begriffsdefinition und -abgrenzung

Unter dem Begriff *Humankapital* wird allgemein der auf Erziehung, Ausbildung und Erfahrung beruhende Bestand an Wissen, Fähig- und Fertigkeiten eines Individuums verstanden, dessen Erhöhung sich i.d.R. produktivitätssteigernd auf die betreffende Person auswirkt und bei Grenzproduktivitätsentlohnung einen positiven Einkommensstrom zur Folge hat.[59] Üblicherweise wird zwischen *allgemeinem* und *(betriebs-) spezifischem Humankapital* unterschieden.[60] *Allgemeines Humankapital* umfasst das Leistungspotenzial eines Individuums, das es dazu befähigt, am allgemeinen Wirtschaftsprozess teilzunehmen. *Spezielles Humankapital* hingegen versetzt den Arbeitnehmer lediglich zur Ausübung ausgewählter Tätigkeiten in die Lage, so dass es nicht uneingeschränkt auf dem Arbeitsmarkt einsetzbar ist. Die Akkumulation von spezifischem Humankapital fördert den Prozess der Arbeitsteilung, da sie eine Spezialisierung der Arbeitnehmer ermöglicht.

Zur Bildung von Humankaital ist grundsätzlich der Einsatz zeitlicher und sachlicher Ressourcen erforderlich, der i.d.R. mit einem Einkommensverlust verbunden ist.[61] In Analogie zum Sachkapital werden die durch die Akquisition von Humankapital entstehenden Kosten, die sich aus den direkten Ausbildungskosten (z.B.

---

[55]Vgl. *Berndt* (1991), S. 152.
[56]Für eine umfangreiche Beschreibung der Entstehungsgeschichte der Humankapitaltheorie vgl. *Kamaras* (2003), Kapitel 3.
[57]Einen Überblick über diese Phänomene liefert bspw. *Polachek* (2003), S. 20.
[58]Im Rahmen der Humankapitaltheorie werden Begriffe wie Einkommen, Verdienst, Lohn oder Lohnsatz als Synonyme verwendet, d.h. es erfolgt keine klare Abgrenzung dieser Begriffe.
[59]Vgl. *Franz* (2003), S. 75.
[60]Vgl. *ebd.*, S. 87.
[61]Vgl. *ebd.*, S. 75f.

3.1 Humankapitaltheoretischer Ansatz zur Einkommenserklärung 51

Ausgaben für Lehrbücher, Studiengebühren etc.) und den zeitlichen Opportunitätskosten in Form von entgangenem oder vermindertem Einkommen zusammensetzen, als *Humankapitalinvestitionen* bezeichnet.[62] Bildungsaktivitäten werden in der Humankapitaltheorie demnach als Investitionen in den Menschen aufgefasst, die zu einer Steigerung der Leistungsfähigkeit und Produktivität und demzufolge zu einer Erhöhung des individuellen oder sogar des gesamtgesellschaftlichen Einkommens führen können. Humankapitalinvestitionen werden in der Realität sowohl vor dem Eintritt in den Arbeitsmarkt – zumeist als Vollzeitaktivität in Form einer allgemeinen schulischen oder beruflichen Ausbildung – als auch während der Erwerbsphase als Training-on-the-job oder durch Learning-by-doing sowie nach Beendigung des Berufslebens getätigt. Letztere dienen primär der Erhöhung des Freizeitwertes und sind daher eher von nachrangiger Bedeutung.[63]

Die Klärung der Finanzierungsfrage erfordert eine Unterscheidung zwischen allgemeinen und (betriebs-) spezifischen Humankapitalinvestitionen.[64] Von besonderer Relevanz ist in diesem Zusammenhang die fundamentale Unterscheidung zwischen allgemeinem und (betriebs-) spezifischem Trainig-on-the-job.[65] Allgemeines Training-on-the-job steigert – wie bereits erwähnt – das generelle Leistungspotenzial bzw. Arbeitsvermögen eines Individuums und befähigt es dazu, vielfältige Tätigkeiten auszuüben oder zu erlernen.[66] Allgemeines Humankapital ist also theoretisch überall auf dem Arbeitsmarkt produktivitätssteigernd einsetzbar. Unter der Annahme, dass auf dem Arbeitsmarkt vollkommene Konkurrenz herrscht, haben die einzelnen Unternehmen daher keinen Anreiz, allgemeine Bildungsaktivitäten zu finanzieren, da sie sich die aus ihnen resultierenden Erträge nicht sichern können.[67] Daraus folgt, dass Arbeitnehmer die Kosten allgemeiner (Aus-) Bildungsmaßnahmen in erster Linie selbst zu tragen haben. Spezifisches Humankapital hingegen erhöht primär die Produktivität in dem Unternehmen, in dem es akquiriert wurde. Im Extremfall haben (betriebs-) spezifisch ausgebildete Arbeitskräfte gar keine Möglichkeit, ihr erlerntes Wissen und die erworbenen Fähig- und Fertigkeiten anderweitig auf dem Arbeitsmarkt anzubieten. In diesem Fall ist das ausbildende Unternehmen durchaus bereit, zumindest einen Teil der anfallenden Investitionskosten zu übernehmen.[68]

---

[62]Ein essentieller Unterschied zwischen Human- und Sachkapital besteht darin, dass Humankapital nicht uneingeschränkt auf Märkten gehandelt werden kann, da es untrennbar mit dem Menschen verbunden ist. Vgl. hierzu *Hiller* (2006), S. 286.

[63]Zu Humankapitalinvestitionen, die in erster Linie einen erhöhten Freizeitnutzen zur Folge haben, gehören bspw. Sprachkurse zur Vermeidung von Verständigungsproblemen im Urlaub oder Malkurse, um die eigene Kreativität zu fördern. Vgl. *Franz* (2003), S. 77.

[64]Zum Finanzierungsaspekt von Humankapitalinvestitionen vgl. auch *Franz* (2003), S. 86ff.

[65]Vgl. *Becker* (1964), S. 11ff.

[66]Vgl. *Berndt* (1991), S. 155.

[67]Vgl. *Borjas* (1996), S. 254.

[68]Für eine ausführliche Auseinandersetzung mit der Frage, wer in (betriebs-) spezifisches Humankapital investieren sollte, vgl. bspw. *Osterbeek u.a.* (2007).

Allgemeine und spezifische Trainigsaktivitäten lassen sich i.d.R. nicht eindeutig voneinander trennen, so dass sich sowohl die Arbeitgeber als auch die Arbeitnehmer an ihrer Finanzierung beteiligen. Dementsprechend teilen sich Arbeitsgeber und Arbeitnehmer auch die Investitionserträge. Grundsätzlich ist der Arbeitgeber bereit, die Investitionskosten in dem Umfang zu tragen, in dem er von dem erhöhten Leistungspotenzial seiner Arbeitnehmer profitiert. Zusätzlich nutzen viele Unternehmen die Möglichkeit der Senioritätsentlohnung, um die mit betriebsspezifischem Humankapital ausgestatteten Arbeitnehmer stärker an sich zu binden.[69] Die Arbeitnehmer haben einen Anreiz, sich an der Finanzierung betriebsspezifischer Humankapitalinvestitionen zu beteiligen, da ihre Arbeitskraft in Folge der investitionsbedingten Produktivitätssteigerung für das Unternehmen an Wert gewinnt. Dies macht sich zum einen in einer höheren Entlohnung bemerkbar. Zum anderen können betriebsspezifische Humankapitalinvestitionen zur Sicherung des Arbeitsplatzes beitragen, da es schwieriger ist, einen hoch qualifizierten Mitarbeiter zu ersetzen als einen Arbeitnehmer mit geringem Qualifikationsniveau.

3.1.2 Humankapitalinvestitionen und Investitionserträge

Wie bereits erwähnt, wird in der Humankapitaltheorie grundsätzlich ein positiver Zusammenhang zwischen Humankapitalinvestitionen – in Form von schulischer und beruflicher Ausbildung oder Training-on-the-job – und der individuellen Entlohnung unterstellt. Aus Sicht der Arbeitnehmer stellen sich die Investitionserträge somit als aus der Akquisition von Humankapital resultierende positive Einkommensströme dar. Humankapitalinvestitionen werden optimalerweise in frühen Phasen des Erwerbslebens getätigt, da sich zum einen der Planungshorizont mit zunehmendem Alter verkürzt und folglich die erwarteten Investitionserträge in Form von höherem zukünftigen Einkommen sinken.[70] Zum anderen steigen die (zeitlichen) Opportunitätskosten von Humankapitalinvestitionen bei Senioritätsentlohnung im Laufe des Berufslebens.[71] Daraus folgt, dass die Einkommenszuwächse im Zeitverlauf immer geringer werden.[72] Zusätzlich wird im Rahmen der Humankapitaltheorie unterstellt, dass der akkumulierte Bestand an Wissen, Fähig- und Fertigkeiten im Laufe der Zeit einer Entwertung unterliegt, die im Wesentlichen auf menschlichem Vergessen oder Verlernen sowie auf im Zuge des technischen Fortschritts obsolet gewordenem Wissen beruht.[73] Aus diesen Annahmen, die empirisch bereits vielfach bestätigt werden konnten, ergibt

---

[69]Vgl. *Franz* (2003), S. 87f.
[70]Vgl. *Ben-Porath* (1967) oder *Borjas* (1996), S. 259.
[71]Vgl. *Mincer* (1974), S. 129.
[72]Vgl. *Borjas* (1996), S. 260.
[73]Durch Unterbrechungen der Erwerbsbiografien wird dieser Abschreibungsprozess zusätzlich verstärkt. Vgl. *Franz* (2003), S. 82.

3.1 Humankapitaltheoretischer Ansatz zur Einkommenserklärung 53

sich der typische, über das gesamte Erwerbsleben konkave Verlauf des Individualeinkommens.[74] Der exakte Verlauf eines Alters-Einkommens-Profils hängt dabei entscheidend von Umfang und Zeitpunkt der getätigten Humankapitalinvestitionen ab.

In Abbildung 3.1 werden beispielhaft die Einkommensverläufe zweier Individuen (E_1 und E_2) mit unterschiedlichen Lebensplanungen einander gegenübergestellt.

Abbildung 3.1: Exemplarische Alters-Einkommens-Profile

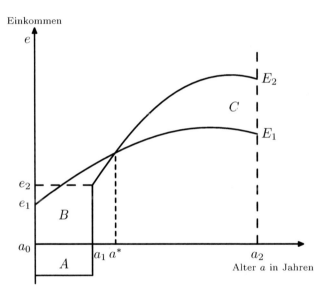

Quelle: Eigene Darstellung in Anlehnung an Hamermesh u.a. (1988), S. 70.

Dabei wird unterstellt, dass Individuum 1 direkt nach Beendigung der Pflichtschuljahre im Alter a_0 in den Arbeitsmarkt eintritt. Individuum 2 entscheidet sich hingegen annahmegemäß dafür, nach Abschluss der schulischen Grundausbildung weiterhin Humankapital zu akquirieren und beginnt sein Erwerbsleben daher erst im Alter a_1. Während der Ausbildungsphase, d.h. im Alter zwischen a_0 und a_1, fallen Investitionskosten an, die sich aus den direkten Ausbildungskosten (*Fläche A*) und den zeitlichen Opportunitätskosten (*Fläche B*) zusammensetzen. Aufgrund des zusätzlich akkumulierten Humankapitals erhält Individuum 2 bei Eintritt in das Berufsleben ein höheres Einstiegsgehalt als Individuum 1 im Alter a_0 ($e_2 > e_1$). Durch den früheren Beginn der Erwerbsphase liegt das Ein-

---
[74]Vgl. z.B. *Becker* (1962), S. 5; *Ehrenberg u.a.* (2000), S. 306ff. oder *Franz* (2003), S. 85.

kommensprofil von Individuum 1 (E_1) anfänglich noch über der Kurve E_2. Die höhere Qualifikation von Individuum 2 bewirkt jedoch einen steileren Verlauf seiner Einkommenskurve (E_2), so dass sich nach Vollendung des Lebensalters $a*$ mit $a_1 < a* < a_2$ die weiterführenden Bildungsmaßnahmen und der damit einhergehende Verzicht auf einen früheren Berufseinstieg bzw. eine vorzeitige Einkommenserzielung zu rentieren beginnen. Die Einkommenskurve von Individuum 2 (E_2) verläuft ab $a*$ oberhalb des Verdienstprofils von Individuum 1 (E_1). Individuum 2 bleibt bis zum Erreichen des Rentenalters a_2 einkommensmäßig besser gestellt als Individuum 1. Insgesamt lohnen sich zusätzliche Humankapitalinvestitionen jedoch nur, falls $C > A+B$ gilt, wobei *Fläche C* in Abbildung 3.1 die Investitionserträge von Individuum 2 repräsentiert. Die allgemeine Entscheidungsregel lautet dementsprechend: Humankapitalinvestitionen werden dann getätigt, wenn der Barwert der Investitionserträge mindestens die entstehenden Kosten deckt.[75]

Zusammenfassend lässt sich festhalten: Die Humankapitaltheorie fußt auf der These, dass der ökonomische Erfolg eines Individuums wesentlich von dem im Zeitverlauf akkumulierten Bestand an Wissen, Fähig- und Fertigkeiten abhängt. Zur Überprüfung der empirischen Evidenz theoretischer Erklärungsansätze bedarf es jedoch grundsätzlich der Spezifikation eines geeigneten ökonometrischen Modells, das im Fall der Humankapitaltheorie seine populärste Form in der von MINCER (1974) entwickelten Einkommensgleichung gefunden hat.[76]

3.1.3 Mincersche Einkommensgleichung

Die theoretische Grundlage des von MINCER (1974) entwickelten Einkommensmodells bildet der als positiv unterstellte Zusammenhang zwischen Humankapitalinvestitionen in Form von schulischer Ausbildung und Berufserfahrung und dem auf dem Arbeitsmarkt erzielbaren Einkommen. Im Standardmodell wird zunächst auf eine Unterscheidung zwischen der allgemeinen Berufserfahrung (Experience) und der Berufserfahrung im aktuellen Beschäftigungsverhältnis, kurz der Betriebszugehörigkeitsdauer (Tenure), verzichtet. Folglich werden für beide Formen der Humankapitalbildung identische Ertragsraten unterstellt.[77] Unter einigen zusätzlichen (restriktiven) Annahmen[78] ergibt sich die traditionelle Mincersche Einkommensgleichung als semi-loglineare Funktion der Schulausbildung S und der Berufserfahrung EX sowie deren Quadrat:[79]

---
[75]Vgl. *Ehrenberg u.a.* (2003), S. 268.
[76]Vgl. *Polachek* (2003), S. 7.
[77]Vgl. *Becker* (1964), S. 37ff.
[78]Vgl. *Mincer* (1974), S. 83ff.
[79]Für eine komprimierte Herleitung der erweiterten Mincerschen Einkommensgleichung vgl. bspw. *Addison u.a.* (1979), S. 159ff. (Appendix 4-B); *Elgar* (1993), S. 74ff. sowie *Franz* (2003), S. 90ff.

3.1 Humankapitaltheoretischer Ansatz zur Einkommenserklärung

$$ln\ y_t = \alpha + \beta_1\ S + \beta_2\ EX + \beta_3\ EX^2 + \epsilon_t \quad (3.1)$$

wobei $ln\ y_t$ der natürliche Logarithmus des in t beobachteten Individualeinkommens ist. S stellt die schulische Ausbildungsdauer (Schooling) und EX die Berufserfahrung (Experience) in Jahren dar. ϵ_t erfasst als Störterm der Regressionsgleichung den unsystematischen Rest der Parameterschätzung.

Ein wesentlicher Vorteil dieser einfachen Modellspezifikation besteht in der Möglichkeit, die Renditen der Humankapitalinvestitionen mit relativ geringem Aufwand auf Basis der geschätzten Parameter zu berechnen.[80] Die Verzinsung eines Ausbildungsjahres ergibt sich unter bestimmten Voraussetzungen unmittelbar aus dem Schätzer des unbekannten Parameters β_1.[81] Die Ertragsrate eines zusätzlichen Berufsjahres lässt sich approximativ aus folgender Ableitung herleiten:[82]

$$\frac{dln\ y_t}{dEX} = \beta_2 - 2\beta_3\ EX.$$

Ein weiterer Vorteil der traditionellen Einkommensgleichung liegt darin, dass sie sich relativ einfach erweitern lässt. Tabelle 3.1 gibt einen Überblick über die Ergebnisse klassischer Einkommensanalysen und zeigt gleichzeitig die einzelnen Entwicklungsphasen der Einkommensfunktion auf.

Tabelle 3.1: Klassische Studien zur Erklärung individueller Einkommensverläufe

Studie	Datenbasis	Ausgewählte Ergebnisse
MINCER (1974)	1959, NLS, USA, (Querschnittsanalyse)	Zweidrittel der Einkommensunterschiede zwischen u.s.-amerikanischen Männern lassen sich auf Unterschiede in der Arbeitszeit sowie auf die individuellen Humankapitalinvestitionen zurückführen.
MINCER/ POLACHEK (1974)	1967, NLS, USA, (Querschnittsanalyse)	Eine einjährige Erwerbsunterbrechung reduziert den Lohnsatz verheirateter Frauen im Durchschnitt um 1,5%.

Fortsetzung der Tabelle 2.4 folgt auf der nächsten Seite ...

---
[80]Vgl. Licht u.a (1991b), S. 100.
[81]Vgl. bspw. Griliches (1977), S. 4.
[82]Vgl. Franz (2003), S. 94.

Fortsetzung - Tabelle 3.1

Studie	Datenbasis	Ausgewählte Ergebnisse
MINCER/ POLACHEK (1978)	1966-1974, NLS, USA, (Panelanalyse)	Eine ein-, zwei- und dreijährige Erwerbspause führt zu einer Reduktion des Lohnsatzes verheirateter Frauen um 1%, 3,6% und 19%.
MINCER/ OFEK (1982)	1966-1974, NLS, USA, (Panelanalyse)	Langfristig reduziert sich der Lohnsatz verheirateter Frauen in Folge einer einjährigen Erwerbsunterbrechung um 0,6% bis 1,1%. Der kurzfristige Effekt entspricht einem Einkommensverlust von 3,3% bis 7,6% pro Jahr.

MINCER (1974) schätzt mittels einfacher OLS-Regressionen auf Basis des Grundmodells 3.1 die Ertragsraten von Ausbildungs- und Berufsjahren unter der Annahme, dass lediglich Investitionen in allgemeines Humankapital getätigt werden. Grundlage der Schätzungen bilden die im Jahr 1959 beobachteten Individualeinkommen männlicher weißer US-Amerikaner. Landwirte und Studenten werden aufgrund ihrer speziellen Einkommensprofile von der Analyse ausgeschlossen. Im Ergebnis führt ein zusätzliches Schuljahr zu einem durchschnittlichen Anstieg des Lohnsatzes um 10,7%. Des Weiteren kann der in der Humankapitaltheorie als konkav unterstellte Verlauf individueller Alters-Einkommens-Profile empirisch bestätigt werden, d.h. ein zusätzliches Berufsjahr führt zwar zu einem Einkommenszuwachs ($\beta_2 > 0$), die Ertragsrate sinkt jedoch mit zunehmender beruflicher Qualifikation ($\beta_3 < 0$).

In einer Erweiterung des Grundmodells 3.1 untersuchen MINCER/ POLACHEK (1974) erstmals den Einfluss von (geplanten) Erwerbsunterbrechungen auf den Einkommensverlauf von verheirateten u.s.-amerikanischen Müttern, indem sie die folgenden drei nachschulischen Lebensphasen unterschieden:

1. die pränatale Berufsphase,

2. die Phase der kinderbedingten Erwerbsunterbrechung und

3. die aktuelle Beschäftigungsphase.

Die Anwendung einfacher OLS- und 2SLS-Regressionen auf die beobachteten Einkommensdaten der Frauen aus dem Jahr 1967 zeigt, dass die Wiederaufnahme einer Beschäftigung nach einer kinderbedingten Erwerbsunterbrechung mit Lohnverlusten verbunden ist. Der im Vergleich zu einer durchgängig beschäftigten Frau niedrigere Lohnsatz wird mit der Unterbrechung der Humankapitalakkumulation

3.1 Humankapitaltheoretischer Ansatz zur Einkommenserklärung

und einer verstärkten Abschreibung des in der Vergangenheit gebildeten Humankapitalbestandes während der Nichterwerbstätigkeitsphase begründet.

MINCER/ POLACHEK (1978) präsentieren erneut empirische Evidenz für den negativen Einfluss von Erwerbsunterbrechungen auf das Individualeinkommen von in den USA lebenden verheirateten Frauen. Im Gegensatz zu der vorangegangenen Studie wird diesmal das Paneldesign des NLS-Datensatzes ausgenutzt, indem die Beobachtungen des Individualeinkommens aus den Jahren 1966 bis 1974 in die Untersuchung einbezogen werden. Des Weiteren wird die Untersuchung durch die Unterscheidung zwischen der allgemeinen Berufserfahrung (Experience) und der Berufserfahrung im aktuellen Beschäftigungsverhältnis, also der Betriebszugehörigkeitsdauer (Tenure), flexibler gestaltet. Die Analyse ergibt einen im Vergleich zur Dauer der Nichterwerbstätigkeitsphase überproportionalen Anstieg des Lohnverlustes.

In der Studie von MINCER/ OFEK (1982) werden die kurz- und langfristigen Einkommenseffekte in Folge von Erwerbsunterbrechungen sowie die kurz- und langfristigen Erträge aus Humankapitalinvestitionen zunächst retrospektiv geschätzt. Anschließend erfolgt eine erneute Schätzung der kurzfristigen Effekte auf Basis der NLS-Paneldaten für die Jahre 1966 bis 1974 unter Berücksichtigung der allgemeinen Berufserfahrung sowie der Betriebszugehörigkeitsdauer. Die Analyse ergibt, dass die kurzfristigen Effekte die langfristigen Auswirkungen übersteigen. Zusätzlich analysieren MINCER/ OFEK (1982) den Erneuerungsprozess des Humankapitals (Restaurationseffekt), der mit dem Wiedereinstieg in das Berufsleben nach einer Erwerbspause beginnt und in einer relativ starken Zunahme des Lohnsatzes, insbesondere in den ersten fünf Jahren der Wiederbeschäftigung, zum Ausdruck kommt.[83]

Die von MINCER (1974) entwickelte Einkommensgleichung hat sich nicht nur bei der Analyse des u.s.-amerikanischen Arbeitsmarktes bewährt, sondern erfreut sich auch international großer Beliebtheit. Zahlreiche empirische Einkommensanalysen basieren auf der traditionellen Mincerschen Einkommensfunktion 3.1 oder einer geeigneten Erweiterung des Standardmodells.[84] Einer der wesentlichen Vorteile der Mincerschen Einkommensgleichung liegt in ihrer relativ einfachen Handhabbarkeit, die ihr im Bereich der empirischen Einkommensforschung zu großer Popularität verholfen hat.[85] Dennoch sollte nicht vernachlässigt werden, dass der

---

[83]Der Restaurationseffekt wirkt den negativen Einkommenseffekten in Folge einer Erwerbsunterbrechung entgegen und begründet sich darauf, dass die aktuelle Berufserfahrung einen stärkeren Einfluss auf das Individualeinkommen hat als Erwerbsjahre, die vor der Nichterwerbstätigkeitsphase liegen.

[84]Für einen Überblick über die zahlreichen humankapitaltheoretisch fundierten Einkommensanalysen vgl. Abschnitt 2.2.1 in der vorliegenden Untersuchung.

[85] *Willis (1986)*, S. 526.

humankapitaltheoretische Erklärungsansatz bzw. die von MINCER (1974) hergeleitete Einkommensfunktion auch einige Schwächen aufweist, die sich jedoch zum Teil durch eine einfache Modifikation des Standardmodells abmildern oder ggf. sogar beheben lassen.[86]

3.1.4 Auswirkungen von Erwerbsunterbrechungen aus humankapitaltheoretischer Sicht

Im Rahmen zahlreicher empirischer Untersuchungen wurde sowohl international als auch speziell für Deutschland festgestellt, dass sich Erwerbsunterbrechungen i.d.R. negativ auf die individuellen Verdienstprofile der betreffenden Arbeitnehmer auswirken.[87] Aus humankapitaltheoretischer Sicht sind diese negativen Auswirkungen im Wesentlichen auf die folgenden zwei Effekte zurückzuführen:

1. die Unterbrechung des Prozesses der Humankapitalbildung und

2. eine verstärkte Abschreibung des bereits akkumulierten Humankapitalbestandes während der Erwerbspause.

Humankapitaltheoretiker gehen allgemein davon aus, dass der individuelle Humankapitalbestand während einer Erwerbstätigkeitsphase selbst bei Verzicht auf die Teilnahme an direkten Fort- und Weiterbildungsmaßnahmen durch das *Training-on-the-job* oder auch durch *Learning-by-doing* ständig aktualisiert wird. Durch eine Unterbrechung der Erwerbstätigkeit wird dieser Erneuerungs- bzw. ggf. auch Erweiterungsprozess unterbrochen. Weiterhin wird in der Humankapitaltheorie unterstellt, dass der akkumulierte Humankapitalbestand eines Individuums im Laufe der Zeit grundsätzlich – d.h. auch unabhängig vom Erwerbsstatus – einer Entwertung unterliegt, die im Wesentlichen auf menschliches Vergessen und Verlernen sowie auf im Zuge des technischen Fortschritts obsolet gewordenes Wissen zurückzuführen ist. Während einer Erwerbspause verstärkt sich dieser Abschreibungsprozess jedoch annahmegemäß noch. Diese beiden erwerbsunterbrechungsbedingten Effekte können sich bei Wiedereintritt in den Arbeitsmarkt negativ auf die individuellen Verdienstmöglichkeiten auswirken.

---

[86] Zu den wesentlichen Kritikpunkten vgl. z.B. *Griliches* (1977), S. 2ff.; *Psacharopoulos* (1981); *Knecht* (1988), S. 65ff.; *Berndt* (1999). S. 162ff. sowie neuerdings *Heckman u.a.* (2003), S. 2ff. Speziell zu den Problemen der Humankapitalmessung vgl. bspw. *Baker* (1988), *Hanushek u.a.* (1995) und *Weede* (2003).

[87] Für einen Überblick über die Ergebnisse bisheriger Einkommensanalysen vgl. Abschnitt 2.2.1 in der vorliegenden Untersuchung.

3.2 Konzeption der Zufriedenheitsforschung

Die Beschäftigung mit Begriffen wie subjektives Wohlbefinden, Lebenszufriedenheit und Glück ist auf eine sehr lange Tradition zurückzuführen. Ihren Ursprung findet die moderne Glücks- oder Zufriedenheitsforschung in der griechischen Antike.[88] Bereits in den Lehren der klassischen Philosophen Demokrit, Aristoteles und Epikur spielt die Glückseligkeit des Menschen eine zentrale Rolle. In Aristoteles Nikomachischer Ethik[89] stellt der Zustand der Glückseligkeit, d.h. die Eudaimonie[90], das höchste Ziel menschlichen Daseins und Handelns dar.[91] Unter Eudaimonie ist jedoch nicht „Glücklich- oder Zufriedensein" im modernen Sinn zu verstehen.[92] Nach Aristoteles Verständnis ist seelisches Wohlbefinden ausschließlich durch einen tugendhaften Lebenswandel erreichbar.[93] Glückseligkeit und tugendhaftes Verhalten sind somit untrennbar miteinander verbunden.[94] Eudaimonie stellt in diesem Zusammenhang also die Verwirklichung aller von der Gesellschaft vorgegebenen, tugendhaften Ziele und Zwecke menschlichen Daseins dar.[95]

Trotz eines veränderten Verständnisses von den Begriffen Glück und Zufriedenheit bilden die klassischen Glückslehren der Antike bis heute die Grundlage der philosophischen Vorstellungen von individuellem Wohlbefinden. In Bereiche außerhalb der Philosophie hat die Glücksforschung erst relativ spät Einzug gehalten. In den 1960er und 1970er Jahren hat sich zunächst in der Psychologie sowie in den Sozialwissenschaften ein verstärktes Interesse an der Erforschung subjektiven Wohlbefindens entwickelt.[96] Insbesondere im Bereich der Psychologie lag der Forschungsschwerpunkt anfänglich jedoch vornehmlich auf der Untersuchung der negativen Einflüsse auf das subjektive Wohlbefinden.[97] Mittlerweile wurden jedoch

---

[88]Für einen kurzen Überblick über die Glücksphilosophie der griechischen Antike vgl. z.B. *Mayring* (1991a), S. 19ff.
[89]Benannt nach Nikómachos, dem Herausgeber der nach Aristoteles Vorstellungen geltenden Ethik. Vgl. *Heller* (2004), S. 28.
[90]Im griechischen Sinne bedeutet *eudaimonía*, von einem guten Geist beseelt zu sein. In der deutschsprachigen Philosophie wird *eudaimonía* jedoch bevorzugt mit dem Begriff „Glückseligkeit" übersetzt. Vgl. *Heller* (2004), S. 23.
[91]Vgl. *Ackrill* (1995), S. 50.
[92]Vgl. *Diener* (1984), S. 543.
[93]Vgl. *Ackrill* (1995), S. 54.
[94]Vgl. *Heller* (2004), S. 29.
[95]Vgl. *Hossenfelder* (1992), S. 22.
[96]Vgl. *Schumacher u.a.* (1996), S. 2.
[97]Vgl. *Mayring* (1991a), S. 49.

auch innerhalb der „positiven Psychologie" – auch Glückspsychologie genannt – zahlreiche Analysen mit den unterschiedlichsten Zielsetzungen durchgeführt.[98]

Motiviert durch die Möglichkeit einer Erweiterung der traditionellen Nutzentheorie, wurde dem Konzept des subjektiven Wohlbefindens in den letzten Jahrzehnten auch von ökonomischer Seite zunehmend Aufmerksamkeit gewidmet.[99] Seit Mitte der 1990er Jahre ist in den Wirtschaftswissenschaften die Anzahl theoretischer Arbeiten und empirischer Analysen aus dem Bereich der Glücks- und Zufriedenheitsforschung beträchtlich gestiegen.[100] Insbesondere der Zusammenhang zwischen der traditionellen ökonomischen Nutzentheorie und dem Konzept des subjektiven Wohlbefindens sowie die potenzielle Zufriedenheitsdeterminanten von Wirtschaftssubjekten wurden eingehend thematisiert und untersucht.[101]

3.2.1 Begriffsdefinition und -abgrenzung

Die neuzeitliche Philosophie ist von einer Vielzahl unterschiedlicher Auffassungen von subjektivem Wohlbefinden, Glück und Zufriedenheit gekennzeichnet.[102] Bei einer eher engen Begriffsabgrenzung beschränkt sich die Vorstellung von subjektivem Wohlbefinden auf die Gefühlswelt, d.h. auf das emotionale Befinden und Empfinden eines Individuums.[103] Im weiteren Sinne umfasst der Begriff zusätzlich die Bewertung spezifischer Lebenssituationen und -umstände, wie bspw. den individuellen gesundheitlichen Zustand, die familiäre Situation oder auch die Wohnverhältnisse. Bei einem umfassenderen Begriffsverständnis bestehen Wohlbefinden und Glück folglich aus mindestens zwei Komponenten, den objektiven Lebensbedingungen und ihrer subjektiven Wahrnehmung und Beurteilung.[104] Welche Faktoren die Zufriedenheit eines Menschen in welchem Ausmaß tatsächlich beeinflussen, lässt sich allerdings nur schwer festlegen und kann individuell sehr unterschiedlich sein.

Genauso umfangreich wie die Vorstellungen von Begriffen wie Glück und Zufriedenheit präsentiert sich auch ihre Terminologie in der Literatur.[105] Im deutschen

---

[98] Für einen Überblick über die zahlreichen psychologisch motivierten Forschungsarbeiten aus dem Bereich der Glücks- und Zufriedenheitsforschung vgl. bspw. *Argyle* (1999) oder auch *Diener* (1984).
[99] Vgl. *Frey u.a.* (2003), S. 3.
[100] Vgl. *Frey u.a.* (2002b), S. 404.
[101] Vgl. hierzu bspw. *Oswald* (1997), *Blanchflower u.a.* (2000), *Clark u.a.* (2002) sowie *Frey u.a.* (2000, 2002a).
[102] Vgl. *Mayring* (1991a), S. 21ff.
[103] Vgl. *Glatzer* (1992), S. 51f.
[104] Vgl. *Mayring* (1991a), S. 37.
[105] Vgl. *Zapf* (1984), S. 23.

3.2 Konzeption der Zufriedenheitsforschung

Sprachgebrauch sind bspw. Begriffe wie Wohlbefinden, Freude, Glück, Spaß, Zufriedenheit oder auch Glückseligkeit gebräuchlich.[106] Der englische Sprachraum wird durch Bezeichnungen wie enjoyment, euphoria, happiness, good mood, satisfaction oder well-being geprägt.[107] Eine klare Abgrenzung der Begriffe ist jedoch nicht immer möglich, da sie teilweise eng miteinander verbunden sind und individuell unterschiedlich aufgefasst werden können.

Aufgrund der Schwierigkeit einer klaren Begriffsabgrenzung werden in einigen empirischen Forschungsarbeiten mehrere Termini synonym verwendet.[108] FREY u.a. (2002) setzen bspw. die Begiffe *happiness* und *well-being* gleich. Für FERRER-I-CARBONELL (2002) sind sogar die Bezeichnungen *happiness, well-being, life satisfaction* und *quality of life* gleichbedeutend. Und auch FREY u.a. (2002a) verwenden die Begriffe *happiness*, subjective oder reported *well-being* und *satisfaction* synonym. Bei FREY u.a. (2002a) werden in den Termini happiness, subjective (reported) well-being oder satisfaction sowohl kognitive als auch affektive Einflussfaktoren miteinander vereint.[109] Im Gegensatz dazu wählen EMMONS/ DIENER (1985) das subjektive Wohlbefinden als übergeordnetes Konzept, das sich aus den Komponenten Lebenszufriedenheit, positive Ereignisse und negative Erlebnisse zusammensetzt.[110] EMMONS/ DIENER (1985) trennen also kogniktive und affektive Aspekte des subjektiven Wohlbefindens voneinander, ohne dabei mögliche Wechselwirkungen zwischen den einzelnen Komponenten auszuschließen.

Die synonyme Verwendung der Begriffe *well-being* und *happiness* lehnt DIENER (1994) allerdings ab.[111] *Subjektives Wohlbefinden* gibt seiner Auffassung nach einen Hinweis darauf, wie Individuen ihr Leben unter Berücksichtigung ihrer Emotionen, der Zufriedenheit mit ihrem Leben insgesamt sowie mit einzelnen Lebensbereichen und zahlreicher anderer Einflussfaktoren einschätzen und bewerten.[112] *Happiness* umfasst seiner Ansicht nach eher die affektiven Einflüsse des Lebens, während *Lebenszufriedenheit* primär auf die kognitiven Aspekte des subjektiven Wohlbefindens verweist.[113] VEENHOVEN (1984) bezeichnet *happiness* im Gegensatz dazu als „the degree to which an individual judges the overall quality of his life-as-a-whole favorably" (VEENHOVEN (1984), S. 22.). KAHNEMANN (1999) unterscheidet unter Verwendung von Benthams Nutzenkonzept zwischen

---

[106]Vgl. *Dette* (2005), S. 2.
[107]Vgl. *Veenhoven* (1984), S. 36f.
[108]Vgl. *Dette* (2005), S. 31.
[109]Vgl. *Frey* u.a. (2002a), S. 28.
[110]Vgl. *Emmons* u.a (1985), S. 89.
[111]Vgl. *Diener* (1994), S. 108.
[112]Für einen Überblick über die Komponenten des subjektiven Wohlbefindens vgl. *Diener* u.a. (1999a), S. 277.
[113]Vgl. *Diener* (1994), S. 106ff.

einem „instant utility" und einem „average utility over a period of time".[114] Auf Grundlage dieser beiden Nutzenkomponenten definiert er dann den Terminus „objective happiness". Der Zustand des „Glücklichseins" wird demnach sowohl durch die momentane Gefühlslage als auch durch das durchschnittliche Zufriedenheitsniveau in einer bestimmten Periode oder während einer bestimmten Lebensphase determiniert.

Wie gezeigt wurde, fehlt in der gängigen Literatur eine einheitliche Definition von Glück und Zufriedenheit. Die Wahl eines geeigneten Begriffs kann demnach lediglich aus Gründen der Zweckmäßigkeit und in Abhängigkeit der jeweiligen Zielsetzung einer Untersuchung erfolgen. Zentraler Term der vorliegenden Untersuchung ist – in Analogie zu den Erhebungen des Sozio-ökonomischen Panels (SOEP) – die *allgemeine Lebenszufriedenheit*, unter der im Folgenden die auf (Selbst-) Einschätzung beruhende Bewertung der individuellen Lebensumstände zu verstehen ist.[115] In die Beurteilung der individuellen Lebensbedingungen fließen annahmegemäß sowohl kognitive als auch emotionale Aspekte ein. Die allgemeine Lebenszufriedenheit eines Individuums hängt u.a. entscheidend von Faktoren, wie den Persönlichkeitsmerkmalen, den sozioökonomischen und soziodemografischen Gegebenheiten, der momentanen Stimmung, Gefühlsregungen und Umwelteinflüssen, ab.[116] Ihre subjektive Bewertung wird u.a. von den eigenen Wünschen, Erwartungen, Hoffnungen und Zukunftsplänen beeinflusst.[117] Zudem spielen (soziale) Vergleiche mit bestimmten Bezugspersonen oder -gruppen, wie z.B. Freunden, Verwandten, Kollegen oder auch dem Durchschnittsbürger, eine wesentliche Rolle bei der Beurteilung der allgemeinen Lebenszufriedenheit.[118] Vergleiche mit Schlechtergestellten haben i.d.R. einen positiven Einfluss auf die Bewertung der eigenen Zufriedenheit, während Vergleiche mit Bessergestellten im Allgemeinen negative Effekte auf das Ergebnis der Selbsteinschätzung zur Folge haben.[119] In Abweichung zu der Definition von DIENER u.a. (1999a) wird der Begriff *subjektives Wohlbefinden* in der vorliegenden Untersuchung als Synonym für die *allgemeine Lebenszufriedenheit* verwendet.[120]

---

[114]Vgl. *Kahnemann* (1999), S. 3ff.
[115]Vgl. *Gerlach u.a.* (2001), S. 515.
[116]Vgl. *Schyns* (2003), S. 27.
[117]Vgl. *Glatzer* (1984a), S. 178.
[118]Vgl. *Glatzer* (1984b), S. 241.
[119]Vgl. *Delhey u.a.* (1999), S. 16f. oder *Schwarz u.a.* (1999), S. 70.
[120]Vgl. *Diener u.a.* (1999), S. 277.

3.2.2 Determinanten der allgemeinen Lebenszufriedenheit

Ein Schwerpunkt der theoretischen und empirischen Zufriedenheitsforschung liegt in der Analyse der Zufriedenheitsdeterminanten.[121] Im Mittelpunkt der Untersuchungen stehen dabei häufig objektiv beobachtbare Merkmale wie das Alter, das Geschlecht, das Bildungsniveau oder der Familienstand. Aus ökonomischer Sicht ist insbesondere der Zusammenhang zwischen der absoluten bzw. der relativen Einkommenshöhe sowie dem Erwerbsstatus und dem individuellen Zufriedenheitsniveau von Interesse. In einer Vielzahl von Studien wird zusätzlich der Einfluss subjektiver Zustands- und Verhaltensvariablen, wie bspw. dem subjektiv empfundenen Gesundheitszustand, Art und Ausmaß an Freizeitaktivitäten, das soziale Verhalten oder die politische Einstellung einer Person, untersucht. Den Fokus psychologisch motivierter Arbeiten bildet primär die Relation zwischen den Persönlichkeitsmerkmalen und dem individuellen Wohlbefinden eines Individuums.[122]

In diesem Zusammenhang stellt sich die Frage: Weshalb sind die Determinanten der individuellen Zufriedenheit interdisziplinär von so großer Bedeutung? Die Antwort ist ganz einfach. Die Suche nach den Einflussfaktoren der allgemeinen Lebenszufriedenheit hilft zu verstehen, wie und in welchem Ausmaß bestimmte Lebenssituationen und -bedingungen verbessert werden können.[123] Aufgrund ihrer Vielzahl lassen sich jedoch nicht alle relevanten Einflussgrößen des subjektiven Wohlbefindens bestimmen.[124] Hinzu kommt, dass ihre Bedeutung und ihre Effekte individuell sehr unterschiedlich sein und mit dem Alter variieren können.[125] Zudem verändern sich die Bestimmungsfaktoren der allgemeinen Lebenszufriedenheit im Zuge des gesellschaftlichen, wirtschaftlichen und politischen Wandels ständig, so dass immer wieder neue Merkmale und Charakteristika, die das individuelle Zufriedenheitsniveau beeinflussen könnten, festgelegt und untersucht werden.[126]

Im Folgenden soll lediglich ein Überblick über einige der wichtigsten Zufriedenheitsdeterminanten gegeben werden. Aus Gründen einer besseren Übersichtlichkeit erfolgt dabei eine Unterscheidung zwischen persönlichen, soziodemografischen, soziökonomischen und sonstigen Einflussfaktoren, zu denen u.a. kontext- und situationsabhängige Faktoren sowie institutionelle Einflüsse gehören.[127]

---

[121]Vgl. *Schumacher u.a.* (1996), S. 4.
[122]Vgl. hierzu bspw. *Emmons u.a.* (1985), *Hong u.a.* (1994) oder *Diener u.a.* (1999b).
[123]Vgl. *Frey u.a.* (2002a), S.10.
[124]Vgl. *Diener u.a.* (1999b), S. 220.
[125]Vgl. *Myers u.a.* (1995), S. 11.
[126]Für einen Überblick über die zahlreichen Zufriedenheitsanalysen sowie die teils stark divergierenden Ergebnisse vgl. bspw. *Argyle* (1999), *Diener* u.a. (1999a) oder *Frey* u.a. (2002a).
[127]Vgl. hierzu *Frey* u.a. (2002a), S. 10f.

Persönlichkeitsmerkmale

Wie bereits erwähnt, gehört die Klärung der Frage, inwiefern persönliche Charakterzüge das subjektive Wohlbefinden eines Individuums beeinflussen, zu den vordergründigen Aufgaben der psychologisch motivierten Zufriedenheitsforschung.[128] In der differenziellen Psychologie gehören Extraversion, Neurotizismus und damit einhergehend die Selbstachtung und das Temperament zu den grundlegenden Persönlichkeitsmerkmalen eines Menschen.[129] Extrovertierte Individuen werden häufig als gesprächig, selbstbewusst, lebens- und abenteuerlustig, aktiv oder enthusiastisch charakterisiert.[130] In der Psychologie ist die Meinung vorherrschend, dass tendenziell eher glückliche und zufriedene Menschen über das Persönlichkeitsmerkmal der Extrovertiertheit verfügen.[131] Umgekehrt ausgedrückt sind extrovertierte Individuen im Mittel sowohl glücklicher als auch zufriedener mit ihrem Leben.[132]

Neurotische Personen werden hingegen vorwiegend als angespannt, ängstlich, nervös, launisch, empfindlich oder reizbar beschrieben.[133] Grundsätzlich wird davon ausgegangen, dass das Ausmaß an Neurotizismus negativ mit dem individuellen Zufriedenheitsniveau korreliert ist, d.h. je stärker ein Mensch an Neurotizismus leidet, desto unglücklicher und unzufriedener ist er im Allgemeinen.[134]

In zahlreichen psychologischen Analysen wurde gezeigt, dass das subjektive Wohlbefinden eines Individuums positiv mit der eigenen Selbstachtung korreliert, wobei der kausale Zusammenhang nicht eindeutig geklärt ist.[135] Daraus folgt, dass Individuen, die eine hohe Achtung vor sich selbst haben, tendenziell glücklicher und zufriedener sind als Personen mit einem niedrigen Selbstwertgefühl.[136] HONG u.a. (1994) kommen im Rahmen einer Untersuchung der Einflüsse verschiedener Persönlichkeitsmerkmale, wie bspw. die Anfälligkeit für Depressionen und Wutausbrüche, die Kompromissbereitschaft, das Temperament und das Selbstwertgefühl, auf die allgemeine Lebenszufriedenheit eines Individuums sogar zu dem Ergebnis, dass die Selbstachtung einer Person am stärksten mit ihrem individuellen Zufriedenheitsniveau korreliert ist.[137]

---

[128] Für einen Überblick über die Beziehung zwischen den Persönlichkeitsmerkmalen eines Individuums und seinem subjektiven Wohlbefinden vgl. bspw. *Emmons u.a.* (1985), *Hong u.a.* (1994) oder *Diener u.a.* (1999b).
[129] Vgl. *Diener u.a.* (1999b), S. 213.
[130] Vgl. *ebd.*, S. 218.
[131] Vgl. *Diener u.a.* (1997b), S. 31.
[132] Vgl. *Frey u.a.* (2002a), S. 51f.
[133] Vgl. *Diener u.a.* (1999b), S. 218.
[134] Vgl. *Diener u.a.* (1999b), S. 213 oder *Frey u.a.* (2002a), S. 51f.
[135] Vgl. *Diener u.a.* (1999b), S. 213.
[136] Vgl. *Emmons u.a.* (1985).
[137] Vgl. *Hong u.a.* (1994), S. 551.

3.2 Konzeption der Zufriedenheitsforschung

Einen weiteren bedeutsamen Einflussfaktor stellt das Temperament einer Person dar.[138] Die Besonderheit dieser Determinante besteht darin, das es sich bei ihr um eine angeborene Eigenschaft handelt, die nur bedingt durch die äußeren Lebensumstände beeinflusst wird. Im Allgemeinen ist davon auszugehen, dass sich temperamentvolle Menschen auch durch Extrovertiertheit und ein relativ hohes Selbstwertgefühl auszeichnen und somit über ein relativ hohes Zufriedenheitsniveau verfügen.

Soziodemografische Determinanten

Aus der Mehrheit der empirischen Zufriedenheitsstudien geht hervor, dass einer der stärksten soziodemografischen Effekte vom Familienstand einer Person ausgeht.[139] Die Ehe wirkt sich i.d.R. positiv auf die allgemeine Lebenszufriedenheit eines Individuums aus.[140] Geschlechtsunabhängig sind Verheiratete tendenziell glücklicher und zufriedener als vergleichbare ledige Individuen.[141] Ereignisse wie eine Scheidung oder der Tod des Ehepartners können das individuelle Zufriedenheitsniveau erheblich mindern.[142] Der kausale Zusammenhang zwischen dem Zustand des Verheiratetseins und der allgemeinen Lebenszufriedenheit kann in beide Richtungen wirken.[143] Der positive Einfluss der Ehe auf das subjektive Wohlbefinden wurde in zahlreichen Studien nachgewiesen.[144] Aber auch für einen positiven Effekt eines hohen individuellen Zufriedenheitsniveaus auf die Wahrscheinlichkeit einer Eheschließung konnte empirische Evidenz gezeigt werden.[145] Zusammengefasst bedeutet dies zum einen, dass Verheiratete im Mittel zufriedener sind. Zum anderen heiraten zufriedene Personen tendenziell aber auch häufiger. Neben den positiven Auswirkungen auf das allgemeine Wohlbefinden kann die Ehe oder auch das Zusammenleben mit einem Partner zusätzlich einen positiven Effekt auf die körperliche Gesundheit einer Person haben.[146] Zudem kann die Ehe auch eine Quelle mentaler und sozialer Unterstützung sein.[147]

Die Beziehung zwischen den anderen soziodemografischen Merkmalen und dem subjektiven Wohlbefinden ist weniger eindeutig als der Zusammenhang zwischen dem Familienstand und der individuellen Zufriedenheit einer Person.[148] In Bezug auf das Alter wurde in zahlreichen empirischen Studien eine geringe positive

---
[138]Vgl. *Diener u.a.* (1997b), S. 31.
[139]Vgl. *Argyle* (1999), S. 359.
[140]Vgl. *Frijters u.a.* (2004b), S. 731.
[141]Vgl. z.B. *Lee u.a.* (1991).
[142]Vgl. *Diener u.a.* (1997b), S. 32.
[143]Vgl. ebd., S. 32.
[144]Vgl. hierzu bspw. *Clark u.a.* (1994), *Gerlach u.a.* (1996), *Winkelmann u.a.* (1998) oder auch *Clark u.a.* (2001).
[145]Vgl. *Mastekaasa* (1992) sowie neuerdings *Frey u.a.* (2006).
[146]Vgl. *Argyle* (1999), S. 359ff.
[147]Vgl. ebd., S. 361.
[148]Vgl. *Frijters u.a.* (2002), S. 6.

Korrelation mit der allgemeinen Lebenszufriedenheit nachgewiesen, d.h. dass das subjektive Wohlbefinden tendenziell geringfügig mit dem Alter steigt.[149] In einer Vielzahl von Untersuchungen konnte aber auch ein u-förmiger Verlauf der allgemeinen Zufriedenheit über die Lebensjahre gezeigt werden, wobei das Minimum i.d.R. bei einem Alter zwischen 30 und 40 Jahren liegt.[150] EASTERLIN (2006) hat hingegen in einer neueren Untersuchung für die USA nachgewiesen, dass das subjektive Wohlbefinden bis zum 50. Lebensjahr kontinuierlich steigt und danach leicht sinkt. Diesen Verlauf der allgemeinen Lebenszufriedenheit über den Lebenszyklus führt EASTERLIN (2006) auf die Zufriedenheitsentwicklung in einzelnen Lebensbereichen zurück: Der leichte Anstieg der allgemeine Lebenszufriedenheit bis in die mittlere Lebensphase liegt gemäß EASTERLIN (2006) hauptsächlich in der positiven Entwicklung der Zufriedenheit mit der Arbeit und der familiären Situation begründet. Die Zufriedenheit mit der Gesundheit sinkt hingegen kontinuierlich im Laufe des Lebens. Dieser negative Effekt, der bei älteren Arbeitnehmern zusätzlich noch durch eine abnehmende Zufriedenheit mit der familiären Situation verstärkt wird[151], scheint die positiven Entwicklungstendenzen hinsichtlich der Zufriedenheit in einigen Lebensbereichen ab dem 50. Lebensjahr zu überwiegen, so dass die allgemeine Lebenszufriedenheit ungefähr ab diesem Zeitpunkt mit zunehmendem Alter geringer wird.

Die Befunde hinsichtlich der Relation zwischen dem Geschlecht und der allgemeinen Lebenszufriedenheit sind ebenfalls nicht eindeutig.[152] CLARK u.a. (1997) weisen bspw. nach, dass Frauen in Großbritannien insbesondere mit ihrer Arbeit im Mittel zufriedener sind als Männer. Im Gegensatz dazu können FREY u.a. (2000) für die Schweiz keine signifikanten geschlechtsspezifischen Unterschiede in Bezug auf das subjektive Wohlbefinden feststellen. In Hinblick auf einen innerdeutschen Vergleich stellt das Geschlecht einen sehr wichtigen Einflussfaktor dar.[153] Vor allem die unteschiedliche Stellung der Frau in West- und Ostdeutschland, die sich insbesondere in einer stärkeren Erwerbsbeteilung ostdeutscher Frauen äußert, könnte einen Einfluss auf die durchschnittliche allgemeine Lebenszufriedenheit in beiden Teilen Deutschlands haben.

Das Bildungsniveau wird in ökonometrischen Analysen in erster Linie durch die schulischen bzw. beruflichen Ausbildungsjahre oder mit Hilfe von Dummy-Variablen für den erreichten Bildungsabschluss erfasst.[154] Unabhängig von der

---

[149]Vgl. *Argyle* (1999), S. 354.
[150]Vgl. hierzu auch *Frijters u.a.* (2004b), S. 731 bzw. *Clark u.a.* (1996b), die speziell den Zusammenhang zwischen der individuellen Arbeitszufriedenheit und dem Alter untersucht haben.
[151]*Easterlin* (2006) zeigt, dass die Zufriedenheit mit der familiären Situation ungefähr bis zum 50. Lebensjahr steigt und danach kontinuierlich abnimmt. Vgl. hierzu *Easterlin* (2006), S. 63 (Abbildung 2).
[152]Vgl. *Frijters u.a.* (2002), S. 6.
[153]Vgl. *Dössel* (1999), S. 8.
[154]Vgl. *Argyle* (1999), S. 355.

3.2 Konzeption der Zufriedenheitsforschung

Modellierung zeigt sich im Rahmen der meisten Untersuchungen ein geringer positiver Zusammenhang zwischen Bildungsniveau und subjektivem Wohlbefinden.[155] Die Ergebnisse sind jedoch auch in Bezug auf den Einfluss des Bildungsniveaus nicht immer einheitlich. CLARK u.a. (1994) weisen z.b. für Großbritannien nach, dass die allgemeine Lebenszufriedenheit mit steigendem Bildungsniveau sinkt. Als Begründung für dieses Phänomen führen sie an, dass mit steigendem Bildungsniveau auch die Ansprüche und Erwartungen an das Leben zunehmen. Mit zunehmenden Ansprüchen und Erwartungen steigt auch die Wahrscheinlichkeit, dass diese unerfüllt bleiben und unerfüllte Erwartungen haben wiederum eine Erhöhung der individuellen Unzufriedenheit zur Folge. Ein weiterer Grund für eine negative Korrelation zwischen Bildungsniveau und allgemeinem Wohlbefinden ist auf den starken Einfluss des Bildungsabschlusses auf das Einkommen und die berufliche Stellung zurückzuführen.[156] Da mit zunehmendem Bildungsniveau häufig auch ein höheres Einkommen und eine bessere berufliche Position erwartet werden, lässt sich insbesondere unter der Annahme eines konstanten Einkommens empirische Evidenz für einen negativen Zusammenhang zwischen dem individuellen Bildungs- und dem Zufriedenheitsniveau zeigen.[157] Was den gesundheitlichen Zustand betrifft, sind sich die Zufriedenheitsforscher weitestgehend einig darüber, dass gesundheitliche Probleme oder körperliche Behinderungen mit einer Reduktion der allgemeinen Lebenszufriedenheit verbunden sind.[158]

Sozioökonomische Determinanten

Eine der zentralen Annahmen in der ökonomischen Theorie ist, dass der Nutzen eines Individuums positiv von seinem Einkommen abhängt.[159] Vor diesem Hintergrund hat sich insbesondere in den letzten Jahrzehnten im Bereich der Wirtschaftswissenschaften ein großes Interesse entwickelt, den Zusammenhang zwischen Einkommen – sei es das gesamte Volkseinkommen oder das Haushalts- bzw. Individualeinkommen – und subjektiv empfundener Zufriedenheit zu untersuchen. Insgesamt herrscht unter den Zufriedenheitsforschern wenig Konsens in Bezug auf die Bedeutung des Einkommens für die individuelle Zufriedenheit.[160] Vorherrschend ist jedoch die Meinung, dass sich eine Einkommenserhöhung in geringem Ausmaß positiv auf das subjektive Wohlbefinden auswirkt. OSWALD (1997) zeigt bspw. für Europa und die USA, dass sich das mittlere Zufriedenheitsniveau trotz beträchtlichen wirtschaftlichen Wachstums in der Phase nach dem zweiten Weltkrieg relativ stabil verhalten hat. BLANCHFLOWER u.a. (2000) bestätigen dieses Ergebnis noch einmal explizit für Großbritannien und die USA. SCHYNS (2002b) stellt im Rahmen einer umfangreichen Analyse verschiedener

---

[155] Vgl. hierzu z.B. *Frey u.a.* (2000).
[156] Vgl. *Argyle* (1999), S. 355.
[157] Vgl. *Clark u.a.* (1996a).
[158] Vgl. *Frijters u.a.* (2004b), S. 731.
[159] Vgl. *Frijters* (2002), S. 5.
[160] Vgl. *Frijters u.a.* (2004b), S. 730f.

Länder ebenfalls einen schwachen positiven Einfluss des Bruttoinlandproduktes auf das allgemeine Wohlbefinden der Bevölkerung fest.

Trotz der elementaren ökonomischen Bedeutung der Einkommenserzielung dominiert auch in Bezug auf das Individual- und Haushaltseinkommen die Erkenntnis, dass der Einkommenseffekt zwar positiv ist, i.d.R. jedoch relativ schwach ausfällt.[161] Wie bereits erwähnt, sind die Ergebnisse jedoch nicht immer einheitlich. CLARK u.a. (1994) können im Rahmen ihrer Untersuchung bspw. keinen signifikanten Einkommenseffekt auf die allgemeine Lebenszufriedenheit finden. Eine Erklärung für den in der Mehrzahl der durchgeführten Studien ausgewiesenen schwachen positiven Zusammenhang von Einkommen und subjektivem Wohlbefinden liefert die Adaptionstheorie, die sich auf die Annahme stützt, dass sich Individuen in relativ kurzer Zeit an ein höheres Einkommensniveau gewöhnen und ihre Ansprüche und Erwartungen entsprechend anpassen.[162] Eine weitere weit verbreitete Hypothese lautet, dass nicht das absolute, sondern das relative Einkommen entscheidend für die individuelle Zufriedenheit ist. Vergleichsprozesse gehören im Bereich der Zufriedenheitsanalyse zu den erfolgreichsten Erklärungsansätzen.[163] Individuen tendieren im Allgemeinen dazu, ihre eigenen Lebensbedingungen mit denen von bestimmten Bezugspersonen oder -gruppen – z.B. Arbeitskollegen, Freunden, Verwandten oder dem Durchschnittsbürger – zu vergleichen. Insbesondere Einkommensvergleiche scheinen eine wichtige Rolle bei der Entstehung von (Un-) Zufriedenheit zu spielen.[164] Zusammenfassend bleibt also festzuhalten, dass die Befunde in Bezug auf den Einfluss des Einkommens auf das subjektive Wohlbefinden relativ stark divergieren.[165]

Hinsichtlich der negativen Auswirkungen von Arbeitslosigkeit sind sich die Zufriedenheitsforscher hingegen weitestgehend einig.[166] Nichterwerbstätigkeitsphasen, insbesondere in Folge von Arbeitslosigkeit, führen in den meisten Ländern zu einer Erhöhung der durchschnittlichen Unzufriedenheit.[167] Dadurch wird die weit verbreitete Auffassung unterstützt, dass Arbeitslosigkeit in den meisten Ländern vorwiegend unfreiwillig ist.[168] Je länger eine Arbeitslosigkeitsphase andauert, desto stärker wirkt sie sich im Allgemeinen auf das subjektive Wohlbefinden der betreffenden Person aus.[169] Der negative Einfluss von Arbeitslosigkeit auf die allgemeine Lebenszufriedenheit lässt sich grundsätzlich in zwei Teileffekte separie-

---

[161]Vgl. hierzu z.B. *Easterlin* (1995), *Gerlach u.a.* (1996), *Oswald* (1997), *Winkelmann u.a.* (1998), *Diener u.a.* (2000) oder *Frey u.a.* (2002b).
[162]Vgl. *Argyle* (1999), S. 358.
[163]Vgl. *Glatzer* (1984b), S. 234.
[164]Vgl. hierzu bspw. *Clark u.a.* (1994), *Clark u.a.* (1996a) oder *McBride* (2001).
[165]Vgl. *Frijters u.a.* (2004b), S. 730f.
[166]Vgl. hierzu den Literaturüberblick in Abschnitt 2.2.2.2.
[167]Vgl. hierzu z.B. *Clark u.a.* (1994), *Gerlach u.a.* (1996) oder *Winkelmann u.a.* (1998).
[168]Vgl. *Frijters* (2002), S.4.
[169]Vgl. *Argyle* (1999), S. 363.

3.2 Konzeption der Zufriedenheitsforschung

ren: den pekuniären und den psychologischen – oder allgemeiner nicht-monetären – Effekt.[170] Der Verlust des Arbeitsplatzes ist unumstritten mit finanziellen Einbußen und demzufolge mit einer Reduktion der allgemeinen Lebenszufriedenheit verbunden. Für viele Menschen dient die Arbeit jedoch nicht nur der Einkommenserzielung, sondern sie stellt zusätzlich eine Quelle der Selbstverwirklichung und Selbstfindung dar.[171] In diesem Zusammenhang kann Erwerbstätigkeit dazu beitragen, das Selbstwertgefühl einer Person zu erhöhen und dem Individuum dabei helfen, sich in seinem Umfeld zu definieren. Neben den monetären Kosten kann Arbeitslosigkeit demnach auch einen non-pekuniären Effekt in Form von sozialen oder psychischen Kosten haben, wobei der nicht-monetäre den monetären Effekt sogar übersteigen kann.[172]

Sonstige Einflussfaktoren

Zu den Einflüssen, die sich weder den Persönlichkeitsmerkmalen noch den soziodemografischen oder -ökonomischen Determinanten zuordnen lassen, gehören sowohl kontext- und situationsabhängige Faktoren, wie z.B. die Bedingungen am Arbeitsplatz oder interpersonelle Beziehungen zu Kollegen, Verwandten oder Freunden, als auch institutionelle Determinanten, wie bspw. die Ausrichtung des politischen Systems im Heimatland oder das politische Mitbestimmungsrecht der Bürger.[173] Gemäß DIENER u.a. (1997a/b) weisen individualistisch geprägte Länder im Mittel ein höheres Zufriedenheitsniveau auf als Nationen, in denen die Gemeinschaft im Vordergrund steht.[174]

Zusammenfassend bleibt festzuhalten, dass die meisten Determinanten, die im Rahmen der zahlreichen Zufriedenheitsanalysen untersucht werden, einen relativ geringen und kurzfristigen Einfluss auf die individuelle Zufriedenheit haben.[175] Zudem können die Ergebnisse empirischer Studien in Abhängigkeit der zugrunde liegenden Datenbasis, der Modellspezifikation sowie des verwendeten Schätzverfahrens trotz identischem Untersuchungsgenstand mehr oder weniger stark voneinander abweichen. Auch der kausale Zusammenhang lässt sich nicht immer eindeutig klären.[176] Die Auswahl potenzieller Einflussfaktoren ist somit keineswegs trivial. Eine weitere unverzichtbare Voraussetzung der empirischen Zufriedenheitsforschung stellt die Messung und Operationalisierung des individuellen Zufriedenheitsniveaus dar.

---

[170]Vgl. *Argyle* (1999), S. 363f.
[171]Vgl. *Myers* (1995), S. 15.
[172]Vgl. hierzu z.B. *Junankar* (1986), *Junankar* (1991) oder *van Praag u.a.* (2002).
[173]Vgl. *Frey u.a.* (2002a), S. 11f.
[174]Vgl. *Diener u.a.* (1997b), S. 30f.
[175]Vgl. *Argyle* (1999), S. 370.
[176]Vgl. z.B. *Diener* (1984), S. 561 oder *Diener u.a.* (1999b), S. 213.

3.2.3 Zufriedenheitsmessung

3.2.3.1 Probleme der Zufriedenheitsmessung

Aufgrund der zahlreichen zu berücksichtigenden Aspekte und Einflussfaktoren erweist sich die Zufriedenheitsmessung i.d.R. als eine sehr komplexe und schwierige Aufgabe.[177] Abbildung 3.2 zeigt, dass im Rahmen der Zufriedenheitsmessung grundsätzlich zwischen objektiven und subjektiven Methoden unterschieden werden kann.[178]

Abbildung 3.2: Messmethoden und -instrumente aus dem Bereich der Zufriedenheitsforschung

Quelle: Eigene Darstellung in Anlehnung an die Ausführungen von Frey u.a. (2002a), S. 25f.

Bei den objektiven Messmethoden erfolgt die Bewertung des Zufriedenheitszustandes anhand von objektiven Kriterien, wie bspw. physiologischen und neurobiologischen Indikatoren[179] oder dem beobachtbaren Verhalten. Gängige physiologische oder neurobiologische Indikatoren, wie Gehirnwellen oder die Herzfrequenz,

---

[177] Vgl. *Schwarz u.a* (1999), S. 75.
[178] Vgl. *Frey u.a.* (2002a), S. 4 und S. 25f.
[179] Für einen Überblick über mögliche biochemische und biophysikalische Glücks- und Zufriedenheitsindikatoren vgl. bspw. *Roth* (2003).

3.2 Konzeption der Zufriedenheitsforschung

sind in Hinblick auf das individuelle Wohlbefinden jedoch äußerst schwierig zu interpretieren.[180] Auf Grundlage von Verhaltensbeobachtungen – z.b. der Beobachtung des Sozialverhaltens oder des nonverbalen Verhaltens einer Person – lassen sich ebenfalls keine eindeutigen Rückschlüsse auf die allgemeine Lebenszufriedenheit eines Individuums ziehen. In der Praxis wird soziales Verhalten bspw. anhand des Aktivitätsniveaus oder der Freundlichkeit eines Menschens beurteilt. Die Bewertung des nonverbalen Verhaltens kann z.b. auf Basis der Häufigkeit des Lächelns oder anhand von Ausmaß und Häufigkeit enthusiastischer Bewegungen erfolgen. Problematisch ist jedoch, dass sich bei der Auswertung von Verhaltensbeobachtungen der Einfluss subjektiver Eindrücke des Beobachters kaum vermeiden lässt, weshalb die Verwendung objektiver Instrumente zur Bestimmung der individuellen Zufriedenheit durchaus kritisch zu beurteilen ist. Üblicherweise wird daher in der empirischen Zufriedenheitsforschung bevorzugt auf subjektive Indikatoren zurückgegriffen.[181]

Die Erhebung einer subjektiven Maßzahl für die allgemeine Lebenszufriedenheit erfolgt i.d.R. in Form von Interviews oder schriftlichen Befragungen. Dabei können entweder das Individuum selbst oder ihm nahestehende Personen, wie bspw. Familienmitglieder, Freunde oder Arbeitskollegen, Angaben zu seinem subjektiven Wohlbefinden machen.[182] Je nach Zielsetzung der Untersuchung und je nachdem, welche Zufriedenheitskomponenten es zu erfassen gilt, können Gegenstand und Technik der Befragung variieren.[183] Der Befragung können bspw. Single-Item- oder Multi-Item-Antwortskalen zugrunde gelegt werden.[184] Im Allgemeinen wird die Selbst- der Fremdeinschätzung vorgezogen – ganz nach dem Grundsatz „If you want to know how happy I am you´ll have to ask me" (IRWIN/ KAMMAN/ DIXON (1979), S. 10).

Subjektive, auf Selbsteinschätzung beruhende Indikatoren haben einen entscheidenden Vorteil: Sie erheben erst gar nicht den Anspruch, objektiv zu sein, da sie sich nicht auf die Erfassung kognitiver Aspekte beschränken, sondern insbesondere auch affektive und emotionale Einflüsse beinhalten.[185] Dennoch bleibt zu bedenken, dass auch bei der Anwendung subjektiver Messmethoden gravierende Probleme auftreten können, die nicht selten zu Verzerrungen der Zufriedenheitsangaben führen. In diesem Zusammenhang gilt es vor allem zu klären, ob die allgemeine Lebenszufriedenheit auf Basis individueller Selbsteinschätzung überhaupt valide messbar ist. Einige Kritiker der Zufriedenheitsforschung behaupten, all-

---

[180] Vgl. *Frey* (2002a), S. 25f.
[181] Vgl. *Schyns* (2003), S.29.
[182] Vgl. *Diener u.a.* (1997b), S. 27.
[183] Für einen Überblick über die Instrumente zur Messung subjektiven Wohlbefindens oder individueller Lebenszufriedenheit vgl. z.B. *Mayring* (1991b), S. 54ff.
[184] Vgl. *Frey u.a.* (2003), S. 26.
[185] Vgl. *ebd.*, S. 30.

gemeine Lebenszufriedenheit sei aufgrund ihres transitorischen Charakters nicht sinnvoll messbar.[186] Ihrer Meinung nach spiegeln die gängigen Zufriedenheitsmaße lediglich die Stimmung der betreffenden Person während der Befragung wider.[187] Zudem kann vollkommene Validität nur dann vorliegen, wenn die Befragten bei der Einschätzung ihres subjektiven Wohlbefindens sämtliche Lebensumstände berücksichtigen und sich nicht nur auf einzelne Bereiche ihres Lebens beziehen.[188] In Anbetracht der Komplexität des Lebens sowie der Vielzahl unterschiedlicher Lebensbereiche erscheint dies jedoch unmöglich. Die Befragten tendieren i.d.R. dazu, eine Auswahl an Informationen und Einflussfaktoren zu treffen, die sie in die Beurteilung ihrer allgemeinen Lebenszufriedenheit einfließen lassen. Auswahl und Gewichtung der Faktoren können dabei individuell sehr unterschiedlich ausfallen und folglich zu Verzerrungen der Zufriedenheitsmessung führen. Letztendlich kann nicht zweifelsfrei geprüft werden, ob die Befragten tatsächlich ihr gesamtes Leben oder eventuell nur ihren Erfolg im Leben oder andere Teilbereiche ihres Lebens bewerten.[189]

Weiterhin besteht die Gefahr, dass die Befragten im Zuge der Selbsteinschätzung ihre allgemeine Lebenszufriedenheit nicht klar von ihrer momentanen Gefühlslage trennen können.[190] In zahlreichen empirischen Zufriedenheitsanalysen konnte ein positiver Zusammenhang zwischen der Stimmung der Befragten und ihrer subjektiv empfundenen Lebenszufriedenheit nachgewiesen werden.[191] Dieser Effekt kann zusätzlich durch den sog. *memory bias* verstäkt werden. Befindet sich ein Induviduum während der Befragung in guter Stimmung, wird es sich i.d.R. intensiver an positive Erlebnisse in seinem Leben erinnern können.[192] Wird die Erhebungssituation eher durch eine schlechte Grundstimmung geprägt, dominieren häufig negative Erinnerungen die Gedanken des Befragten. Im ersten Fall gibt die betreffende Person tendenziell ein zu hohes Zufriedenheitsniveau an, während sie im zweiten Fall ihr subjektives Wohlbefinden im Allgemeinen unterschätzt. Dabei kann die Stimmung des Befragten wesentlich von der Befragungssituation abhängen. Bei mündlichen Befragungen ist bspw. das Verhältnis zwischen Interviewer und Befragtem von elementarer Bedeutung. Neben diesen stimmungsbedingten Effekten kann aber auch die Wahl der Befragungsmethode (Face-to-Face-Interview, telefonisches Interview, Fragebogen, etc.) die Zufriedenheitsmessung beeinflussen und ggf. zu Verzerrungen führen.[193] Untersuchungen haben ergeben, dass im Rahmen von Face-to-Face-Interviews tendenziell ein hö-

---

[186]Vgl. *Schyns* (2003), S. 27.
[187]Vgl. *Michalos* (1991), S. 7ff.
[188]Vgl. *Dette* (2005), S. 49.
[189]Vgl. *Schyns* (2003), S. 33.
[190]Vgl. *ebd.*, S. 33.
[191]Vgl. *Schwarz u.a.* (1999), S. 61.
[192]Vgl. *ebd.*, S. 75.
[193]Vgl. *Schyns* (2003), S. 45.

3.2 Konzeption der Zufriedenheitsforschung

heres subjektives Wohlbefinden erhoben wird als in anonymisierten schriftlichen Befragungen.[194]

Des Weiteren können der Zeitpunkt der Befragung, die Reihenfolge und Formulierung der Fragen sowie die Befragungstechnik das Antwortverhalten der Befragten beeinflussen.[195] Wird die Befragung kurz nach Eintritt eines negativen Ereignisses im Leben des Befragten durchgeführt, wird das eigene Zufriedenheitsniveau tendenziell eher zu niedrig bewertet. Zeitnahe freudige Erlebnisse korrelieren hingegen i.d.R. positiv mit der allgemeinen Lebenszufriedenheit des Befragten.[196] Reihenfolge und Formulierung der Fragen können ebenfalls Unterschiede in den Antworten bedingen.[197] Falls vor der Einschätzung der allgemeinen Lebenszufriedenheit Fragen zu speziellen Situationen, Ereignissen oder Lebensbereichen der befragten Person gestellt werden, könnten die dadurch ausgelösten Erinnerungen Auswirkungen auf das Antwortverhalten haben.

Abschließend bleibt festzuhalten, dass die Antworten auf Fragen nach der allgemeinen Lebenszufriedenheit und dem subjektiven Wohlbefinden i.d.R. stark vom Kontext der Befragung abhängen[198], so dass eher ein schwacher Zusammenhang zwischen dem subjektiv empfundenen Wohlbefinden und den objektiv beobachtbaren Lebensbedingungen zu erwarten ist.[199] Zudem erschwert die Abhängigkeit der Befragungsergebnisse vom Fragebogendesign und der Anordnung der Fragen die Vergleichbarkeit der Ergebnisse unterschiedlicher Studien.[200] KAHNEMANN (1999) und SCHWARZ u.a. (1999) befürchten sogar, dass Individuen bei der Beantwortung von Fragen hinsichtlich ihrer Lebenszufriedenheit kaum auf Informationsquellen wie das eigene Gedächtnis zurückgreifen, sondern ihre Antworten vielmehr aus einem spontanen Impuls heraus geben.[201]

Unter den Zufriedenheitsforschern herrscht dennoch weitestgehend Einigkeit darüber, dass das Individuum selbst am Besten dazu in der Lage ist, seine eigene Zufriedenheit zu beurteilen, da es die meisten Informationen über seine persönlichen Lebensumstände, Erwartungen und Hoffnungen besitzt:[202]

---

[194] Vgl. *Schwarz u.a.* (1999), S. 77.
[195] Vgl. *Schyns* (2003), S. 45.
[196] Je näher ein positives oder negatives Lebensereignis am Zeitpunkt der Befragung liegt, desto größer ist im Allgemeinen der Einfluss auf das Antwortverhalten des Befragten. Vgl. *Schwarz u.a.* (1999), S.66.
[197] Vgl. *Mayring* (1991b), S. 63.
[198] Vgl. z.B. *Kahnemann* (1999), S. 22 oder *Schwarz u.a.* (1999), S. 80.
[199] *Schwarz u.a.* (1999), S. 79.
[200] *ebd.*, S. 79f.
[201] Vgl. *Kahnemann* (1999), S. 22 und *Schwarz u.a.* (1999), S. 62ff.
[202] In neueren Ansätzen wird versucht, die gängigen subjektiven Methoden zu erweitern, indem ergänzend objektive Verfahren zur Messung individueller Präferenzen herangezogen werden. Vgl. hierzu *van Praag u.a.* (2004), S. 4 und Kapitel 2.

„Self-reported happiness has turned out to be the best indicator of happiness. (FREY/ STUTZER (2003), S. 26.)"

Insgesamt haben sich auf Selbsteinschätzung beruhende Maßzahlen im Vergleich zu anderen Zufriedenheitsindikatoren trotz ihrer definitionsbedingten Volatilität[203] zum einen als relativ konsistent[204] und zum anderen sowohl kurz- als auch langfristig als relativ stabil erwiesen[205], so dass ihre Verwendung in der empirischen Zufriedenheitsforschung sehr populär ist. Im Rahmen der vorliegenden Untersuchung werden die Einkommens- und Zufriedenheitsanalysen auf Basis der Mikrodaten des *Sozio-ökonomischen Panels* (SOEP) durchgeführt, daher soll nachfolgend ein kurzer Überblick über die im SOEP verfügbaren Zufriedenheitsmaße gegeben werden, der jedoch keineswegs Anspruch auf Vollständigkeit erhebt.

3.2.3.2 Zufriedenheitsmaße in der SOEP-Studie

Die *allgemeine* Lebenszufriedenheit wird im Rahmen des Sozio-ökonomischen Panels (SOEP)[206] durch folgende Frage erfasst:[207]

„Wie zufrieden sind Sie gegenwärtig, alles in allem, mit Ihrem Leben?"

Die Beantwortung dieser Frage erfolgt anhand einer 11-stufigen Likert-Skala, wobei der Wert „0" den Zustand „ganz und gar unzufrieden" und der Wert „10" den Zustand „ganz und gar zufrieden" repräsentiert. Dementsprechend ergibt sich aus der Befragung ein ordinal skaliertes Zufriedenheitsmaß.

In Ergänzung zu der gegenwärtigen Lebenszufriedenheit werden die Teilnehmer der SOEP-Studie zudem retrospektiv nach ihrer allgemeinen Lebenszufriedenheit vor einem, fünf und zehn Jahren gefragt. Zusätzlich zu den gegenwärtigen und vergangenen Zufriedenheitsniveaus werden auch Informationen bezüglich der in einem Jahr bzw. in fünf Jahren erwarteten allgemeinen Lebenszufriedenheit erhoben. Der SOEP-Datensatz gibt allerdings nicht nur Auskunft über die allgemeine Lebenszufriedenheit, sondern ebenfalls über das Ausmaß an Zufriedenheit in diversen Lebensbereichen. In Abbildung 3.3 werden die verschiedenen Bereiche,

---

[203] Subjektive Zufriedenheitsindikatoren messen per definitionem Zustände, die im Zeitverlauf veränderlich sind. Vgl. *Dette* (2005), S. 48.
[204] Vgl. *Diener* (1984), S. 551.
[205] Vgl. bspw. *Diener* (1994), *Chamberlain u.a.* (1992) und *Stones u.a.* (1986).
[206] Für eine kurze Beschreibung des SOEP vgl. Abschnitt 4.1.1.
[207] Vgl. Fragebögen der SOEP-Studie.

3.2 Konzeption der Zufriedenheitsforschung

in denen im Rahmen der SOEP-Studie Zufriedenheitsmessungen vorgenommen werden, überblicksartig dargestellt.

Abbildung 3.3: Bereiche der Zufriedenheitsmessung im SOEP

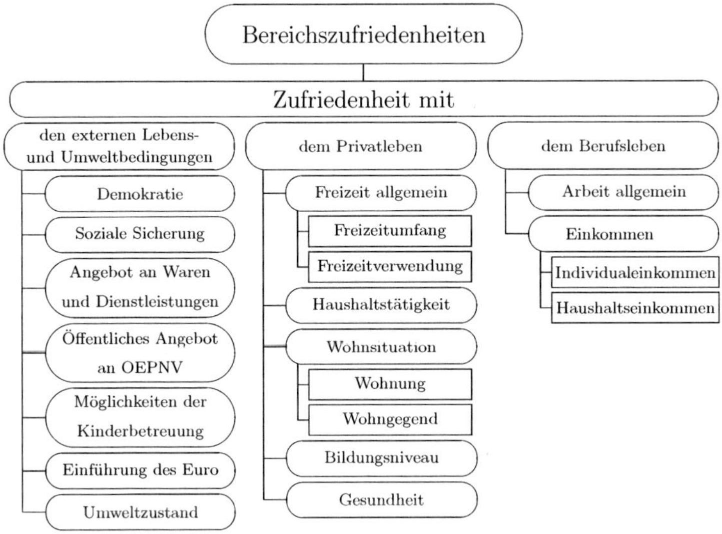

```
                    Bereichszufriedenheiten
                              |
                      Zufriedenheit mit
    ┌─────────────────────────┼─────────────────────────┐
  den externen Lebens-    dem Privatleben         dem Berufsleben
  und Umweltbedingungen
    │                         │                         │
    ├ Demokratie              ├ Freizeit allgemein      ├ Arbeit allgemein
    ├ Soziale Sicherung       ├ Freizeitumfang          └ Einkommen
    ├ Angebot an Waren        ├ Freizeitverwendung         ├ Individualeinkommen
    │ und Dienstleistungen    ├ Haushaltstätigkeit         └ Haushaltseinkommen
    ├ Öffentliches Angebot    ├ Wohnsituation
    │ an OEPNV                │   ├ Wohnung
    ├ Möglichkeiten der       │   └ Wohngegend
    │ Kinderbetreuung         ├ Bildungsniveau
    ├ Einführung des Euro     └ Gesundheit
    └ Umweltzustand
```

Abkürzung: OEPNV: Öffentlicher Personennahverkehr.

Quelle: Eigene Darstellung.

Im SOEP werden sowohl Informationen über die Zufriedenheit mit den allgemeinen Lebens- und Umweltbedingungen, wie bspw. der Zufriedenheit mit dem politischen System, der sozialen Sicherung oder der Versorgung mit Gütern und Dienstleistungen in Deutschland, als auch Daten darüber, wie zufrieden die Befragten mit speziellen Bereichen aus ihrem Privat- und Berufsleben sind, erhoben. Zu den relevanten privaten Lebensbereichen gehören u.a. die Wohnsituation, der gesundheitliche Zustand sowie Freizeitumfang und -verwendung. In Hinblick auf das berufliche Leben zielt die Studie insbesondere auf die Erfassung der allgemeinen Arbeits- und Einkommenszufriedenheit ab. Neben der Zufriedenheitsmessung stellt die Umsetzung der theoretischen Überlegungen in ein geeignetes Schätzmodell eine wichtige Aufgabe der empirischen Zufriedenheitsforschung dar. Im Folgenden soll daher eine einfache, schätzbare Zufriedenheitsfunktion hergeleitet werden, die nach Bedarf problemlos erweitert werden kann.

3.2.4 Herleitung einer allgemeinen Zufriedenheitsfunktion

In zahlreichen Studien konnte nachgewiesen werden, dass auf Basis der Selbsteinschätzung durchaus geeignete Indikatoren für die allgemeine Lebenszufriedenheit ermittelt werden können. Subjektive Zufriedenheitsindikatoren sind häufig durch eine hohe Validität, Reliabilität, Reagibilität in Bezug auf Veränderungen sowie eine weitreichende Konsistenz in Hinblick auf alternative Maßzahlen gekennzeichnet.[208] Unter der Voraussetzung, dass der Indikator für die allgemeine Lebenszufriedenheit (z_{it}) diese wünschenswerten Eigenschaften erfüllt, lässt sich folgende ökonometrische Schätzgleichung modellieren:[209]

$$z_{it} = \alpha + x'_{it}\beta + \epsilon_{it} \qquad (3.2)$$

mit $i = 1, \cdots, N$ Individuen und $t = 1, \cdots, T$ Perioden. z_{it} aus Gleichung 3.2 ist der ($NT \times 1$)-Vektor, der die subjektiv empfundene Zufriedenheit beinhaltet, α ist der ($NT \times 1$)-Konstantenvektor, β umfasst die K zu schätzenden Koeffizienten, x'_{it} stellt den Zeilenvektor der K erklärenden Variablen dar und mit Hilfe von ϵ_{it} wird der unerklärte Rest erfasst.

Diese einfache Form der Schätzgleichung hat bereits in zahlreichen empirischen Untersuchungen Anwendung gefunden.[210] Die Auswahl an einzubeziehenden Kontrollvariablen erfolgt dabei stets in Abhängigkeit der jeweiligen Zielsetzung der Untersuchung. Zufriedenheitsfunktionen mit ordinal skalierter abhängiger Variablen werden i.d.R. mittels Ordered-Probit- oder Ordered-Logit-Verfahren geschätzt.[211] Um zumindest für einen Teil der zeitinvarianten Individualeffekte kontrollieren zu können und aus Gründen einer einfacheren Interpretierbarkeit der Schätzergebnisse, kann es jedoch u.U. von Vorteil sein, auf eine einfache OLS-Schätzung mit fixen Effekten zurückzugreifen.[212]

Bevor in den Kapiteln 5 und 6 die monetären und nicht-monetären Folgen von Erwerbsunterbrechungen in Form von Einkommens- und Zufriedenheitseffekten analysiert werden, soll im Folgenden zunächst das methodische Vorgehen sowie die zugrunde liegende Datenbasis einschließlich des Selektionsprozesses näher beschrieben werden.

---

[208] Vgl. hierzu Abschnitt 3.2.3.1 in der vorliegenden Untersuchung.
[209] Vgl. *Frey u.a.* (2002b), S. 406.
[210] Vgl. *ebd.*, S. 406.
[211] Für eine kurze Beschreibung dieser Verfahren vgl. Kapitel 4 in der vorliegenden Untersuchung.
[212] Vgl. *Gerlach u.a.* (2001), S. 522.

Teil II

Schätztheoretische Grundlagen

Kapitel 4

Methodisches Vorgehen und Datenbeschreibung

4.1 Datenbasis und Stichprobenselektion

Die Verfügbarkeit geeigneter individuenspezifischer, haushalts- und familienbezogener Paneldaten hat sich im Laufe der Zeit zu einer unverzichtbaren Komponente der empirischen sozial- und wirtschaftswissenschaftlichen Grundlagenforschung entwickelt.[213] Die Aussagekraft empirischer Untersuchungen hängt nicht zuletzt entscheidend von der Qualität des zugrunde liegenden Datenmaterials ab. Die vorliegende Analyse der Auswirkungen von Erwerbsunterbrechungen auf das Einkommen und die Zufriedenheit west- und ostdeutscher Männer und Frauen basiert auf den Mikrodaten des *Sozio-ökonomischen Panels* (SOEP).

4.1.1 Sozio-ökonomisches Panel (SOEP)

Das SOEP stellt eine repräsentative, jährlich wiederholte Befragung in Deutschland lebender privater Haushalte und Personen dar, die durch das Deutsche Institut für Wirtschaftsforschung (DIW) in Zusammenarbeit mit „Infratest Sozialforschung" durchgeführt und betreut wird.[214] Die erste Welle des SOEP wurde bereits im Jahr 1984 in der damaligen Bundesrepublik Deutschland (BRD) erhoben. Die SOEP-Studie ist damit die älteste sozialwissenschaftliche Befragung

---

[213] Vgl. *SOEP Group* (2001), S.12.
[214] Für eine ausführliche Beschreibung des Sozio-ökonomischen Panels vgl. z.B. *Wagner u.a.* (1993) und (1994), *Burkhauser u.a.* (1997) oder *SOEP Group* (2001).

privater Haushalte in Europa.[215] Anfänglich wurden im SOEP-West insgesamt 12.245 Personen (5.921 Haushalte) zu ihrer privaten Lebens- und Arbeitssituation befragt.[216] Bereits im Juni 1990, d.h. noch vor der deutschen Wiedervereinigung, wurde die Stichprobe um 4.453 in der ehemaligen DDR lebende Personen (2.179 Haushalte) erweitert.[217] Durch die Auswahl geeigneter Erhebungsinstrumente und Befragungstechniken und durch eine intensive Panelpflege ist es gelungen, dass sich nach 21 Wellen im Jahr 2004 insgesamt noch 6.811 Personen (3.724 Haushalte) an der westdeutschen Befragung beteiligen.[218] Die ostdeutsche SOEP-Stichprobe umfasst im Jahr 2004 (15. Welle) noch 3.435 Individuen (1.813 Haushalte).

Die Vorteile der SOEP-Studie liegen vor allem in ihrem Paneldesign, dem haushaltbezogenen Kontext und in dem breiten Themenspektrum, das sie abdeckt. Die befragten Haushalte und Individuen geben z.B. Auskunft über ihre Erwerbsbiographien, ihre Einkommensverläufe, ihr Bildungsniveau, ihre familiäre Situation, aber auch über ihre individuelle Zufriedenheit mit dem Leben im Allgemeinen oder mit einzelnen Lebensbereichen sowie über ihren aktuellen Gesundheitszustand.[219] Der Datensatz ermöglicht damit neben einer differenzierten Einkommensanalyse ebenfalls eine genaue Untersuchung der Zufriedenheit von in Deutschland lebenden Haushalten und Personen. Des Weiteren liefert das SOEP relativ weit in die Verganheit zurückreichende Informationen über die Arbeits- und Lebensbedingungen in Deutschland, so dass insbesondere auch Veränderungsprozesse sowohl auf individueller Ebene als auch im haushaltsbezogenen Kontext eingehend untersucht werden können.

4.1.2 Selektion der west- und ostdeutschen Teilstichproben

Da sowohl das Erwerbsverhalten und die Entlohnung als auch die allgemeine Lebenszufriedenheit und ihre Determinanten in den neuen und alten Bundesländern immer noch sehr unterschiedlich sind, sollen die Einkommens- und Zufrieden-

---

[215] Vgl. *Frick u.a.* (2003), S. 8.
[216] Persönlich befragt werden grundsätzlich alle in den ausgewählten Haushalten lebenden Personen, die das 16. Lebensjahr bereits vollendet haben. Informationen über die im Haushalt lebenden Kinder unter 16 Jahre werden in einem zusätzlich mit dem jeweiligen Haushaltsvorstand geführten Interview erhoben. Vgl. *Wagner* (1991), S. 27f.
[217] Die SOEP-Stichprobe wird auch heute noch getrennt für West- und Ostdeutschland ausgewiesen.
[218] Für genauere Informationen zu der Befragungsmethode, den Erhebungsinstrumenten und der Panelpflege vgl. bspw. *Schupp* (2002), S. 168ff. und *SOEP Group* (2001), S. 7ff. Für einen Überblick über die Entwicklung der Stichproben sowohl auf Haushalts- als auch auf Personenebene vgl. *Frick* (2003), S. 20 und *Rosenbladt u.a.* (2002), S. 49ff.
[219] Vgl. z.B. *SOEP Group* (2001), S. 9 oder *Haisken-DeNew* (2003), S. 14.

4.1 Datenbasis und Stichprobenselektion

heitseffekte von Erwerbsunterbrechungen in den nachfolgenden Kapiteln 5 und 6 getrennt für West- und Ostdeutschland untersucht werden. Zu diesem Zweck werden die Stichproben A und C des Sozio-ökonomischen Panels herangezogen. Aus Gründen einer besseren innerdeutschen Vergleichbarkeit der Analyseergebnisse bleiben Ergänzungsstichproben, wie z.b. die Ausländerstichprobe B oder das Immigranten-Sample D, die für eine höhere Repräsentativität der SOEP-Studie sorgen, im Rahmen der vorliegenden Untersuchung unberücksichtigt.[220] Stichprobe A (SOEP-West) umfasst eine repräsentative Auswahl der 1984 in den westdeutschen Bundesländern lebenden privaten Haushalte, deren Haushaltsvorstand weder von türkischer, griechischer oder jugoslawischer noch von spanischer oder italienischer Herkunft ist. Andere Nationalitäten sind in der Stichprobe zwar enthalten, spielen prozentual gesehen aber eine untergeordnete Rolle. Stichprobe C (SOEP-Ost) beinhaltet private Haushalte mit deutschem Haushaltsvorstand, die im Jahr 1990 in der ehemaligen DDR wohnhaft waren.

Aufgrund der gravierenden Änderungen im Bundeserziehungsgeldgesetz (BerzGG) zu Beginn der 1990er Jahre wird sowohl für die westdeutschen als auch für die ostdeutschen Einkommens- und Zufriedenheitsanalysen das Jahr 1992 als untere Grenze des Untersuchungszeitraumes gewählt.[221] Der seit 1986 im Bundeserziehungsgeldgesetz kodifizierte Rechtsanspruch auf Erziehungsurlaub kann einen entscheidenden Einfluss auf die Erwebsbeteiligung von Eltern haben. Insbesondere die Erwerbsverläufe von Frauen sind häufig durch kinderbedingte Erwerbsunterbrechungen geprägt. Seitdem das Bundeserziehungsgeldgesetz 1986 in Kraft getreten ist, wurde der Anspruch auf Erziehungsurlaub sukszessive von den anfänglich geltenden zehn Monaten auf insgesamt drei Jahre ausgeweitet. Seit 1992 sind beide Elternteile gleichwertig berechtigt, die gesetzlich vorgesehene Elternzeit[222] entweder anteilig oder in vollem Umfang zu beantragen; d.h. seit 1992 besteht auch für Väter die rechtliche Möglichkeit, im Fall von kinderbedingten Erwerbspausen staatliche Unterstützung zu erhalten.[223] Durch die Begrenzung des Untersuchungszeitraumes auf die Jahre nach den bedeutenden Neuerungen im Bundeserziehungsgeldgesetz können mögliche Änderungen des Erwerbsverhaltens west- und ostdeutscher Männer und Frauen, wie bspw. häufigere oder längere Nichterwerbstätigkeitsphasen von Männern in Folge einer stärkeren Beteiligung an der Kinderbetreuung, berücksichtigt werden. Zudem kann davon ausgegangen werden, dass ein nicht unwesentlicher Anteil des Humankapitals, das vor 1990 von ostdeutschen Männern und Frauen akquiriert

---

[220] Für eine ausführliche Beschreibung der Ausländer- und der Immigrantenstichprobe im Sozioökonomischen Panel vgl. bspw. *Burkhauser u.a.* (1997), S. 8.
[221] Für eine kurze Beschreibung der Entwicklung des Bundeserziehungsgeldgesetzes (BerzGG) vgl. *Ziefle* (2004), S. 4f.
[222] Im Zuge der Novellierung des Bundeserziehungsgeldgesetzes im Jahr 2001 wurde der Erziehungsurlaub in die sog. Elternzeit umbenannt. Vgl. *Ziefle* (2004), S.4.
[223] Vgl. BerzGG, §15(3).

wurde, im Zuge der Wiedervereinigung obsolet geworden ist.[224] Die Datenbasis für die westdeutschen Analysen bilden demnach die Wellen 9 (Erhebungen aus dem Jahr 1992) bis 21 (Erhebungen aus dem Jahr 2004) der Stichprobe A des SOEP, während den Untersuchungen für Ostdeutschland die Wellen 3 (Erhebungen aus dem Jahr 1992) bis 15 (Erhebungen aus dem Jahr 2004) der Stichprobe C zugrunde liegen. Aufgrund der zu erwartenden geschlechtsspezifischen Unterschiede in Bezug auf das Einkommen, das Erwerbsverhalten und die allgemeine Lebenszufriedenheit sowie ihre Einflussfaktoren werden beide Teilstichproben (A und C) für Männer und Frauen getrennt untersucht.[225]

Selbständige und Beschäftigte aus dem Bereich der Land- und Forstwirtschaft werden von der Untersuchung ausgeschlossen, da das Interesse der vorliegenden Untersuchung primär auf der Erforschung der Auswirkungen von Erwerbsunterbrechungen auf den Lohnsatz und das Zufriedenheitsniveau abhängig beschäftigter Arbeitnehmer liegt und davon auszugehen ist, dass die Einkommen von Selbständigen und Beschäftigen in der Land- und Forstwirtschaften anderen Einflüssen unterliegen als die Verdienstprofile abhängig Beschäftigter.[226] Des Weiteren beschränken sich die im Rahmen der vorliegenden Arbeit durchgeführten Analysen auf Personen im Alter zwischen 25 und 55 Jahren, zum einen um eventuelle Ausbildungseffekte weitgehend zu eliminieren und zum anderen um die Beeinflussung der Untersuchungsergebnisse durch mögliche Frühpensionierungen zu minimieren.[227] Zudem setzen die verwendeten ökonometrischen Verfahren zur Schätzung der Einkommens- und Zufriedenheitsgleichungen mindestens zwei Beobachtungen pro Person voraus.[228] Nach der Selektion anhand der oben genannten Kriterien verbleiben insgesamt noch 2.758 Männer bzw. 2.886 Frauen in der westdeutschen sowie 1.735 Männer und 1.808 Frauen in der ostdeutschen Stichprobe, wobei ein unbalanciertes Paneldesign zugrunde gelegt wird.

4.2 Modellspezifikation und Variablenbeschreibung

Neben der Verfügbarkeit einer umfassenden Datenbasis stellt auch die Spezifikation geeigneter Schätzmodelle eine wichtige Voraussetzung für die empirische Wirtschaftsforschung dar. Ausgehend von den in den Abschnitten 3.1.3 und 3.2.4

---

[224] Vgl. *Kraus u.a.* (1997), S. 6.
[225] Vgl. hierzu *Licht u.a.* (1991b), S. 106.
[226] Vgl. hierzu bspw. *Beblo u.a.* (2000), S. 4 sowie *Löwenbein u.a.* (1991), S. 158.
[227] Zur Festlegung der Altersgrenzen vgl. auch *Beblo u.a.* (2000), S. 4 sowie *Winkelmann u.a.* (1995), S. 294.
[228] Vgl. *Licht u.a.* (1991b), S. 107.

4.2 Modellspezifikation und Variablenbeschreibung

beschriebenen Grundmodellen sollen im Folgenden daher die den Schätzungen zugrunde liegende Einkommensgleichung sowie das verwendete Zufriedenheitsmodell genau spezifiziert werden.

4.2.1 Grundlegende Schätzgleichungen

4.2.1.1 Erweiterte Einkommensgleichung

Der Einfluss von Erwerbsunterbrechungen auf das individuelle Einkommensprofil wird üblicherweise mit Hilfe der von MINCER (1974) hergeleiteten Lohngleichung geschätzt, die sich in erweiterter Form und unter Berücksichtigung zeitkonstanter Individualeffekte wie folgt darstellen lässt:[229]

$$lnw_{it} = \alpha + \sum_{j=1}^{k} \beta_j x_{jit} + \sum_{j=k+1}^{k+m} \beta_j x_{jit} + \epsilon_{it} \quad mit \quad \epsilon_{it} = u_i + \eta_{it}, \quad (4.1)$$

wobei w_{it} den Bruttostundenlohn der i-ten Person zum Zeitpunkt t und x_{jit} k erklärende Humankapitalvariablen sowie m weitere Kontrollvariablen bezeichnet. α stellt einen konstanten Term dar und β_j sind die zu schätzenden Regressionskoeffizienten. ϵ_{it} ist der Störterm, der in die individuenspezifischen Effekte u_i und den unerklärten Rest η_{it} zerlegt werden kann.

Die Wahl des Stundenlohnes als abhängige Variable lässt sich zum einen damit begründen, dass er im Vergleich zum Individualeinkommen kaum auf Veränderungen der Arbeitszeit reagiert.[230] Insbesondere Frauen reduzieren ihre Arbeitszeit häufig nach kinderbedingten Erwerbsunterbrechungen. Zum anderen wird der Bruttostundenlohn im Gegensatz zum Nettoerwerbseinkommen nicht durch das im deutschen Einkommensteuerrecht geltende Ehegattensplitting beeinflusst. Um inflationsbedingte Effekte auszuschließen, wurden die Bruttostundenlöhne mit den Verbraucherpreisindizes des Statistischen Bundesamtes deflationiert, wobei das Jahr 2000 das Basisjahr darstellt. Damit sich die Lohnverteilung stärker der in den Einkommensschätzungen unterstellten Normalverteilung annähert, wird die abhängige Variable üblicherweise logarithmiert. Diese semi-loglineare Modellspezifikation hat zudem den Vorteil, dass die geschätzten Regressionskoeffizienten approximativ als prozentuale Veränderung der abhängigen Variablen interpretiert werden können.

---
[229] Vgl. hierzu bspw. *Licht u.a.* (1992), S. 244.
[230] Vgl. *Ziefle* (2004), S. 7.

Im Fokus der vorliegenden Arbeit steht die Untersuchung der Auswirkungen von Erwerbsunterbrechungen auf den individuellen Lohnsatz und die allgemeine Lebenszufriedenheit. Wie in Kapitel 3 ausführlich beschrieben, postuliert die Humankapitaltheorie einen positiven Zusammenhang zwischen dem Individualeinkommen und der Berufserfahrung. Erwerbsunterbrechungen – welcher Art auch immer – sind mit einem Verlust an Humankapital und folglich mit einer niedrigeren Entlohnung bei Wiederaufnahme der Beschäftigung verbunden. Um diese Effekte systematisch analysieren zu können, bedarf es einer geeigneten Auswahl an zu berücksichtigenden Humankapitalvariablen. Neben den üblichen Einflussfaktoren, wie dem schulischen und beruflichen Ausbildungsniveau, der Berufserfahrung und der Betriebszugehörigkeitsdauer in Jahren und deren Quadrate, gilt es insbesondere das Ausmaß an Nichterwerbstätigkeit möglichst genau zu erfassen.

Die schulische und berufliche Ausbildung wird nicht wie in der traditionellen Einkommensgleichung von MINCER (1974) durch die individuellen Ausbildungsjahre abgebildet, sondern mit Hilfe von Dummy-Variablen für den höchsten Bildungsabschluß modelliert.[231] Der Vorteil dieser Spezifikation liegt darin, dass sie von der relativ restriktiven Annahme eines linearen Zusammenhangs zwischen der Entlohnung einer Person und ihren Ausbildungsjahren abstrahiert.[232] Zudem wird im Gegensatz zu der ursprünglichen Vorgehensweise berücksichtigt, dass der positive Einkommenseffekt nicht von den Ausbildungsjahren per se ausgeht, sondern die entsprechenden Abschlüsse relevant sind. Neben den Bildungsvariablen werden im Rahmen der vorliegenden Untersuchung außerdem die Berufserfahrung und die Betriebszugehörigkeitsdauer in Jahren sowie deren Quadrate sowie die Dauer und Anzahl von Arbeitslosigkeits- und sonstigen Nichterwerbstätigkeitsphasen ermittelt. Die Betriebszugehörigkeit liegt in den SOEP-Datensätzen bereits in generierter Form vor. Die restlichen relevanten Humankapitalvariablen werden auf Basis der Informationen aus den Biographiedatensätzen des SOEP ermittelt.[233] Mit Hilfe eines speziellen Biographiefragebogens werden Stichtagsinformationen über das Berufsleben der Befragungsteilnehmer erhoben und im Spelldatensatz „PBIOSPE" des SOEP gesammelt.[234] Dieser Datensatz enthält vom ersten Erhebungsjahr an alle Informationen über den individuellen Erwerbsstatus der Befragten. Ergänzend werden auf individueller Ebene monatsgenaue Daten erfasst und im Datensatz „ARTKALEN" gespeichert. Um die Karriereverläufe der einzelnen Individuen möglichst genau abbilden zu können, werden die Informationen dieser

---

[231] Vgl. hierzu auch *Licht u.a.* (1992), S. 250.
[232] *Heckman u.a.* (1974), *Dougherty u.a.* (1991) sowie *Frazis u.a.* (2003) haben gezeigt, dass Einkommensmodelle, in denen ein linearer Zusammenhang zwischen der individuellen Entlohnung und den schulischen bzw. beruflichen Humankapitalinvestitionen unterstellt wird, i.d.R. fehlspezifiziert sind.
[233] Für einen Überblick über die Biographiedaten im SOEP vgl. bspw. *Frick u.a.* (2006).
[234] Vgl. *Frick u.a.* (2006), S. 24ff.

4.2 Modellspezifikation und Variablenbeschreibung

beiden Datensätze kombiniert. Bei der Ermittlung des individuellen Erwerbsstatus im Rahmen des biografischen Fragebogens werden insgesamt neun Spelltypen unterschieden:[235]

1. Schule, Studium;
2. Lehre, Ausbildung;
3. Wehr-, Zivildienst;
4. Vollbeschäftigung;
5. Teilzeitbeschäftigung;
6. Arbeitslos gemeldet;
7. Hausfrau, Hausmann;
8. Im Ruhestand;
9. Mutterschaft und andere Tätigkeiten.

Wie aus Abbildung 4.1 hervorgeht, werden diese neun Ausprägungen den üblichen arbeitsmarkttheoretischen Vorstellungen über den Erwerbsstatus entsprechend zu drei Kategorien zusammengefasst.[236] Als erwerbstätig zählen Individuen, die einer Vollzeit- oder Teilzeitbeschäftigung nachgehen oder sich in der Lehre oder Ausbildung befinden. Unter Nichterwerbstätigkeit werden die Spelltypen Schule, Studium, Wehr- und Zivildienst, Hausfrau oder Hausmann, Ruhestand, Mutterschaft und andere Tätigkeiten zusammengefasst. Der Arbeitslosigkeitskategorie werden lediglich diejenigen Spells zugeordnet, in denen die Befragungsteilnehmer nicht sozialversicherungspflichtig gearbeitet haben, d.h. offiziell arbeitslos gemeldet waren. Die Aggregation der neun ursprünglichen Spelltypen zu den drei übergeordneten Erwerbsstatuskategorien *Erwerbstätigkeit*, *Nichterwerbstätigkeit* und *Arbeitslosigkeit* ist insbesondere aufgrund der geringen Fallzahlen hinsichtlich einiger Einzelausprägungen erforderlich.[237] So ist bspw. anzunehmen, dass der Anteil der Männer, die sich aktiv an der Elternzeit beteiligen, trotz veränderter rechtlicher Rahmenbedingungen immer noch relativ gering ist. In Bezug auf den Wehr- und Zivildienst werden hingegen die Fallzahlen in den weiblichen Teilstichproben für eine sinnvolle empirische Analyse zu niedrig sein. Zudem führen die im Rahmen der Stichprobenselektion als Ausschlusskriterium gewählten Altersgrenzen von 25 und 55 Jahren dazu, dass die meisten der sich in schulischer oder beruflicher Ausbildung oder im Ruhestand befindlichen Befragungsteilnehmer von der Untersuchung ausgeschlossen werden.

---

[235] Vgl. *Frick u.a.* (2006), S. 24.
[236] Vgl. hierzu auch *Licht u.a.* (1991a), S. 184.
[237] Vgl. hierzu die Tabellen 4.1 und 4.2 in Abschnitt 4.2.2.

Abbildung 4.1: Aggregation der Spelltypen des Sozio-ökonomischen Panels

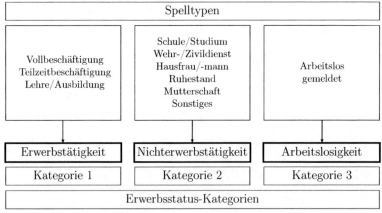

Quelle: Eigene Darstellung.

Die individuelle Berufserfahrung wird in empirischen Analysen häufig approximativ durch die potenziellen Berufsjahre erfasst, die der Differenz zwischen dem aktuellen Alter und dem Alter bei Eintritt in das Berufsleben entsprechen.[238] Dabei wird i.d.R. jedem potenziellen Erwerbsjahr dasselbe Gewicht beigemessen.[239] Dies impliziert, dass sich der Humankapitalstock mit jedem Lebensjahr um genau ein Jahr erhöht, unabhängig davon, ob das Individuum erwerbstätig war oder nicht. Im Rahmen der vorliegenden Untersuchung wurde auf Basis der Spell- und Kalendariensdaten des SOEP die tatsächliche Berufserfahrung in Jahren ermittelt, d.h. diejenigen Lebensjahre, in denen eine Person tatsächlich erwerbstätig war. Auch hierbei geht jedes Jahr mit dem gleichen Gewicht ein, der Vorteil ist jedoch, dass individuelle Erwerbspausen berücksichtigt und nicht wie potenzielle Berufsjahre behandelt werden.

Grundsätzlich können in der SOEP-Studie mehrere Ausprägungen des Erwerbsstatus gleichzeitig angegeben werden, d.h. ein Individuum könnte z.B. gleichzeitig als teilzeitbeschäftigt und arbeitslos registriert sein. Um bei der Generierung der Anzahl und Dauer der Erwerbstätigkeits-, Nichterwerbstätigkeits- und Arbeitslosigkeitsphasen Doppelzählungen zu vermeiden, wird folgendermaßen vorgegangen: Arbeitslosigkeit dominiert annahmegemäß sowohl die Erwerbstätigkeits- als auch die Nichterwerbstätigkeitsphasen, d.h. wenn sich ein Arbeitslosigkeits- und ein Erwerbstätigkeits- oder Nichterwerbstätigkeitsspell überschneiden, wird die

---
[238] Vgl. hierzu *Beblo u.a.* (2003), S. 561.
[239] Vgl. *Beblo u.a.* (2002a), S. 86.

4.2 Modellspezifikation und Variablenbeschreibung

sich überlappende Zeit der Arbeitslosigkeitskategorie zugerechnet. Was die beiden „rezessiven" Kategorien betrifft, so wird bei Überschneidungen der Spells den Nichterwerbstätigkeitsphasen Vorrang gegeben.

Neben den üblichen Humankapitalvariablen werden in der vorliegenden Untersuchung noch eine Vielzahl von persönlichen und arbeitsplatzbezogenen Merkmalen zur Erklärung der individuellen Einkommenprofile herangezogen:

Persönliche Merkmale:

Alter, Familienstand, Anzahl der Kinder unter 16 Jahren, Existenz von Kleinkindern (unter 3 Jahren) im Haushalt, Gesundheitszustand, Erwerbsminderung aufgrund einer Behinderung, Pflegefall im Haushalt.

Arbeitsplatzbezogene Determinanten:

Beschäftigung im öffentlichen Dienst, Stellung im Beruf, wöchentliche Arbeitszeit, Betriebsgröße, Branche.

Wie bereits erwähnt, sollen zusätzlich zu den Einkommenseffekten von Erwerbsunterbrechungen auch ihre Auswirkungen auf die allgemeine Lebenszufriedenheit in West- und Ostdeutschland analysiert werden. Zu diesem Zweck wird im Folgenden eine geeignete Schätzgleichung hergeleitet.

4.2.1.2 Basismodell der Zufriedenheitsanalysen

Das grundlegende Schätzmodell für die Zufriedenheitsanalysen ähnelt vom Aufbau her der im vorangegangenen Abschnitt 4.2.1.1 dargestellten Einkommensgleichung 4.1 und präsentiert sich wie folgt:

$$lz_{it} = \alpha + \sum_{j=1}^{k} \beta_j x_{jit} + \sum_{j=k+1}^{k+m} \beta_j x_{jit} + \sum_{j=k+m+1}^{k+m+n} \beta_j x_{jit} + \epsilon_{it}, \qquad (4.2)$$

wobei lz_{it} das ordinal skalierte Maß für die allgemeine Lebenszufriedenheit aus der SOEP-Studie ist und die x_{jit} k erklärende Humankapitalvariablen, m allgemeine Kontrollvariablen und n zufriedenheitsspezifische Determinanten darstellen. α bezeichnet eine Konstante und β_j die zu schätzenden Regressionskoeffizienten. Der Störterm ϵ_{it} umfasst wiederum den unsystematischen Rest.

Aus Gleichung 4.2 geht hervor, dass im Rahmen der Zufriedenheitsanalysen dieselben personen- und arbeitsplatzbezogenen Einflussfaktoren berücksichtigt werden wie bei den Einkommensschätzungen. Auch die erklärenden Humankapitalvariablen sind in beiden Modellen identisch. Gleichung 4.2 wird jedoch noch um einige potenzielle Determinanten der allgemeinen Lebenszufriedenheit ergänzt:

Zufriedenheitsspezifische Kontrollvariablen:
Sorge um die allgemeine wirtschaftliche Lage, Sorge um die eigene wirtschaftliche Lage, Grad des politischen Interesses, Haushaltsnettoeinkommen[240].

Bevor ein Überblick über die gängigen Schätzverfahren im Rahmen von Einkommens- und Zufriedenheitsanalysen gegeben wird, soll zunächst eine kurze Beschreibung der west- und ostdeutschen Teilstichproben anhand der für die Untersuchung relevanten Variablen erfolgen.

4.2.2 Charakterisierung der Teilstichproben

Aufgrund der gravierenden regionalen und geschlechtsspezifischen Unterschiede wird die empirische Analyse sowohl getrennt für West- und Ostdeutschland als auch jeweils separat für Männer und Frauen durchgeführt. Daher erfolgt auch die Beschreibung der potenziellen Einkommens- und Zufriedenheitsdeterminanten getrennt für die folgenden vier Teilstichproben:

1. Westdeutsche Männer,

2. westdeutsche Frauen,

3. ostdeutsche Männer

4. und ostdeutsche Frauen.

Nachfolgend werden zunächst die deskriptiven Statistiken für Westdeutschland dargestellt und auszugsweise erläutert (vgl. hierzu Abschnitt 4.2.2.1.), bevor in Abschnitt 4.2.2.2 die wesentlichen Merkmale der ostdeutschen Teilstichproben beschrieben werden.

---

[240] Analog zum Bruttostundenlohn wird auch das Haushaltsnettoeinkommen mit den Verbraucherpreisindizes des Statistischen Bundesamtes deflationiert und in logarithmierter Form in den Zufriedenheitsschätzungen berücksichtigt.

4.2 Modellspezifikation und Variablenbeschreibung

4.2.2.1 Westdeutsche Teilstichproben

Tabelle 4.1 zeigt, dass nach Anwendung der in Abschnitt 4.1.2 beschriebenen Ausschlusskriterien noch insgesamt 2.758 Männer und 2.886 Frauen in den westdeutschen Teilstichproben verbleiben, die im Durchschnitt jeweils knapp 39 Jahre alt sind. Von den in die Untersuchung einbezogenen westdeutschen Männern sind rund 68% verheiratet, 25% ledig und 7% geschieden. Der Anteil der Witwer ist vernachlässigbar gering. Von den 2.886 Frauen leben in etwa 74% in einer ehelichen Gemeinschaft, annähernd 15% sind ledig, fast 9% geschieden und knapp 2% verwitwet. Im Durchschnitt leben die westdeutschen Männer mit 1,69 und die Frauen mit 1,66 Kindern unter 16 Jahren in einem gemeinsamen Haushalt zusammen. In Bezug auf die Anzahl der Kinder sind in Westdeutschland auf Basis der ausgewählten Stichproben somit keine gravierenden Unterschiede zwischen den männlichen und weiblichen Befragungsteilnehmern zu beobachten.

Aus einem geschlechtsspezifischen Vergleich der für die vorliegende Untersuchung relavanten Humankapitalvariablen wird ersichtlich, dass in Westdeutschland gut 29% der männlichen Befragten ihre schulische Laufbahn mit dem Abitur oder einer vergleichbaren Fachhochschulreife beendet haben, während sich der entsprechende Anteil der Frauen auf nicht einmal 20% beläuft. 68% der Männer und 78% der Frauen können einen Real- oder Hauptschulabschluss vorweisen und die restlichen Befragungsteilnehmer haben entweder einen anderen oder (noch) keinen Schulabschluss. In Hinblick auf die berufliche Ausbildung geht aus Tabelle 4.1 hervor, dass sich mit ca. 75% bzw. 71% jeweils die Mehrheit der männlichen und weiblichen Befragten für eine Berufsausbildung entschieden haben. 13% der Männer und 9% der Frauen verfügen über einen Hochschulabschluss und immerhin 12% bzw. 20% haben keinen beruflichen Bildungsabschluss.

In Bezug auf die Erwerbsbeteiligung lassen sich ebenfalls deutliche Unterschiede zwischen der männlichen und der weiblichen Stichprobe feststellen. Während durchschnittlich rund 90% der westdeutschen Männer erwerbstätig sind, liegt der Anteil der erwerbstätigen Frauen in Westdeutschland gerade einmal bei knapp 66%. Bei den beobachteten Männern sind die Erwerbspausen in erster Linie auf Arbeitslosigkeit, berufliche Ausbildungs- und Trainingszeiten oder sonstige, nicht näher erläuterte Nichterwerbstätigkeitsphasen zurückzuführen. Lediglich 0,08% der westdeutschen Männer beteiligen sich an der gesetzlich vorgesehenen Elternzeit. Von den befragten Frauen befinden sich fast 5% in Mutterschaftsurlaub, 1% in Ausbildungs- und Trainigsphasen und gut 3% sind arbeitslos gemeldet. 25% der potenziellen Arbeitnehmerinnen haben ihre Erwerbstätigkeit aus sonstigen, nicht näher spezifizierten Gründen unterbrochen.

Tabelle 4.1: Deskriptive Statistiken für Westdeutschland

	Männer		Frauen	
Variable	Mittelwert/ Anteil in %	Standard- abweichung	Mittelwert/ Anteil in %	Standard- abweichung
Anzahl der Personen	2.758		2.886	
Anzahl der Beobachtungen	20.983		22.394	
Bruttostundenlohn[a]	18,81	8,7854	14,13	7,6710
Allg. Lebenszufriedenheit	7,03	1,6736	7,05	1,7177
Humankapitalvariablen				
Schulbildung				
Haupt-/ Realschule	67,81	-	77,89	-
Fachhochschule, Abitur	29,10	-	19,76	-
(noch) kein Abschluss	2,01	-	1,56	-
anderer Abschluss	1,08	-	0,79	-
Berufliche Ausbildung				
beruflicher Bildungsabschluss	74,81	-	71,31	-
Hochschulabschluss	13,48	-	8,85	-
kein Berufsabschluss	11,72	-	19,84	-
Berufserfahrung in Jahren	18,60	9,6904	14,29	8,2350
Betriebszugehörigkeit in Jahren	12,06	9,5589	8,94	8,0340
Anzahl der Nichterwerbs- tätigkeitsphasen	2,09	1,3001	2,95	1,5783
Kumulierte Dauer der Nicht- erwerbstätigkeitsphasen	4,58	4,7660	10,58	8,0922
Anzahl der Arbeits- losigkeitsphasen	0,53	0,8526	0,56	0,8227
Kumulierte Dauer der Arbeitslosigkeit	0,60	1,7316	0,53	1,3085
Persönliche Merkmale				
Alter in Jahren	38,75	8,5681	38,87	8,6209
Familienstand				
verheiratet	67,65	-	74,39	-
ledig	24,84	-	14,82	-
verwitwet	0,52	-	1,98	-
geschieden	7,00	-	8,80	-
Anzahl der Kinder (< 16 Jahre)	1,69	0,7984	1,66	0,7973
Kleinkind (< 3 Jahre) im Haushalt				
ja	33,23	-	30,24	-
nein	66,77	-	69,76	-
Allgemeiner Gesundheitszustand				
(sehr) gut	88,60	-	85,49	-
(sehr) schlecht	11,40	-	14,51	-

Fortsetzung der Tabelle 4.1 folgt auf der nächsten Seite ...

4.2 Modellspezifikation und Variablenbeschreibung

Fortsetzung - Tabelle 4.1

Variable	Männer Mittelwert/ Anteil in %	Männer Standardabweichung	Frauen Mittelwert/ Anteil in %	Frauen Standardabweichung
Erwerbsminderung/ Behinderung				
ja	8,83	-	7,09	-
nein	91,17	-	92,91	-
Pflegefall im Haushalt				
ja	2,33	-	2,58	-
nein	97,67	-	97,42	-
Arbeitsplatzbezogene Merkmale				
Erwerbsstatus				
erwerbstätig	90,03	-	65,94	-
im Ruhestand	0,00	-	0,01	-
in Ausbildung/ Training	2,16	-	1,22	-
Elternzeit/ Mutterschaft	0,08	-	4,85	-
Militär-/Zivildienst	0,07	-	0,00	-
arbeitslos	3,61	-	3,25	-
sonstige Nichterwerbstätigkeit	4,04	-	24,73	-
Öffentlicher Dienst				
ja	27,20	-	34,33	-
nein	72,80	-	65,67	-
Berufliche Stellung				
Arbeiter	38,22	-	19,75	-
Angestellter mit				
einfacher Tätigkeit	4,36	-	22,30	-
qualif. Tätigkeit	18,84	-	41,33	-
hochqualif. Tätigkeit	23,28	-	8,70	-
Sonstiges	15,30	-	7,91	-
Arbeitszeit in Stunden/ Woche	37,98	4,2905	28,85	10,6017
Beschäftigungsverhältnis				
Vollzeit (> 35 h)	96,02	-	48,41	-
Teilzeit (16-35 h)	3,26	-	38,13	-
geringfügig (< 16 h)	0,72	-	13,47	-
Betriebsgröße				
bis 20 Beschäftigte	3,47	-	4,48	-
20-200 Beschäftigte	96,45	-	95,09	-
200-2.000 Beschäftigte	0,08	-	0,42	-
> 2.000 Beschäftigte	0,00	-	0,00	-
Branche				
Energie, Bergbau	2,80	-	0,40	-
Metallindustrie	21,74	-	6,35	-
sonstige Industrie	14,33	-	10,20	-
Handel, DL	9,38	-	19,08	-
Verkehrswesen	6,52	-	3,23	-

Fortsetzung der Tabelle 4.1 folgt auf der nächsten Seite ...

Fortsetzung - Tabelle 4.1

Variable	Männer		Frauen	
	Mittelwert/ Anteil in %	Standard-abweichung	Mittelwert/ Anteil in %	Standard-abweichung
Banken, Vers.	4,95	-	7,18	-
Bildung, Gesundheit	7,85	-	27,38	-
sonstige Branchen	32,44	-	26,18	-
Zufriedenheitsspezifische Determinanten				
Haushaltsnettoeinkommen[a]	4.587,16	2.310,2390	4.524,52	2.462,8900
Sorgen über die allgemeine wirtschaftliche Lage				
ja	91,56	-	93,55	-
nein	8,44	-	6,45	-
Sorgen über die eigene wirtschaftliche Lage				
ja	68,41	-	70,80	-
nein	31,59	-	29,20	-
Grad des politischen Interesses				
(sehr) stark	44,63	-	21,63	-
weniger stark/ überhaupt nicht	55,37	-	78,37	-

[a] Deflationiert mit den Verbraucherpreisindizes des Statistischen Bundesamtes.

Quelle: Eigene Berechnungen auf Basis von Stichprobe A des Sozio-ökonomischen Panels (Wellen I-U).

Auch was das Beschäftigungsverhältnis und damit verbunden die durchschnittliche wöchentliche Arbeitszeit betrifft, zeichnen sich in Westdeutschland deutliche Unterschiede zwischen Männern und Frauen ab. Während die männlichen Befragungsteilnehmer im Mittel rund 38 Stunden pro Woche arbeiten, liegt die durchschnittliche wöchentliche Arbeitszeit der Arbeitnehmerinnen lediglich bei knapp 29 Stunden. Dieses Phänomen ist in erster Linie damit zu begründen, dass 96% der erwerbstätigen Männer vollzeitbeschäftigt sind und gerade einmal 4% einer Teilzeitarbeit oder geringfügigen Beschäftigung nachgehen. Von den westdeutschen Frauen hingegen steht mit 48% nicht einmal die Hälfte in einem Vollzeitbeschäftigungsverhältnis. Der Anteil der Teilzeitarbeitnehmerinnen und geringfügig Beschäftigten beläuft sich auf 38% bzw. 14%. Dementsprechend ergeben sich auch erhebliche geschlechtsspezifische Unterschiede hinsichtlich der Entlohnung. Während die männliche Stichprobe im Mittel einen Bruttostundenlohn (deflationiert) in Höhe von 18,81€ aufweist, erzielen die befragten Frauen durchschnittlich nur 14,13€ pro Stunde. Das bedeutet, dass Frauen in Westdeutschland im Durchschnitt fast 25% weniger verdienen als ihre männlichen Kollegen. Ein Vergleich der stichprobenbasierten Haushaltsnettoeinkommen (deflationiert) führt erwartungsgemäß zu einem wesentlich geringeren Unterschied. Das durchschnittliche

4.2 Modellspezifikation und Variablenbeschreibung

Haushaltsnettoeinkommen der männlichen Stichprobe beträgt ca. 4.587€. Die Haushaltsnettoeinkünfte der weiblichen Stichprobe liegen mit knapp 4.525€ lediglich 1,4% unter dem Niveau der westdeutschen Männer.

Die Berufserfahrung, die Betriebszugehörigkeitsdauer sowie insbesondere die Anzahl und Dauer der Erwerbsunterbrechungen gehören zu den wichtigsten Kontrollvariablen der vorliegenden Untersuchungen. Tabelle 4.1 weist insbesondere hinsichtlich der Berufserfahrung, der Betriebszugehörigkeit sowie der kumulierten Dauer der Nichterwerbstätigkeitsphasen prägnante Unterschiede zwischen Männern und Frauen in Westdeutschland aus. Während die männlichen Befragten im Mittel auf knapp 19 Jahre Berufserfahrung zurückblicken, summiert sich die Berufserfahrung der weiblichen Stichprobe über den Lebenszyklus im Durchschnitt auf lediglich 14 Jahre auf. Die Betriebszugehörigkeit liegt für westdeutsche Männer im Durchschnitt bei ca. 12 Jahren. Westdeutsche Frauen verbleiben im Vergleich dazu lediglich 9 Jahre in einem Betrieb.

In Bezug auf die Arbeitslosigkeit zeichnen sich hingegen weniger prägnante geschlechtsspezifische Unterschiede ab. Die kumulierte Arbeitslosigkeitsdauer liegt sowohl für Männer als auch für Frauen im Mittel bei einem guten halben Jahr. Die Mittelwerte der Anzahl der Arbeitslosigkeitsphasen weisen darauf hin, dass unabhängig vom Geschlecht jeder zweite Westdeutsche schon einmal arbeitslos gemeldet war. Tabelle 4.1 zeigt weiterhin, dass von sonstigen Erwerbsunterbrechungen vor allem Frauen betroffen sind. Während Arbeitnehmerinnen ihren Karriereverlauf durchschnittlich fast dreimal unterbrechen und die Nichterwerbstätigkeit in der Summe über zehn Jahre andauert, liegt die mittlere Anzahl sonstiger Nichterwerbstätigkeitsphasen bei männlichen Arbeitnehmern in etwa bei zwei und ihre kumulierte Dauer bei 4,5 Jahren. Mit anderen Worten sind die nicht auf Arbeitslosigkeit beruhenden Erwerbspausen westdeutscher Frauen insgesamt mehr als doppelt so lang wie diejenigen ihrer männlichen Kollegen, was sicherlich u.a. auf die immer noch relativ geringe Beteiligung von Männern an der Kindererziehung bzw. an der gesetzlichen Elternzeit zurückzuführen ist.

Im Rahmen der vorliegenden Untersuchung sollen nicht nur die Auswirkungen von Erwerbsunterbrechungen auf die individuellen Einkommensprofile untersucht werden, sondern auch ihre Effekte auf die allgemeine Lebenszufriedenheit. Aus Tabelle 4.1 geht hervor, dass westdeutsche Männer und Frauen mit ihrem Leben ungefähr in gleichem Ausmaß zufrieden sind. Für beide Teilstichproben liegt der Mittelwert der ordinal skalierten Maßzahl für die allgemeine Lebenszufriedenheit bei ca. 7.

4.2.2.2 Ostdeutsche Teilstichproben

Aus Tabelle 4.2 wird ersichtlich, dass die ostdeutschen Teilstichproben nach der Selektion der Befragungsteilnehmer anhand der festgelegten Kriterien 1.735 Männer und 1.808 Frauen umfassen. Was das mittlere Alter betrifft, unterscheiden sich die west- und ostdeutschen Stichproben kaum voneinander. Analog zu den westdeutschen Männern und Frauen liegt der altersbedingte Erwartungswert in Ostdeutschland unabhängig vom Geschlecht ebenfalls bei rund 39 Jahren. Die ostdeutschen Männer und Frauen sind mit gut 73% bzw. rund 78% häufiger verheiratet als ihre westdeutschen Vergleichsgruppen. Der Anteil der ledigen Befragungsteilnehmer ist dementsprechend in Ostdeutschland niedriger als in Westdeutschland. In den neuen Bundesländern sind knapp 18% der Männer und 10% der Frauen ledig. Die durchschnittliche Kinderzahl ist mit 1,55 sowohl auf die männliche als auch auf die weibliche Stichprobe bezogen in Ostdeutschland etwas niedriger als in den alten Bundesländern.

Des Weiteren gehen aus den Tabellen 4.1 und 4.2 deutliche regionale Unterschiede hinsichtlich der schulischen und beruflichen Ausbildung hervor. Der Anteil der ostdeutschen Befragungsteilnehmer, die ihre schulische Laufbahn mit dem Abitur oder einem ähnlichen Fachhochschulabschluss beendet haben, liegt sowohl für die Männer als auch für die Frauen deutlich unter dem westdeutschen Niveau. Im Vergleich zu immerhin gut 29% in Westdeutschland verlassen lediglich 20% der ostdeutschen Männer die Schule mit einer erfolgreich abgeschlossenen Abiturprüfung. Zwischen den west- und ostdeutschen Frauen ist der Unterschied nicht ganz so gravierend. Während in den neuen Bundesländern in etwa 16% der Frauen Abitur haben, sind es in den alten Ländern gerade einmal 4% mehr. Knapp 79% der ostdeutschen Männer und gut 82% der Frauen verfügen über einen Haupt- oder Realschulabschluss. Der Anteil der Befragten, die keinen Abschluss haben, ist in beiden Teilstichproben mit weniger als 1% sehr gering.

Auf beruflicher Ebene zeigt sich jedoch ein anderes Bild: Während der Anteil der ostdeutschen Männer mit einem Hochschulabschluss bei rund 11% und damit um ca. 2,5% unter dem Anteil westdeutscher Männer liegt, haben über 17% der ostdeutschen Frauen, d.h. anteilig doppelt so viele Frauen wie in Westdeutschland, eine Hochschulausbildung genossen. Weitere 85% der männlichen und knapp 78% der weiblichen Befragungsteilnehmer haben eine Berufsausbildung absolviert und lediglich 4% bzw. 5% können (noch) keinen beruflichen Abschluss vorweisen. Hinsichtlich der Akkumulation von Humankapital lassen sich also durchaus regionale Unterschiede feststellen. Diese Divergenz zeichnet sich auch in Zusammenhang mit dem Berufsleben ab.

4.2 Modellspezifikation und Variablenbeschreibung

Tabelle 4.2: Deskriptive Statistiken für Ostdeutschland

Variable	Männer Mittelwert/ Anteil in %	Männer Standard- abweichung	Frauen Mittelwert/ Anteil in %	Frauen Standard- abweichung
Anzahl der Personen	1.735		1.808	
Anzahl der Beobachtungen	12.811		13.894	
Bruttostundenlohn[a]	11,88	5,3428	10,88	6,3971
Allg. Lebenszufriedenheit	6,26	1,7579	6,21	1,7806
Humankapitalvariablen				
Schulbildung				
Haupt-/ Realschule	78,94	-	82,54	-
Fachhochschule, Abitur	19,80	-	16,43	-
(noch) kein Abschluss	0,43	-	0,16	-
anderer Abschluss	0,84	-	0,87	-
Berufliche Ausbildung				
beruflicher Bildungsabschluss	85,05	-	77,53	-
Hochschulabschluss	10,95	-	17,35	-
kein Berufsabschluss	4,01	-	5,12	-
Berufserfahrung in Jahren	19,04	9,0975	17,84	9,0315
Betriebszugehörigkeit in Jahren	8,23	8,8282	8,21	8,4330
Anzahl der Nichterwerbs- tätigkeitsphasen	2,04	1,0211	2,24	1,2600
Kumulierte Dauer der Nicht- erwerbstätigkeitsphasen	3,62	3,2764	4,25	3,7258
Anzahl der Arbeits- losigkeitsphasen	0,62	0,7907	0,73	0,8185
Kumulierte Dauer der Arbeitslosigkeit	0,55	1,1806	0,94	1,5820
Persönliche Merkmale				
Alter in Jahren	39,40	8,6767	39,34	8,5764
Familienstand				
verheiratet	73,69	-	78,01	-
ledig	18,69	-	10,22	-
verwitwet	0,87	-	2,13	-
geschieden	6,75	-	9,64	-
Anzahl der Kinder (< 16 Jahre)	1,55	0,6845	1,55	0,6884
Kleinkind (< 3 Jahre) im Haushalt				
ja	20,24	-	17,00	-
nein	79,76	-	83,00	-
Allgemeiner Gesundheitszustand				
(sehr) gut	89,29	-	86,79	-
(sehr) schlecht	10,71	-	13,21	-

Fortsetzung der Tabelle 4.2 folgt auf der nächsten Seite ...

Fortsetzung - Tabelle 4.2

Variable	Männer Mittelwert/ Anteil in %	Standard-abweichung	Frauen Mittelwert/ Anteil in %	Standard-abweichung
Erwerbsminderung/ Behinderung				
ja	6,34	-	6,11	-
nein	93,66	-	93,89	-
Pflegefall im Haushalt				
ja	2,04	-	1,74	-
nein	97,96	-	98,26	-
Arbeitsplatzbezogene Merkmale				
Erwerbsstatus				
erwerbstätig	84,67	-	71,96	-
im Ruhestand	0,00	-	0,00	-
in Ausbildung/ Training	0,72	-	1,06	-
Elternzeit/ Mutterschaft	0,04	-	3,49	-
Militär-/Zivildienst	0,17	-	0,00	-
arbeitslos	10,64	-	15,31	-
sonstige Nichterwerbs-tätigkeit	3,76	-	8,18	-
Öffentlicher Dienst				
ja	24,07	-	45,03	-
nein	75,93	-	54,97	-
Berufliche Stellung				
Arbeiter	61,91	-	24,22	-
Angestellter mit				
einfacher Tätigkeit	5,66	-	19,88	-
qualif. Tätigkeit	9,23	-	39,17	-
hochqualif. Tätigkeit	17,69	-	13,96	-
Sonstiges	5,52	-	2,77	-
Arbeitszeit in Stunden/ Woche	39,67	3,5698	35,76	7,3512
Beschäftigungsverhältnis				
Vollzeit (> 35 h)	97,74	-	73,49	-
Teilzeit (16-35 h)	1,85	-	24,15	-
geringfügig (< 16 h)	0,41	-	2,36	-
Betriebsgröße				
bis 20 Beschäftigte	4,60	-	5,95	-
20-200 Beschäftigte	95,30	-	93,96	-
200-2.000 Beschäftigte	0,10	-	0,09	-
> 2.000 Beschäftigte	0,00	-	0,00	-
Branche				
Energie, Bergbau	4,21	-	1,40	-
Metallindustrie	15,56	-	4,83	-
sonstige Industrie	9,91	-	7,70	-
Handel, DL	10,53	-	16,15	-
Verkehrswesen	9,81	-	4,50	-

Fortsetzung der Tabelle 4.2 folgt auf der nächsten Seite ...

4.2 Modellspezifikation und Variablenbeschreibung

Fortsetzung - Tabelle 4.2

Variable	Männer		Frauen	
	Mittelwert/ Anteil in %	Standard- abweichung	Mittelwert/ Anteil in %	Standard- abweichung
Banken, Vers.	2,08	-	5,21	-
Bildung, Gesundheit	6,73	-	29,68	-
sonstige Branchen	41,17	-	30,53	-
Regionale Merkmale				
Haushaltsnettoeinkommen[a]	3.633,96	1.673,9310	3.608,36	1.717,3680
Sorgen über die allgemeine wirtschaftliche Lage				
ja	94,51	-	96,49	-
nein	5,49	-	3,51	-
Sorgen über die eigene wirtschaftliche Lage				
ja	86,62	-	89,96	-
nein	13,38	-	10,04	-
Grad des politischen Interesses				
(sehr) stark	35,49	-	19,31	-
weniger stark/ überhaupt nicht	64,51	-	80,69	-

a Deflationiert mit den Verbraucherpreisindizes des Statistischen Bundesamtes.

Quelle: Eigene Berechnungen auf Basis von Stichprobe C des Sozio-ökonomischen Panels (Wellen I-U).

Ostdeutsche Arbeitnehmer weisen im Durchschnitt eine Berufserfahrung von 19,04 Jahren und eine Betriebszugehörigkeitsdauer von 8,23 Jahren auf. Im Gegensatz zu Westdeutschland sind die geschlechtsspezifischen Unterschiede in den neuen Bundesländern diesbezüglich relativ gering. Die mittlere Berufserfahrung bzw. Betriebszugehörigkeitsdauer ostdeutscher Frauen beläuft sich auf 17,84 bzw. 8,21 Jahre und weicht somit nicht wesentlich von den Durchschnittswerten ihrer männlichen Kollegen ab. Während ostdeutsche Männer im Mittel über ein halbes Jahr mehr Berufserfahrung verfügen, übersteigt die durchschnittliche Betriebszugehörigkeitsdauer in Westdeutschland diejenige in Ostdeutschland erheblich. Dieses Phänomen ist sicherlich u.a. auf die deutsche Wiedervereinigung und den damit einhergegangenen veränderten Arbeitsmarktbedingungen, insbesondere für die ostdeutsche Bevölkerung, zurückzuführen. Ein Vergleich der weiblichen Befragten in beiden Teilen Deutschlands zeigt, dass die Erwerbsbeteiligung in den neuen Bundesländern erwartungsgemäß höher ist als in den alten Bundesländern. Die durchschnittliche Berufserfahrung ostdeutscher Frauen beträgt 17,84 Jahre, während die Frauen aus der westdeutschen Teilstichprobe im Mittel lediglich 14,29 Jahre berufstätig sind. In Bezug auf die Betriebszugehörigkeit stellt sich die Differenz wesentlich geringer dar. Ostdeutsche Arbeitnehmerinnen verbleiben im Durchschnitt 8,21 Jahre in einem Betrieb, d.h. rund ein Dreivierteljahr weniger als ihre westdeutschen Kolleginnen.

Auch was die Häufigkeit und Dauer von Erwerbsunterbrechungen betrifft zeigen sich deutliche Unterschiede zwischen den neuen und alten Bundesländern. Ostdeutsche Frauen sind sowohl im Vergleich zu ihren männlichen Kollegen als auch zu den westdeutschen Arbeitnehmerinnen etwas stärker von Arbeitslosigkeit betroffen. Während im Durchschnitt jeder zweite ostdeutsche Mann und jede zweite westdeutsche Frau bereits Erfahrungen mit Arbeitslosigkeit gemacht hat, sind es von vier ostdeutschen Frauen immerhin drei, die auf dieses unerfreuliche Ereignis zurückblicken können. Ostdeutsche Frauen sind dabei im Mittel ein knappes Jahr arbeitslos. In den übrigen Teilstichproben summieren sich die Phasen der Arbeitslosigkeit im Durchschnitt zu sechs bis sieben Monate auf. Sonstige Erwerbspausen wie bspw. Erziehungsurlaub oder berufliche Ausbildungs- und Trainingszeiten sind in Ostdeutschland zumindest aus zeitlicher Perspektive weniger bedeutend als in Westdeutschland. Sowohl die männlichen als auch die weiblichen Stichprobenteilnehmer aus den neuen Bundesländern unterbrechen ihre Erwerbstätigkeit im Durchschnitt zweimal. Die kumulierte Dauer der Nichterwerbstätigkeitsphasen ostdeutscher Männer liegt mit 3,62 Jahren ein knappes Jahr unter derjenigen ihrer westdeutschen Kollegen. Ostdeutsche Frauen verbringen mit durchschnittlich 4,25 Jahren nicht einmal die Hälfte der Zeit westdeutscher Arbeitnehmerinnen in der Nichterwerbstätigkeit. Dies spiegelt noch einmal die höhere Erwerbsbeteiligung ostdeutscher Frauen wider.

Ein Vergleich der durchschnittlichen Arbeitszeiten bestätigt die deutlichen Unterschiede hinsichtlich des Erwerbsverhaltens in den alten und neuen Bundesländern. Die durchschnittliche Arbeitszeit liegt in Ostdeutschland mit knapp 40 Wochenstunden bei den Männern und 36 Wochenstunden bei den Frauen auf einem wesentlich höheren Niveau als in Westdeutschland. Dementsprechend ist auch der Anteil der Vollzeitsbeschäftigten in den neuen Bundesländern höher als in der ehemaligen Bundesrepublik Deutschland (BRD). Ein Vergleich der männlichen Teilstichproben ergibt allerdings lediglich eine Differenz von rund 1,7 Prozentpunkten. Sowohl in Ost- als auch in Westdeutschland ist die Vollzeitbeschäftigung für die männlichen Arbeitnehmer mit einem Anteil von 96% bzw. 97,7% das dominierende Beschäftigungsverhältnis. Von den ostdeutschen Frauen gehen immerhin gut 73%, d.h. rund 25% mehr als in Westdeutschland, einer Vollzeitbeschäftigung nach. Daraus resultiert auch die höhere mittlere Wochenarbeitszeit von Arbeitnehmerinnen in den neuen Bundesländern. Der Anteil der teilzeitbeschäftigten Frauen liegt in Ostdeutschland mit 24% deutlich unter dem westdeutschen Niveau. Geringfügige Beschäftigungsverhältnisse spielen in den neuen Bundesländern im Gegensatz zum alten Bundesgebiet eher eine untergeordnete Rolle. Das geschlechtsspezifische Lohndifferenzial ist in Ostdeutschland wesentlich geringer als in Westdeutschland. Während westdeutsche Frauen im Durchschnitt brutto fast ein Viertel weniger in der Stunde verdienen als westdeutsche Männer, ist der mittlere Bruttostundenlohn ostdeutscher Arbeitnehmerinnen im Vergleich zu ihren männlichen Kollegen lediglich um 8,42% niedriger. Die regionalen Unterschiede in der Entlohnung zeichnen sich hingegen wesentlich stärker ab. Insgesamt liegt die durchschnittliche Vergütung in Ostdeutschland deutlich unter derjenigen in den alten Bundesländern. Ostdeutsche Männer erhalten im Mittel einen Bruttostundenlohn in Höhe von 11,88€, was in etwa 73% des westdeutschen Lohnniveaus entspricht. Der Bruttostundenlohn ostdeutscher Arbeitnehmerinnen liegt mit 10,88€ nur knapp darunter. Im Durchschnitt verdienen ostdeutsche Frauen damit 23% weniger als ihre westdeutschen Kolleginnen. Folglich liegen auch die durchschnittlichen Haushaltsnettoeinkommen (deflationiert) der ostdeutschen Teilstichproben deutlich unter den westdeutschen Niveaus, wobei sich das mittlere Haushaltseinkommen der männlichen Befragungsteilnehmer mit ca. 3.634€ und dasjenige der weiblichen Befragten mit rund 3.608€ beziffern lässt.

Analog zu Westdeutschland zeigen sich auch in Ostdeutschland keine gravierenden geschlechtsspezifischen Unterschiede in Hinblick auf die allgemeine Lebenszufriedenheit. Insgesamt sind die ostdeutschen Bundesbürger jedoch etwas unzufriedener mit ihrem Leben als die westdeutschen Befragungsteilnehmer. Die allgemeine Lebenszufriedenheit wird von ostdeutschen Männern im Durchschnitt mit 6,26 und von ostdeutschen Frauen mit 6,21 bewertet.

4.3 Ökonometrische Schätzverfahren

Im Folgenden soll ein Überblick über die für die vorliegende Untersuchung relevanten ökonometrischen Modelle und Schätzverfahren gegeben werden. Paneldaten haben den Vorteil, dass sie im Vergleich zu reinen Querschnitts- oder Zeitreihendaten wesentlich umfangreichere Informationen über die interessierenden Untersuchungseinheiten liefern und dadurch im Allgemeinen eine flexiblere Modellspezifikation ermöglichen.[241] Die untersuchten Größen variieren nicht nur über die Beobachtungseinheiten „i" mit $i = 1, \cdots, N$ oder über die Zeit „t" mit $t = 1, \cdots, T$, sondern über beide Dimensionen gleichzeitig. Insbesondere dynamische Anpassungsprozesse lassen sich mit Hilfe von Paneldaten wesentlich genauer erfassen als auf Basis von Querschnitts- oder Zeitreihendaten.[242] Dadurch wird vor allem auch die Analyse von arbeitsmarkttheoretischen Fragestellungen

---
[241] Zu den Vorteilen von Paneldaten vgl. z.B. *Hsiao* (2004), S. 3; *Greene* (2003), S. 284 oder *Baltagi* (1995), S. 5.
[242] Vgl. *Baltagi* (1995), S. 4f.

erheblich erleichtert. Individuelle Erwerbsverläufe lassen sich durch die Kombination von Querschnitts- und Zeitreihendaten wesentlich exakter modellieren. Bei hinreichender Panellänge ist es sogar möglich, die Wirksamkeit (arbeitsmarkt-) politischer Programme eingehend zu untersuchen.

Grundsätzlich ist davon auszugehen, dass die im Rahmen von empirischen Studien beobachteten Untersuchungseinheiten, wie bspw. Unternehmen, Branchen, Individuen, Staaten oder Länder, zahlreiche heterogene Merkmale aufweisen.[243] Aufgrund von Datenrestriktionen lassen sich i.d.R. auch bei sehr sorgfältiger Modellspezifikation nicht alle Determinanten des jeweiligen Untersuchungsgegenstandes berücksichtigen.[244] Bei der Schätzung von Einkommensgleichungen gibt es neben den beobachteten angebots- und nachfrageseitigen Faktoren zusätzlich zahlreiche unbeobachtbare Determinanten, die einen nicht unerheblichen Einfluss auf den Individuallohn haben können. Zu diesen unbeobachtbaren potenziellen Einflussgrößen gehören z.B. die Arbeitsmotivation bzw. -neigung einer Person, ihre intellektuelle und/ oder kommunikative Begabung oder auch bestimmte familiäre Charakteristika. Bei Vernachlässigung der unbeobachteten Einflussfaktoren besteht die Gefahr, dass die Parameter verzerrt und u.U. sogar inkonsistent geschätzt werden.[245] Mit dem Fixed- und Random-Effects-Modell sollen in Abschnitt 4.3.1 zunächst zwei ökonometrische Standardverfahren beschrieben werden, die es ermöglichen, zumindest für einen Teil dieser unbeobachteten Populationsheterogenität zu kontrollieren. Wie sich zeigen wird, können beide Modelle mit Hilfe der (gewöhnlichen) Kleinste-Quadrate-Methode (KQ- bzw. OLS-Methode) geschätzt werden.

Zur Analyse ordinal skalierter Variablen sind lineare Modelle mit fixen oder zufälligen Effekten allerdings nicht optimal geeignet. Wie bereits erläutert, erfolgen die Zufriedenheitsmessungen im Rahmen des SOEP auf Grundlage einer 11-stufigen Likert-Skala. Diese Skala ermöglicht es den Befragten ein Ranking ihrer Zufriedenheit vorzunehmen, ohne dass die Abstände zwischen den einzelnen Stufen der Skala dabei eindeutig definiert sind. Die Teilnehmer der SOEP-Befragung werden u.a. gebeten, ihrer aktuellen Lebenszufriedenheit einen Wert zwischen „0" und „10" zu zuordnen, wobei der Wert „0" vollkommene Unzufriedenheit und der Wert „10" vollkommene Zufriedenheit repräsentiert. In diesem Fall wäre ein Individuum, dass seine allgemeine Lebenszufriedenheit mit „8" bewertet sicherlich zufriedener als eine Person, die den Wert „4" auf der vorgegebenen Skala wählt. Dies bedeutet allerdings nicht, dass das erste Individuum doppelt so zufrieden ist wie der zweite Befragungsteilnehmer. Ein derartiger Vergleich würde eine kardinale Messbarkeit der allgemeinen Lebenszufriedenheit voraussetzen. In einfachen Regressionsmodellen, wie bspw. den in Abschnitt 4.3.1 beschriebenen

---

[243]Vgl. z.B. *Baltagi* (1995), S. 3 oder *Hsiao* (2003), S. 8f.
[244]Vgl. *Licht u.a.* (1991b), S. 104.
[245]Vgl. *ebd.*, S. 104.

4.3 Ökonometrische Schätzverfahren

lineären Modellen mit fixen oder zufälligen Effekten, werden die Abstände zwischen den einzelnen Zufriedenheitsstufen als identisch betrachtet, obwohl sie dies de facto gar nicht sind.[246] Um Fehlinterpretationen dieser Art vermeiden und die besonderen Eigenschaften ordinal skalierter Variablen berücksichtigen zu können, bedarf es spezieller Modelle und Schätzverfahren. In Abschnitt 4.3.2 werden zwei diskrete Regressionsmodelle vorgestellt, die sich in der Forschungspraxis großer Beliebtheit erfreuen - das Ordered-Probit-Modell (vgl. hierzu Abschnitt 4.3.2.1.) und das Ordered-Logit-Modell (vgl. hierzu Abschnitt 4.3.2.2.).

4.3.1 Standardmodelle zur Einkommensanalyse

Die Eingleichungsmodelle mit fixen und zufälligen Effekten *(Fixed-Effects- und Random-Effects-Modelle)* gehören zu den ökonometrischen Analysetechniken, die in der empirischen Forschung insbesondere im Rahmen von Panelanalysen häufig Anwendung finden, da sie es ermöglichen, zumindest für einen Teil der unbeobachteten Populationsheterogenität in den Daten zu kontrollieren. Grundlage dieser Verfahren bildet das klassische lineare Regressionsmodell:[247]

$$\Leftrightarrow \quad \begin{aligned} Y &= \alpha + X\beta + \epsilon \\ y_{it} &= \alpha + x'_{it}\beta + \epsilon_{it} \end{aligned} \quad (4.3)$$

mit $i = 1, \cdots, N$ Individuen und $t = 1, \cdots, T$ Perioden. Y aus Gleichung 4.3 stellt den $(NT \times 1)$-Vektor der abhängigen Variablen dar, α den $(NT \times 1)$-dimensionalen Konstantenvektor, die $(NT \times K)$-dimensionale Matrix X beinhaltet die K erklärende Variablen des Modells, β ist der $(K \times 1)$-Koeffizientenvektor und der unsystematische Rest wird durch den Vektor ϵ der Dimension $(NT \times 1)$ erfasst. Für den Störterm ϵ_{it} gilt annahmegemäß:

$$\epsilon_{it} \overset{\text{i.i.d.}}{\sim} N(0, \sigma_\epsilon^2).$$

Im Gegensatz zu einfachen Querschnittsanalysen erlauben Paneldaten zusätzlich die Berücksichtigung individuenspezifischer Effekte bei der Schätzung linearer Regressionsmodelle. Aus einer additiven Zerlegung des Störterms ϵ_{it} aus Gleichung

---
[246]Vgl. hierzu bspw. *Greene* (2003), S. 736.
[247]Die klassischen Annahmen der Regressionsanalyse werden bspw. in *Verbeek* (2002), S. 13ff. und *Eckey et al.* (1995), S. 18ff. beschrieben.

4.3 in einen als zeitkonstant unterstellten Individualeffekt u_i und eine unerklärte Restgröße η_{it} ergibt sich folgendes Basismodell:[248]

$$y_{it} = \alpha + x'_{it}\beta + u_i + \eta_{it}. \qquad (4.4)$$

Die Wahl eines geeigneten Schätzverfahrens für Modell 4.4 hängt entscheidend von der Frage ab, ob einige oder alle unabhängige Variablen mit dem individuenspezifischen Effekt u_i korreliert sind. Im Folgenden werden die Standardschätzverfahren für Modelle mit fixen und variablen Effekten kurz erläutert und einander vergleichend gegenübergestellt.[249] Aus Vereinfachungsgründen beschränken sich die Ausführungen dabei auf ein balanciertes Paneldesign.[250]

4.3.1.1 Lineare Modelle mit fixen Effekten

In linearen Modellen mit fixen Effekten (FE-Modelle) wird i.d.R. von der Konstanten α aus Gleichung 4.4 abstrahiert, so dass sich folgende Modellspezifikation ergibt:

$$y_{it} = x'_{it}\beta + u_i + \eta_{it} \qquad (4.5)$$

mit $\eta_{it} \stackrel{\text{i.i.d.}}{\sim} N(0, \sigma_\eta^2)$. Die u_i sind annahmegemäß N feste, unbeobachtete Parameter, die für die zeitkonstanten individuellen Effekte in der Regression kontrollieren. Im Allgemeinen liefert die Methode der Kleinsten Quadrate (KQ-Methode) verzerrte und inkonsistente Schätzer für die unbekannten Parameter in β. Um eine unverzerrte und konsistente Schätzung zu erhalten, ist eine geringfügige Modifikation des Modells 4.5 notwendig. Unter Einbeziehung einer Dummyvariablen D_{ij} mit $i = 1, \cdots, N$ und $j = 1, \cdots, N$ lässt sich Modell 4.5 wie folgt darstellen:[251]

$$y_{it} = x'_{it}\beta + \sum_{j=1}^{N} u_i D_{ij} + \eta_{it}, \qquad (4.6)$$

---

[248]Zu bedenken bleibt, dass die Schätzprobleme durch die Berücksichtigung zeitkonstanter Individualeffekte in der Regressionsgleichung zwar abgeschwächt, jedoch nicht vollständig eliminiert werden.
[249]Eine detaillierte Darstellung der Modelle sowie der entsprechenden Schätzverfahren findet sich bspw. in *Greene* (2003), *Verbeek* (2002) und *Baltagi* (1995).
[250]Es wird für jedes Individuum $i = 1, \cdots, N$ die gleiche Anzahl T an Beobachtungen unterstellt.
[251]Vgl. bspw. *Verbeek* (2002), S. 313ff.

4.3 Ökonometrische Schätzverfahren

wobei $D_{ij} = 1$ für $i = j$ und $D_{ij} = 0$ für $i \neq j$ gilt. Die Schätzung von Gleichung 4.6 nach dem KQ-Verfahren führt i.d.R. zu einem unverzerrten und konsistenten Schätzer der Koeffizienten in β. Dieser Schätzer wird als *Least-Squares-Dummy-Variables* (LSDV)-Schätzer ($\hat{\beta}_{LSDV}$) bezeichnet. Alternativ lässt sich $\hat{\beta}_{LSDV}$ auch durch eine *Within*-Transformation der Gleichung 4.5 bestimmen:[252]

$$y_{it} - \bar{y}_i = (x_{it} - \bar{x}_i)'\beta + \eta_{it} - \bar{\eta}_i \qquad (4.7)$$

mit den individuenspezifischen Mittelwerten $\bar{y}_i = \dfrac{1}{T}\sum_{t=1}^{T} y_{it}$, $\bar{x}_i = \dfrac{1}{T}\sum_{t=1}^{T} x_{it}$ und $\bar{\eta}_i = \dfrac{1}{T}\sum_{t=1}^{T} \eta_{it}$. Wie aus Regressionsgleichung 4.7 ersichtlich, hat die *Within*-Transformation eine Elimination der Individualeffekte u_i zur Folge. Aus der Regression in den Abweichungen von den individuenspezifischen Mittelwerten ergibt sich der sog. Within- oder auch Fixed-Effects-Schätzer $\hat{\beta}_{FE}$, der dem LSDV-Schätzer $\hat{\beta}_{LSDV}$ entspricht:[253]

$$\hat{\beta}_{FE} = \left[\sum_{i=1}^{N}\sum_{t=1}^{T}(x_{it} - \bar{x}_i)(x_{it} - \bar{x}_i)'\right]^{-1} \sum_{i=1}^{N}\sum_{t=1}^{T}(x_{it} - \bar{x}_i)(y_{it} - \bar{y}_i) = \hat{\beta}_{LSDV}, \qquad (4.8)$$

wobei für die Varianz-Kovarianzmatrix des FE-Schätzers $\hat{\beta}_{FE}$ gilt:

$$V(\hat{\beta}_{FE}) = \hat{\sigma}_\eta^2 \left[\sum_{i=1}^{N}\sum_{t=1}^{T}(x_{it} - \bar{x}_i)(x_{it} - \bar{x}_i)'\right]^{-1}$$

mit $\hat{\sigma}_\eta^2 = \dfrac{1}{N(T-1)-K}\sum_{i=1}^{N}\sum_{t=1}^{T}\left[y_{it} - \bar{y}_i - (x_{it} - \bar{x}_i)'\hat{\beta}_{FE}\right]^2$ als erwartungstreuen und konsistenten Schätzer für die Varianz σ_η^2 des Störterms η, wobei es sich bei $N(T-1) - K$ um die korrigierte Anzahl der Freiheitsgrade handelt.[254] Unter der Annahme, dass die Regressoren in x'_{it} unabhängig von der unsystematischen

---
[252] Vgl. *Baltagi* (1995), S. 10ff.
[253] Vgl. *Verbeek* (2002), S. 313ff.
[254] Vgl. *Greene* (2003), S. 297.

Restgröße η_{it} sind, ist $\hat{\beta}_{FE}$ bzw. $\hat{\beta}_{LSDV}$ ein erwartungstreuer Schätzer für die Koeffizienten in β.[255] Die Konsistenzbedingung ist erfüllt, wenn sowohl die Regressoren in x_{it} als auch die individuenspezifischen Mittelwerte $\bar{x}_i$ mit dem Störterm η_{it} unkorreliert sind, d.h. falls gilt:

$$E\left[(x_{it} - \bar{x}_i)\eta_{it}\right] = 0$$
$$\text{bzw.} \quad E\left[x_{it}\eta_{is}\right] = 0 \quad \forall s,t$$

mit $s,t = 1,\cdots,T$. Unter der Annahme, dass die unerklärte Restgröße η_{it} aus Gleichung 4.5 einer Normalverteilung mit einem Erwartungswert von Null und der Varianz-Kovarianzmatrix σ_η^2 folgt, ist auch der FE-Schätzer $\hat{\beta}_{FE}$ asymptotisch normalverteilt, so dass die übliche Inferenzstatistik Gültigkeit besitzt.

Wie gezeigt wurde, handelt es sich bei der Fixed-Effects-Schätzung um eine einfache OLS-Regression in den Abweichungen von den individuenspezifischen Mittelwerten.[256] Mögliche Unterschiede zwischen den Mittelwerten der einzelnen Individuen bleiben dabei unberücksichtigt.[257] Der Vorteil dieser Vorgehensweise liegt zum einen in ihrer leichten Handhabbarkeit. Die üblichen Schätz- und Test-Verfahren sind weiterhin gültig. Zum anderen ist die Anwendung der Fixed-Effects-Methode an keine Restriktionen in Bezug auf die Beziehung zwischen den Individualeffekten u_i und den unabhängigen Variablen in x_{it} gebunden, so dass sie unter bestimmten Annahmen trotz Korrelation zwischen den u_i und x_{it} einen konsistenten Schätzer für β liefert.[258] Nachteilig an dem Verfahren ist allerdings, dass die Transformation des Modells 4.5 in eine geeignete Schätzgleichung die Elimination der Individualeffekte u_i zur Folge hat und somit eine Schätzung der individuenspezifischen Effekte im Rahmen des Modells mit fixen Effekten nicht möglich ist. Problematischer ist jedoch, dass der Dummyvariablen-Ansatz zu einer hohen Anzahl zu schätzender Parameter führen und folglich mit einem großen Verlust an Freiheitsgraden verbunden sein kann. Dieser Effizienzverlust kann vermieden werden, wenn angenommen wird, dass es sich bei den Individualeffekten u_i um Zufallsvariablen handelt und nicht – wie bisher unterstellt – um feste Größen.[259] In diesem Fall, der im Folgenden näher erläutert werden soll, handelt es sich um ein lineares Modell mit zufälligen Effekten.

---

[255] Vgl. *Verbeek* (2002), S. 314.
[256] Vgl. Gleichung 4.7.
[257] Vgl. *Verbeek* (2002), S. 315.
[258] Vgl. *ebd.*, S. 318.
[259] Vgl. *Baltagi* (1995), S. 13.

4.3.1.2 Lineare Modelle mit zufälligen Effekten

Als Grundlage einer Random-Effects-Schätzung (RE-Schätzung) dient das bereits bekannte Basismodell 4.4, das aufgrund der Zerlegung des Störterms in einen zeitkonstanten Individualeffekt und eine unsystematische Restgröße, allgemein als *Error Components Model* bezeichnet wird:

$$y_{it} = \alpha + x'_{it}\beta + \epsilon_{it} \quad \text{mit} \quad \epsilon_{it} = u_i + \eta_{it},$$

wobei die u_i annahmegemäß über alle Individuen unabhängig und identisch verteilte Zufallsgrößen sind. η_{it} erfasst weiterhin den unsystematischen Rest. Es gilt somit für die zerlegten Varianzkomponenten u_i und η_{it}:[260]

$$u_i \overset{i.i.d.}{\sim} N(0, \sigma_u^2) \quad \text{und} \quad \eta_{it} \overset{i.i.d.}{\sim} N(0, \sigma_\eta^2).$$

Des Weiteren wird unterstellt, dass für den Störterm ϵ_{it} sowie für die einzelnen Komponenten u_i und η_{it} die üblichen Annahmen gelten.[261]

Modellannahmen über ϵ_{it} für $i, j = 1, \cdots, N$ und $s, t = 1, \cdots, T$:

(1) $E(\epsilon_{it}) = 0$;

(2) $E(\epsilon_{it}^2) = \sigma_u^2 + \sigma_\eta^2$;

(3) $E(\epsilon_{it}\epsilon_{is}) = \sigma_u^2 \quad \forall t \neq s$;

(4) $E(\epsilon_{it}\epsilon_{js}) = 0 \quad \forall t \text{ und } s, \text{ falls } i \neq j$.

Modellannahmen über u_i und η_{it} für $i, j = 1, \cdots, N$ und $s, t = 1, \cdots, T$:

(1) $E(u_i) = 0, \quad E(\eta_{it}) = 0$;

(2) $E(u_i^2) = \sigma_u^2, \quad E(\eta_{it}^2) = \sigma_\eta^2$;

(3) $E(u_i\eta_{it}) = 0 \quad \forall i, j \text{ und } t$;

(4) $E(u_i u_j) = 0 \quad \forall i \neq j$;

(5) $E(\eta_{it}\eta_{js}) = 0 \quad \forall i \neq j \text{ oder } t \neq s$.

---
[260] Vgl. *Verbeek* (2002), S. 315.
[261] Vgl. *Greene* (2003), S. 294f.

Die individuenspezifische Varianz-Kovarianzmatrix $E(\epsilon_i \epsilon_i')$ des Random-Effects-Regressionsmodells 4.4 lässt sich kompakt als (TXT)-Matrix Σ darstellen:

$$E(\epsilon_i \epsilon_i') = \Sigma = \begin{vmatrix} \sigma_u^2 + \sigma_\eta^2 & \sigma_u^2 & \cdots & \sigma_u^2 \\ \sigma_u^2 & \sigma_u^2 + \sigma_\eta^2 & \cdots & \sigma_u^2 \\ \vdots & \vdots & \vdots & \vdots \\ \sigma_u^2 & \sigma_u^2 & \cdots & \sigma_u^2 + \sigma_\eta^2 \end{vmatrix} = \sigma_u^2 i_T i_T' + \sigma_\eta^2 I_T$$

mit dem $(T \times 1)$-Einsenvektor i_T und der $(T \times T)$-Einheitsmatrix I_T. Die Varianz-Kovarianzmatrix für den gesamten Beobachtungsraum NT $E(\epsilon \epsilon')$ ist das Kronecker-Produkt aus einer $(N \times N)$-Einheitsmatrix I_N und der individuenspezifischen Kovarianzmatrix Σ:

$$E(\epsilon \epsilon') = \Omega = \begin{vmatrix} \Sigma & 0 & \cdots & 0 \\ 0 & \Sigma & \cdots & 0 \\ \vdots & \vdots & \vdots & \vdots \\ 0 & 0 & \cdots & \Sigma \end{vmatrix} = I_N \otimes \Sigma.$$

Unter der Annahme, dass die individuenspezifischen Effekte u_i und die unerklärte Restgröße η_{it} sowohl untereinander als auch von den Regressoren in x_{it} unabhängig sind, liefert eine OLS-Regression unverzerrte und konsistente, jedoch im Allgemeinen ineffiziente, Schätzer für die Parameter α und β.[262] Eine Möglichkeit, um die Effizienz der Schätzung zu erhöhen, besteht in der Anwendung der Verallgemeinerten Methode der Kleinsten Quadrate (GLS-Methode).

Generalized Least Squares (GLS) Method

Die Verallgemeinerte Methode der Kleinsten Quadrate basiert auf einer Transformation des *Error Components Modells* unter Berücksichtigung der Eigenschaften des Störterms $\epsilon_{it} = u_i + \eta_{it}$. Die Transformationsmatrix $\Sigma^{-\frac{1}{2}}$ kann aus der Gleichung $\Omega^{-\frac{1}{2}} = [I_N \otimes \Sigma]^{-\frac{1}{2}}$ hergeleitet werden:[263]

$$\Sigma^{-\frac{1}{2}} = \frac{1}{\sigma_\eta} \left[I_T - \frac{\Theta}{T} i_T i_T' \right]$$

---

[262]Vgl. *Verbeek* (2002), S. 315.
[263]Vgl. *Greene* (2002), S. 295ff.

4.3 Ökonometrische Schätzverfahren

mit $\Theta = 1 - \dfrac{\sigma_\eta}{\sqrt{\sigma_u^2 + \sigma_\eta^2}}$. Aus der Multiplikation des ursprünglichen *Error Components Models* 4.4 mit der Transformationsmatrix $\Sigma^{-\frac{1}{2}}$ von links folgt für y_{it} und x_{it}:

$$\tilde{y}_{it} = \Sigma^{-\frac{1}{2}} y_{it} = \frac{1}{\sigma_\eta} \begin{vmatrix} y_{i1} - \Theta \bar{y}_i \\ \vdots \\ y_{iT} - \Theta \bar{y}_i \end{vmatrix} ; \quad \tilde{x}_{it} = \Sigma^{-\frac{1}{2}} x_{it} = \frac{1}{\sigma_\eta} \begin{vmatrix} x_{i1} - \Theta \bar{x}_i \\ \vdots \\ x_{iT} - \Theta \bar{x}_i \end{vmatrix}$$

mit den individuenspezifischen Mittelwerten $\bar{y}_i = \dfrac{1}{T} \sum_{t=1}^{T} y_{it}$ und $\bar{x}_i = \dfrac{1}{T} \sum_{t=1}^{T} x_{it}$. Bei bekannter Kovarianzmatrix Ω führt die GLS-Methode zu einem effizienten Schätzer des Parameters β:

$$\hat{\beta}_{GLS} = (X'\Omega^{-1}X)^{-1} X'\Omega^{-1} Y = (\sum_{i=1}^{N} x'_{it} \Omega^{-1} x_{it})^{-1} (\sum_{i=1}^{N} x'_{it} \Omega^{-1} y_{it}). \quad (4.9)$$

Nachfolgend sollen einige Spezialfälle aufgezeigt werden, die den Zusammenhang zwischen dem GLS-Schätzer $\hat{\beta}_{GLS}$ und dem gewöhnlichen OLS-Schätzer $\hat{\beta}$ sowie dem im vorangegangenen Abschnitt 4.3.1.1 hergeleiteten LSDV-Schätzer $\hat{\beta}_{LSDV}$ verdeutlichen:[264]

Fall 1: $\quad \Theta = 0, \quad \sigma_u^2 = 0$

Der GLS-Schätzer $\hat{\beta}_{GLS}$ entspricht genau dem gewöhnlichen OLS-Schätzer $\hat{\beta}$, da keine Heterogenität zwischen den Individuen vorliegt.

Fall 2: $\quad \Theta = 1$

Der GLS-Schätzer $\hat{\beta}_{GLS}$ entspricht genau dem LSDV-Schätzer $\hat{\beta}_{LSDV}$, da eine einfache *Within*-Transformation vorliegt.

In den meisten Anwendungsfällen ist die Varianz-Kovarianzmatrix Ω und damit auch die Transformationsmatrix Σ bzw. der Parameter Θ jedoch unbekannt, so dass eine GLS-Schätzung nicht ohne Weiteres möglich ist. Abhilfe für dieses Problem bietet eine praktikablere Variante der Verallgemeinerten Methode der Kleinsten Quadrate – die FGLS-Methode.

---

[264]Vgl. *Baltagi* (1995), S. 17.

Feasible Generalized Least Squares (FGLS) Method

Das FGLS-Verfahren unterscheidet sich von der GLS-Methode lediglich darin, dass zur Bestimmung der Transformationsmatrix $\Sigma^{-\frac{1}{2}}$ vorab die Varianzkomponenten σ_u^2 und σ_η^2 geschätzt werden. Das transformierte Modell wird dann ebenfalls mit Hilfe der gewöhnlichen Methode der Kleinsten Quadrate geschätzt. Zur erwartungstreuen Schätzung von σ_u^2 wird zunächst die geschätzte Varianz $\hat{\sigma}_\epsilon$ aus einer gepoolten Regression des klassischen Modells 4.3 bestimmt. Dazu werden die OLS-Residuen e der gepoolten Regression herangezogen:[265]

$$\hat{\sigma}_\epsilon^2 = \frac{e'e}{NT - K - 1}.$$

Da der Varianzschätzer $\hat{\sigma}_\epsilon$ in Wahrscheinlichkeit gegen die Summe aus σ_u^2 und σ_η^2 strebt[266], folgt für σ_u^2:

$$\hat{\sigma}_u^2 = \hat{\sigma}_\epsilon^2 - \hat{\sigma}_\eta^2.$$

σ_η^2 lässt sich ebenfalls relativ einfach aus den geschätzten Residuen e^w der *Within*- bzw. LSDV-Regression unverzerrt schätzen:[267]

$$\hat{\sigma}_\eta^2 = \frac{e^{w\prime}e^w}{NT - N - K},$$

wobei $NT - N - K$ bekanntlich die korrigierte Anzahl an Freiheitsgraden ist. Auf Basis der geschätzten Varianzkomponenten $\hat{\sigma}_u^2$ und $\hat{\sigma}_\eta^2$ lässt sich dann die unbekannte Transformationsmatrix $\Sigma^{-\frac{1}{2}}$ bestimmen, so dass analog zum GLS-Verfahren eine effiziente Schätzung des Parameters β möglich ist.

Der wesentliche Vorteil der Modelle mit zufälligen Effekte gegenüber dem Fixed-Effects-Verfahren besteht in der höheren Effizienz des Schätzers für den unbekannten Parameter β. Problematisch ist jedoch, dass der GLS-Schätzer $\hat{\beta}_{GLS}$ bei Korrelation zwischen den Individualeffekten u_i und den unabhängigen Variablen in x_{it} seine Konsistenzeigenschaft verliert.

---
[265]Vgl. *Greene* (2002), S. 296ff.
[266]$plim\ \hat{\sigma}_\epsilon = \hat{\sigma}_u^2 + \sigma_\eta^2$.
[267]Vgl. Gleichung 4.7.

4.3 Ökonometrische Schätzverfahren   109

Die Auswahl eines geeigneten Modells ist also keineswegs trivial. Aus rein praktikablen Gründen ist sicherlich das Random-Effects-Modell zu bevorzugen, da die Anwendung des LSDV-Ansatzes mit einem hohen Verlust an Freiheitgraden verbunden ist.[268] Die Annahme, dass die Individualeffekte mit den Regressoren nicht korrelieren, scheint jedoch in vielen Anwendungsfällen nicht gerechtfertigt. Betrachtet man z.B. die durch MINCER (1974) populär gewordene Einkommensgleichung, ist es eher unwahrscheinlich, dass bspw. die unbeobachteten individuellen Fähig- und Fertigkeiten mit der unabhängigen Variablen „Schulbildung" unkorreliert sind.[269] Behandelt man also aus Effizienzüberlegungen die individuenspezifischen Effekte als zufällig, besteht die Gefahr, dass der unbekannte Parameter β unter Umständen inkonsistent geschätzt wird. Eine Entscheidungshilfebei der Wahl des adäquaten Modells bieten sog. Spezifikationstests. Im Folgenden soll der in der empirischen Forschung weit verbreitete Test von HAUSMAN (1978) kurz beschrieben werden.

4.3.1.3 Hausman-Spezifikationstest

In der empirischen Forschung sollte die zugrunde liegende Datenbasis grundsätzlich möglichst effizient ausgenutzt werden, insbesondere wenn für die einzelnen Individuen relativ wenige Beobachtungen vorliegen, d.h. wenn T relativ klein und N relativ groß ist.[270] Dies würde für die Anwendung des Random-Effects-Verfahrens sprechen. Da der Random-Effects-Ansatz jedoch im Fall einer Korrelation zwischen den Individualeffekten u_i und den unabhängigen Variablen in x_{it} zu einer inkonsisten Schätzung des Parameters β führt, bedarf es einer Überprüfung der Beziehung zwischen den u_i und den x_{it}, um ein geeignetes Schätzverfahren auswählen zu können.

Zur Erinnerung: Das Fixed-Effects-Verfahren liefert einen konsistenten, aber i.d.R. ineffizienten Schätzer für β, unabhängig davon, ob die Individualeffekte u_i korreliert oder unkorreliert mit den Regressoren in x_{it} sind. Der Random-Effects-Schätzer $\hat{\beta}_{GLS}$ hingegen ist zwar konsistent und sogar effizient, wenn keine Korrelation zwischen u_i und x_{it} vorliegt, andernfalls führt der Random-Effects-Ansatz jedoch zu einer inkonsistenten Schätzung des Parameters β. Daraus ergibt sich folgende Hypothesenformulierung für den Spezifikationstest:[271]

$$H_0 : \quad u_i \text{ und } x_{it} \text{ sind unkorreliert}$$
$$H_1 : \quad u_i \text{ und } x_{it} \text{ sind korreliert}$$

---
[268]Vgl. *Greene* (2003), S. 301.
[269]Vgl. *Baltagi* (1995), S. 68.
[270]Vgl. *Verbeek* (2002), S. 318f.
[271]Vgl. *Hausman* (1978).

Die zentrale Idee von HAUSMAN (1978) besteht in einem Vergleich des Random-Effects-Schätzers $\hat{\beta}_{GLS}$ mit dem Fixed-Effects-Schätzer $\hat{\beta}_{LSDV}$. Unter Gültigkeit der Nullhypothese H_0 gilt $\hat{\beta}_{GLS} \approx \hat{\beta}_{LSDV}$, da beide Schätzer konsistent sind. In diesem Fall ist das Modell mit zufälligen Effekten zu präferieren. Bei Gültigkeit der Gegenhypothese H_1 hingegen unterscheiden sich die beiden Schätzer signifikant voneinander, d.h. es gilt $\hat{\beta}_{GLS} \neq \hat{\beta}_{LSDV}$. Dies würde zur Wahl des Fixed-Effects-Ansatzes führen. Im Rahmen des Hausman-Spezifikationstests werden diese Zusammenhänge ausgenutzt. Grundlage des Tests bildet die Differenz zwischen dem LSDV- und dem GLS-Schätzer $[\hat{\beta}_{LSDV} - \hat{\beta}_{GLS}]$.[272] Unter Gültigkeit von H_0 ergibt sich folgender Schätzer für die Varianz-Kovarianzmatrix Ψ von $[\hat{\beta}_{LSDV} - \hat{\beta}_{GLS}]$: $\hat{V}(\hat{\beta}_{LSDV} - \hat{\beta}_{GLS}) = \hat{\Psi} = \hat{V}(\hat{\beta}_{LSDV}) - \hat{V}(\hat{\beta}_{GLS})$.

Die Teststatistik für den Hausman-Spezifikationstest W – auch Wald-Statistik genannt – lautet somit:[273]

$$W = (\hat{\beta}_{LSDV} - \hat{\beta}_{GLS})' \hat{\Psi}^{-1} (\hat{\beta}_{LSDV} - \hat{\beta}_{GLS}) \overset{H_0}{\sim} \chi_K^2.$$

W folgt unter H_0 einer χ^2-Verteilung mit K Freiheitsgraden, wobei K die Anzahl der Elemente in Vektor β ist. Daraus folgt, dass H_0 für zu große Werte abgelehnt wird, d.h. H_0 wird verworfen, falls die Teststatistik W den entsprechenden kritischen Wert übersteigt.

Mit Hilfe des Hausman-Spezifikationstests wird also überprüft, ob sich der Random-Effects- und der Fixed-Effects-Schätzer signifikant voneinander unterscheiden. Dabei wird unterstellt, dass ein signifikanter Unterschied zwischen den beiden Schätzern ausschließlich auf eine Korrelation zwischen den u_i und x_{it} zurückzuführen ist. Die Korrelation zwischen den individuenspezifischen Effekten u_i und den Regressoren in x_{it} ist sicherlich ein wichtiger Grund für eine Abweichung zwischen den Schätzern; es sind jedoch auch noch andere Fehlspezifikationen des Modells denkbar, die ebenfalls das Verwerfen der Nullhypothese zur Folge haben.[274] Wie bereits erläutert, hat die Auswahl eines geeigneten Modells einen wesentlichen Einfluss auf die Qualität der Schätzergebnisse. Der Hausman-Spezifikationstest führt zwar auf der Basis reiner Effizienzüberlegungen nicht immer zur optimalen Wahl, er verhindert jedoch, dass der unbekannte Parameter β inkonsistent geschätzt wird und gewährleistet damit, dass die Mindestanforderung an eine empirische Schätzung erfüllt wird.

---

[272] Hausman und Taylor (1981) haben gezeigt, dass der Test auch auf Basis der Differenzen zwischen dem GLS- und dem Between-Schätzer oder dem Within- und dem Between-Schätzer durchgeführt werden kann.
[273] Vgl. Baltagi (1995), S. 68.
[274] Vgl. Verbeek (2002), S. 319.

4.3.1.4 Selektionsprobleme

Wie gezeigt wurde, kann im Rahmen von Panelanalysen mit Hilfe von statistischen Standardverfahren für unbeobachtete zeitkonstante Individualeffekte kontrolliert und damit die Gefahr verzerrter und inkonsistenter Schätzungen vermindert werden; die Selektionsproblematik ist damit jedoch nicht vollständig behoben. Ein weiteres Problem besteht darin, dass Paneldatensätze häufig unvollständig sind.[275] Fehlende Beobachtungen in Datensätzen können sowohl im Rahmen von balancierten als auch von unbalancierten Panelanalysen zu Selektionsverzerrungen führen.[276] Ignoriert werden kann das Selektionsproblem in empirischen Untersuchungen nur dann, wenn die *Missing-at-Random*-Annahme Gültigkeit besitzt, d.h. wenn die Selektion zufällig erfolgt.[277] Zufälligkeit bedeutet in diesem Zusammenhang, dass die Selektion nicht von den unbeobachteten Variablen abhängt.[278] Bei Gültigkeit der Missing-at-Random-Annahme erfüllt sowohl der Fixed- als auch der Random-Effects-Schätzer die üblichen Konsistenzbedingungen, unabhängig davon, ob der Untersuchung ein balanciertes oder unbalanciertes Paneldesign zugrunde liegt.[279] Balancierte Panels haben jedoch den Nachteil, dass sie aufgrund des Informationsverlustes im Vergleich zu unbalancierten Panels zu ineffizienten Schätzungen führen, selbst wenn der Selektionsprozess zufällig ist.

Paneldatensätze können aus den unterschiedlichsten Gründen unvollständig sein. In der gängigen Literatur wird im Allgemeinen zwischen folgenden Selektionsarten unterschieden: der Selbstselektion *(Self-selectivity)*, der Antwortverweigerung *(Nonresponse)* und dem Panelausfall *(Panelattrition)*.[280] Die Gefahr von Selektionsverzerrungen kann durch eine intensive Panelpflege, wie sie bspw. im Rahmen der SOEP-Studie erfolgt, deutlich reduziert werden.[281] Des Weiteren können sog. Ergänzungsstichproben dazu beitragen, dass die Repräsentativität der Datensätze erhalten bleibt oder u.U. sogar erhöht wird.[282] Zusätzlich besteht die Möglichkeit, mit Hilfe spezieller Verfahren zumindest einen Teil der Selektionsverzerrungen im Rahmen der Schätzungen zu korrigieren.[283] Mit 60% bis 70% sind die Antwortwahrscheinlichkeiten in den einzelnen Teilstichproben des SOEP insgesamt jedoch sehr hoch.[284] Die Rate für Panelausfälle liegt im SOEP ledig-

---

[275]Vgl. *Verbeek* (2002), S. 342ff.
[276]Vgl. *ebd.*, S. 343.
[277]Vgl. *Rubin* (1976).
[278]Vgl. *Verbeek* (2002), S. 343.
[279]Vgl. *ebd.*, S. 345.
[280]Vgl. *Baltagi* (1995), S. 6f.
[281]Für einen Überblick über die Instrumente der SOEP-Befragung vgl. z.B. *Schupp u.a.* (2002).
[282]Für eine Beschreibung der diversen Ergänzungsstichproben in der SOEP-Studie vgl. z.B. *Burkhauser u.a.* (1997), S. 7f.
[283]Vgl. hierzu bspw. *Heckman* (1979) oder für eine weniger restriktive Selektionskorrektur *Lewbel* (2003).
[284]Vgl. hierzu ausführlicher *Haisken-DeNew u.a.* (2003) sowie *Lucas u.a.* (2003).

lich zwischen 3% und 13%. Zudem haben LÖWENBEIN u.a. (1991) gezeigt, dass die erhebungsbedingten Ausfälle in der SOEP-Studie keine Auswirkungen auf die Schätzungen von Einkommensgleichungen haben, d.h. dass ihre Vernachlässigung keine Selektionsverzerrungen bedingen.[285] Weiterhin wurde nachgewiesen, dass die Selbstselektionsprozesse in Bezug auf die Erwerbsbeteiligung lediglich bei Schätzungen auf Basis von balancierten Panels zu Verzerrungen führen. Aufgrund dieser Ergebnisse kann also davon ausgegangen werden, dass sowohl die Panelausfälle als auch die Antwortverweigerungen im SOEP zufällig sind und daher im Rahmen von empirischen Analysen unberücksichtigt bleiben können.[286]

Zusammenfassend bleibt somit festhalten, dass bei den im Rahmen der vorliegenden Untersuchung durchgeführten Einkommens- und Zufriedenheitsschätzungen keine speziellen Selektionskorrekturen notwendig sind und daher auf die Darstellung entsprechender Verfahren verzichtet werden kann.

4.3.2 Diskrete Regressionsmodelle

Das Ordered-Probit- und Ordered-Logit-Modell sollen im Folgenden am Beispiel einer Meinungsumfrage hergeleitet werden.[287] Dabei sei angenommen, dass die Teilnehmer der Umfrage bezüglich ihrer allgemeinen Lebenszufriedenheit befragt werden und in diesem Zusammenhang zwischen M Antwortkategorien wählen können. Weiterhin sei unterstellt, dass die M Antwortmöglichkeiten zwar nicht kardinal skaliert sind, sich aber zumindest in einer logischen Reihenfolge anordnen lassen.[288] In diesem Fall kann jede Kategorie mit einem bestimmten Wert $m = 0, \cdots, M-1$ kodiert werden. Im Rahmen einer Zufriedenheitsumfrage könnten die möglichen Antworten für $M = 3$ bspw. „ganz und gar unzufrieden", „mehr oder weniger zufrieden" und „ganz und gar zufrieden" lauten. Der ersten Kategorie „ganz und gar unzufrieden" könnte dementsprechend der Wert „0", der zweiten Kategorie „mehr oder weniger zufrieden" der Wert „1" und der dritten Antwortmöglichkeit „ganz und gar zufrieden" der Wert „2" zugeordnet werden. Im Fall solcher ordinal skalierten Variablen stellen die sog. Ordered-Response-Modelle geeignete Verfahren dar, um empirische Analysen durchzuführen. Grundlage dieser Modelle bildet allgemein folgendes Regressionsmodell für die latente Variable $z_{it}*$, die im Fall der oben beschriebenen Zufriedenheitsbefragung als individuelle Wahrscheinlichkeit, Chance oder Neigung für ein hohes Zufriedenheitsniveau interpretiert werden kann:[289]

---

[285]Vgl. *Löwenbein u.a.* (1991), S. 186.
[286]Vgl. *Licht u.a.* (1991b), S. 106.
[287]Für einen Überblick über ordinal skalierte Variablen vgl. bspw. *Greene* (2003), S. 736.
[288]Vgl. *Verbeek* (2002), S. 190.
[289]Vgl. z.B. *Verbeek* (2002), S. 190f oder *Greene* (2003), S. 736f.

4.3 Ökonometrische Schätzverfahren

$$z_{it}* = x'_{it}\beta + \epsilon_{it}, \qquad (4.10)$$

mit $i = 1, \cdots, N$ Individuen und $t = 1, \cdots, T$ Perioden. $z_{it}*$ aus Gleichung 4.10 ist annahmegemäß unbeobachtbar, x'_{it} beinhaltet die K erklärenden Variablen, β stellt den ($K \times 1$)-dimensionalen Koeffizientenvektor dar und ϵ_{it} erfasst den unerklärten Rest. Für die beobachteten abhängigen Variablen in z_{it} und die latenten Variablen in $z_{it}*$ sei folgender Zusammenhang definiert:[290]

$$z_{it} = m, \text{ falls } \gamma_{m-1} \leq z_{it}* \leq \gamma_m, \qquad (4.11)$$

wobei für die unbekannten Parameter γ_m (mit $m = 0, \cdots, M-1$) $\gamma_{-1} = -\infty$, $\gamma_0 = 0$ und $\gamma_{M-1} = \infty$ gilt. Die Parameter γ_m werden üblicherweise als Cutpoints oder Treshold-Parameter[291] bezeichnet und können gemeinsam mit den Regressionskoeffizienten in β aus Gleichung 4.10 geschätzt werden.[292] Aus Gleichung 4.11 folgt, dass die Wahrscheinlichkeit, dass im Rahmen der Befragung Alternative m gewählt wird, gerade der Wahrscheinlichkeit entspricht, mit der die latente Variable $z_{it}*$ zwischen den Cutpoints γ_{m-1} und γ_m liegt.[293] Unter der Annahme, dass die Störterme in ϵ_{it} aus Gleichung 4.10 identisch und unabhängig standardnormal verteilt sind, wird das Ordered-Response-Modell als *Ordered-Probit-Modell* bezeichnet. Folgen die Störterme hingegen einer logistischen Verteilung, spricht man von einem sog. *Ordered-Logit-Modell*. In Abschnitt 4.3.2.1 soll zunächst das Ordered-Probit-Modell etwas genauer beschrieben werden, bevor in Abschnitt 4.3.2.2 eine kurze Darstellung des Ordered-Logit-Modells erfolgt.

4.3.2.1 Ordered-Probit-Modelle

Wie bereits erläutert, lassen sich Ordered-Response-Modelle allgemein aus Gleichung 4.10 herleiten:[294]

$$z*_{it} = x'_{it}\beta + \epsilon_{it},$$

---

[290]Vgl. *Verbeek* (2002), S. 190.
[291]Vgl. *Wooldridge* (2002), S. 505.
[292]Vgl. *Greene* (2003), S. 736.
[293]Vgl. *Verbeek* (2002), S. 190.
[294]Vgl. z.B. *Verbeek* (2002), S. 190f oder *Greene* (2003), S. 736f.

wobei im Rahmen des Ordered-Probit-Modells annahmegemäß $\epsilon_{it} \overset{i.i.d.}{\sim} N(0,1)$ gilt. Zwischen der beobachteten Größe z_{it} und der latenten Variablen $z_{it}*$ sind folgende Zusammenhänge zu beobachten:[295]

$$\begin{aligned} z_{it} &= 0, \text{ falls } z_{it}* \leq 0, \\ z_{it} &= 1, \text{ falls } \gamma_0 < z_{it}* \leq \gamma_1, \\ z_{it} &= 2, \text{ falls } \gamma_1 < z_{it}* \leq \gamma_2, \\ &\vdots \\ z_{it} &= M-1, \text{ falls } z_{it}* > \gamma_{M-2}. \end{aligned} \qquad (4.12)$$

Die im Rahmen von Ordered-Probit-Modellen übliche Standardisierung der über die Beobachtungen normalverteilten Störterme in ϵ_{it} impliziert folgende bedingte (Antwort-) Wahrscheinlichkeiten:[296]

$$\begin{aligned} P(z_{it}=0\,|\,x_{it}) &= P(z_{it} \leq 0\,|\,x_{it}) = P(x'_{it}\beta + \epsilon_{it} \leq 0\,|\,x_{it}) = \Phi(-x'_{it}\beta), \\ P(z_{it}=1\,|\,x_{it}) &= P(0 < z_{it} \leq \gamma_1\,|\,x_{it}) = \Phi(\gamma_1 - x'_{it}\beta) - \Phi(-x'_{it}\beta), \\ P(z_{it}=2\,|\,x_{it}) &= P(\gamma_1 < z_{it} \leq \gamma_2\,|\,x_{it}) = \Phi(\gamma_2 - x'_{it}\beta) - \Phi(\gamma_1 - x'_{it}\beta), \\ &\vdots \\ P(z_{it}=M-1\,|\,x_{it}) &= P(z_{it} > \gamma_{M-2}\,|\,x_{it}) = 1 - \Phi(\gamma_{M-2} - x'_{it}\beta). \end{aligned}$$

$\Phi(\cdots)$ repräsentiert dabei die kumulative Standardnormalverteilung, die für eine beliebige Zufallsvariable v mit $-\infty < v < \infty$ wie folgt definiert ist:[297]

$$\Phi(v) = \int_{-\infty}^{v} \phi(\nu)d\nu,$$

wobei $\phi(v)$ die Dichtefunktion der Standardnormalverteilung darstellt:

$$\phi(v) = \frac{1}{\sqrt{2\pi}}e^{-\frac{v^2}{2}}.$$

---

[295]Vgl. z.B. *Greene* (2002), S. 736.
[296]Vgl. *Wooldridge* (2002), S. 505.
[297]Vgl. ebd., S. 458.

4.3 Ökonometrische Schätzverfahren

Um positive Wahrscheinlichkeiten zu erhalten, muss $0 < \gamma_1 < \gamma_2 < \cdots < \gamma_{m-2}$ gelten.[298] Die einzelnen Wahrscheinlichkeiten summieren sich dann erwartungsgemäß zu Eins auf. Allgemein können die Parameter γ_m mit $m = 1, \cdots, M-2$ und β im Rahmen von Ordered-Response-Modellen mit Hilfe der Maximum-Likelihood-Methode geschätzt werden.[299] Dazu wird i.d.R. der natürliche Logarithmus der Likelihood-Funktion gebildet. Die Log-Likelihood-Funktion hat den Vorteil, dass sie global konkav verläuft und somit das Maximierungsproblem stark vereinfacht wird.[300] Im Fall von Ordered-Probit-Modellen ergibt sich folgende Log-Likelihood-Funktion:[301]

$$\mathcal{L}(\gamma, \beta) = \sum_{i=1}^{N} \sum_{t=1}^{T} \ell_{it}(\gamma, \beta), \qquad (4.13)$$

mit $\ell_{it}(\gamma, \beta)$ als Log-Likelihood-Funktion für jedes Individuum $i = 1, \ldots, N$ zu jedem Zeitpunkt $t = 1, \ldots, T$:

$$\begin{aligned}
\ell_{it}(\gamma, \beta) &= I[y_{it} = 0] \, log[\Phi(-x'_{it}\beta)] \\
&+ I[y_{it} = 1] \, log[\Phi(\gamma_1 - x'_{it}\beta)] \\
&+ I[y_{it} = 2] \, log[\Phi(\gamma_2 - x'_{it}\beta) - \Phi(\gamma_1 - x'_{it}\beta)] \\
&+ \ldots + I[y_{it} = M-1] \, log[1 - \Phi(\gamma_{M-2} - x'_{it}\beta)],
\end{aligned} \qquad (4.14)$$

wobei $I[\cdots]$ eine Indikatorfunktion bezeichnet, die den Wert „1" annimmt, falls das Argument in den eckigen Klammern wahr ist, und ansonsten „0". Unter der Annahme, dass die NT Beobachtungen identisch und unabhängig verteilt sind, maximieren die Maximum-Likelihood-Schätzer für β und γ, $\hat{\beta}_{ML}$ und $\hat{\gamma}_{ML}$, die (bedingte) Log-Likelihood-Funktion aus 4.13.[302] Unter der Bedingung, dass die Störterme in ϵ_{it} der Standardnormalverteilung aus dem Latent-Variable-Modell 4.10 folgen, werden $\hat{\beta}_{ML}$ und $\hat{\gamma}_{ML}$ auch als Ordered-Probit-Schätzer bezeichnet.[303]

---

[298]Vgl. *Wooldridge* (2002), S. 458.
[299]Für eine detaillierte Beschreibung der Maximum-Likelihood-Methode vgl. z.B. *Wooldridge* (2002), Kapitel 13.
[300]Vgl. *Wooldridge* (2002), S. 498.
[301]Vgl. *ebd.*, S. 505.
[302]Vgl. *ebd.*, S. 460.
[303]Vgl. *Wooldridge* (2006), S. 586f.

4.3.2.2 Ordered Logit-Modelle

Analog zum Ordered-Probit-Modell lässt sich auch das Ordered Logit-Modell mit Hilfe des Latent-Variable-Ansatzes herleiten. Ausgangspunkt stellt in diesem Fall wiederum das Regressionsmodell 4.10 für die latente Variable $z_{it}*$ dar. Des Weiteren lassen sich im Rahmen von Ordered-Logit-Modellen ebenfalls die in Gleichungssystem 4.13 dargestellten Zusammenhänge zwischen den Variablen z_{it} und $z_{it}*$ beobachten. Im Gegensatz zu den Annahmen im Ordered-Probit-Modell wird allerdings unterstellt, dass die Störterme in ϵ_{it} aus der Latent-Variable-Regression 4.10 der logistischen Standardverteilung $\Lambda(v)$ und nicht der kumulierten Standardnormalverteilung $\Phi(v)$ folgen:[304]

$$\Lambda(v) = \frac{e^v}{1+e^v}.$$

Durch Ersetzen von $\Phi(\cdots)$ durch $\Lambda(\cdots)$ in Gleichung 4.15 erhält man die Log-Likelihood-Funktionen für das Ordered-Logit-Modell:[305]

$$\begin{aligned}\ell_{it}(\gamma,\beta) &= I[y_{it}=0]\,log[\Lambda(-x'_{it}\beta)] \\ &+ I[y_{it}=1]\,log[\Lambda(\gamma_1 - x'_{it}\beta)] \\ &+ I[y_{it}=2]\,log[\Lambda(\gamma_2 - x'_{it}\beta) - \Lambda(\gamma_1 - x'_{it}\beta)] \\ &+ \ldots + I[y_{it}=M-1]\,log[1 - \Lambda(\gamma_{M-2} - x'_{it}\beta)]. \end{aligned} \quad (4.15)$$

Die ML-Schätzer $\hat{\beta}_{ML}$ und $\hat{\gamma}_{ML}$, die im vorliegenden Fall Ordered-Logit-Schätzer genannt werden, führen weiterhin zum Maximum der bedingten Log-Likelihood-Funktion 4.13. In beiden Modellen – dem Ordered-Probit- und dem Ordered-Logit-Modell – sind die geschätzten Regressionskoeffizienten in $\hat{\beta}$ jedoch häufig von untergeordneter Bedeutung, da sie sich nur schwer interpretieren lassen.[306] Interessanter sind i.d.R. die marginalen Effekte der bedingten Wahrscheinlichkeiten in Folge von Veränderungen einer der K unabhängigen Variablen aus x_{it}. Bei einer Veränderung des Regressors j mit $j=1,\ldots,K$ sind diese marginalen Effekte für das Ordered-Probit-Modell folgendermaßen definiert:[307]

---

[304]Vgl. bspw. *Hsiao* (2003), S. 189 oder *Wooldridge* (2002), S. 458.
[305]Vgl. *Wooldridge* (2002), S. 505.
[306]Vg. *ebd.*, S. 506.
[307]Vgl. *Greene* (2003), S. 738 sowie *Wooldridge* (2002), S. 506.

4.3 Ökonometrische Schätzverfahren

$$\frac{\partial P(z_{it}=0\,|\,x_{it})}{\partial x_{j,it}} = -\beta_j\,\phi(-x'_{it}\beta),$$

$$\frac{\partial P(z_{it}=1\,|\,x_{it})}{\partial x_{j,it}} = \beta_j\,[\phi(-x'_{it}\beta) - \phi(\gamma_1 - x'_{it}\beta)],$$

$$\frac{\partial P(z_{it}=2\,|\,x_{it})}{\partial x_{j,it}} = \beta_j\,[\phi(\gamma_1 - x'_{it}\beta) - \phi(\gamma_2 - x'_{it}\beta)],$$

$$\vdots$$

$$\frac{\partial P(z_{it}=M-1\,|\,x_{it})}{\partial x_{j,it}} = \beta_j\,\phi(\gamma_{M-2} - x'_{it}\beta).$$

Um die entsprechenden Effekte für das Ordered-Logit-Modell zu erhalten, muss lediglich die Dichtefunktion der Standardnormalverteilung $\phi(\cdots)$ durch die Dichte der logistischen Verteilung ersetzt werden. Die Interpretation ist in beiden Modellen identisch: Die Marginaleffekte geben an, inwiefern sich eine bestimmte Antwortwahrscheinlichkeit ändert, wenn die unabhängige Variable j unter Konstanthaltung der übrigen $K-1$ Regressoren um eine Einheit erhöht wird.[308]

Wie gezeigt wurde, lassen sich beide hier dargestellten diskreten Regressionsmodelle auf der Grundlage des *Latent-Variable*-Ansatzes herleiten und ähneln sich daher sehr stark im Aufbau. Der wesentliche Unterschied der beiden Modelle liegt in den Verteilungsannahmen über die Störterme. Im Rahmen des Ordered-Probit-Modells wird von einer Standardnormalverteilung ausgegangen (vgl. hierzu 4.3.2.1). Bei der Verwendung des Ordered-Logit-Modells wird hingegen unterstellt, dass die Störterme einer logistischen Standardverteilung folgen (vgl. hierzu 4.3.2.2). Beide Verteilungen haben allerdings einen ähnlichen Verlauf.[309]

Weiterhin unterscheiden sich die beiden Modelle in Bezug auf ihre Herkunft.[310] Während das Ordered-Probit-Modell seinen Ursprung in den Sozialwissenschaften hat, wurde das Ordered-Logit-Modell im Bereich der Biostatistik entwickelt. In Hinblick auf ihre Praktikabilität sind beide Modelle jedoch gleichwertig und auch die Ergebnisse sind zwar nicht identisch, aber zumindest miteinander vergleichbar und aus interpretatorischer Sicht äquivalent. Die geschätzten Regressionskoeffizienten lassen sich sogar auf relativ einfache Weise ineinander umrechnen.[311] Im Gegensatz zu der gewöhnlichen Kleinste-Quadrate-Methode ermöglichen sowohl der Ordered-Probit- als auch der Ordered-Logit-Ansatz die

---

[308]Vgl. hierzu auch *Greene* (2003), S. 738.
[309]Vgl. *Maddala* (1983), S. 23.
[310]Vgl. *Powers u.a.* (2000), S. 215.
[311]*Amemiya* (1981) hat eine Faustformel entwickelt, die den Zusammenhang zwischen Ordered-Probit- und Ordered-Logit-Schätzer approximativ erfasst.

Berücksichtigung von ordinal skalierten Größen, so dass sie im Fall von kategorialen endogenen Variablen zu präferieren sind. Andererseits sind die Ergebnisse von einfachen OLS-Schätzungen leichter interpretierbar. Ordered-Probit- und Ordered-Logit-Schätzungen geben zwar Auskunft über die Wirkungsrichtung und -intensität der interessierenden Einflussfaktoren, die geschätzten Koeffizienten entsprechen jedoch nicht den marginalen Effekten der untersuchten Determinanten.[312] Das Ordered-Logit-Modell hat gegenüber der Ordered-Probit-Methode den Vorteil, dass sich die geschätzten Koeffizienten in sog. *Odds Ratios* transformieren lassen, die die Auswertung der Schätzergebnisse deutlich vereinfachen können.

4.3.2.3 Odds Ratios

Odds Ratios spielen sowohl in binären als auch in multivariaten Logit-Modellen eine entscheidende Rolle, da sie eine sinnvolle Interpretation der Schätzergebnisse ermöglichen.[313] Allgemein geben Odds Ratios an, inwiefern sich die Odds für einen hohen Outcome der abhängigen Variablen im Verhältnis der Odds für einen niedrigen Outcome ändern, wenn ein beliebiger Regressor x_j mit $j = 1, \ldots, K$ um eine Einheit erhöht wird, wobei die übrigen $K - 1$ unabhängigen Variablen annahmegemäß konstant gehalten werden.[314] Unter der Annahme, dass $\hat{\beta}_j$ der Ordered-Logit-Schätzer für den unbekannten Parameter β_j ist, lässt sich der entsprechende Odds Ratio (OR) wie folgt ermitteln:

$$OR = e^{\hat{\beta}_j}$$

mit e als Eulersche Zahl. Zur besseren Veranschaulichung sei noch einmal von der zu Beginn des Abschnitts 4.3.2 beschriebenen Zufriedenheitsumfrage ausgegangen. Angenommen, x_j sei eine Dummy-Variable zur Kontrolle für das Geschlecht der Befragten, die den Wert „1" annimmt, falls das beobachtete Individuum männlich ist, und den Wert „0" bei weiblichen Befragungsteilnehmern. Aus dem Odds Ratio des geschätzten Koeffizienten $\hat{\beta}_j$ geht dann hervor, ob eher Männer oder Frauen dazu tendieren, im Rahmen der Meinungsumfrage ein höheres Zufriedenheitsniveau anzugeben. Aus $e^{\hat{\beta}_j} > 1$ ($e^{\hat{\beta}_j} < 1$) folgt, dass die Neigung der männlichen Befragungsteilnehmer, ein höheres Zufriedenheitsniveau zu wählen, um das $e^{\hat{\beta}_j}$-fache größer (geringer) ist als die Odds der weiblichen Beobachtungseinheiten.[315]

---
[312] Zu den Interpretationsschwierigkeiten vgl. z.B. *Greene* (2003), S. 738f.
[313] Vgl. bspw. *Powers u.a.* (2000), S. 230f.
[314] Vgl. *Long u.a.* (2003), S. 181f.
[315] Für ein eingängiges Zahlenbeispiel vgl. bspw. Andreß u.a. (1997), S. 276ff.

4.3 Ökonometrische Schätzverfahren

Neben der Möglichkeit, die geschätzten Koeffizienten in Odds Ratios zu transformieren und damit die Interpretierbarkeit der Ergebnisse zu erleichtern, hat der Ordered-Logit-Ansatz im Vergleich zum Ordered-Probit-Modell den Vorteil, dass er die Berücksichtigung fixer Effekte zulässt.[316] Im Rahmen von Ordered-Probit-Modellen wird hingegen üblicherweise für zufällige Effekte kontrolliert.[317] Analog zu den linearen Modellen mit zufälligen Effekten, führen auch Random-Effects-Probit-Schätzungen nur unter sehr restriktiven Annahmen zu konsistenten und effizienten Ergebnissen – nämlich dann, wenn die Individualeffekte mit der Regressoren unkorreliert sind. Ein weiterer Nachteil der Ordered-Probit-Methode ist, dass die Herleitung der kumulativen Wahrscheinlichkeitsverteilung die multiple Integration der Standardnormalverteilung verlangt, was im Fall eines langen Beobachtungszeitraumes T rechnerisch eine sehr komplexe Aufgabe darstellt.[318] Für die hier durchgeführten Zufriedenheitsanalysen scheint daher der Ordered-Logit-Ansatz ein adäquates Schätzverfahren zu sein.

---

[316]Vgl. z.B. *Hsiao* (2003), S. 194ff.
[317]Vgl. *Baltagi* (1995), S. 181.
[318]Vgl. *Hsiao* (2003), S. 190.

Teil III

Einkommens- und Zufriedenheitsanalyse

Kapitel 5

Deskriptive Analyse

Grundlegendes Ziel der vorliegenden Untersuchung ist es, Aufschluss über den Zusammenhang zwischen Erwerbsunterbrechungen, dem (Individual-) Einkommen und der allgemeinen Lebenszufriedenheit in Deutschland zu erlangen. Bevor die Einkommens- und Zufriedenheitseffekte von Arbeitslosigkeits- und sonstigen Nichterwerbstätigkeitsphasen in Kapitel 6 empirisch analysiert werden, soll nachfolgend zunächst ein deskriptiver Überblick über das Erwerbsverhalten west- und ostdeutscher Männer und Frauen sowie über die möglichen monetären und nichtmonetären Auswirkungen von Erwerbspausen gegeben werden. Dabei gilt es insbesondere, innerdeutsche und geschlechtsspezifische Unterschiede aufzudecken.

5.1 Erwerbsunterbrechungen in Deutschland

5.1.1 Verteilung der Erwerbsunterbrechungen über den Lebenszyklus

Ein Vergleich der Tabellen 4.1 und 4.2 in Kapitel 4 hat bereits deutliche geschlechtsspezifische und innerdeutsche Unterschiede hinsichtlich des Erwerbsverhaltens bzw. der Erwerbsbeteiligung in den ausgewählten Teilstichproben gezeigt. Im Folgenden soll etwas genauer untersucht werden, wie sich Arbeitslosigkeits- und sonstige Nichterwerbstätigkeitsphasen über den Lebenszyklus der betrachteten west- und ostdeutschen Arbeitnehmer und Arbeitnehmerinnen verteilen.

5.1.1.1 Westdeutschland

Aus Abbildung 5.1 geht hervor, dass sich in Bezug auf die Verteilung der Arbeitslosigkeitsphasen über den Lebenszyklus in Westdeutschland keine gravierenden geschlechtsspezifischen Unterschiede beobachten lassen. Das Ereignis der Arbeitslosigkeit scheint sich insgesamt relativ gleichmäßig über das Berufsleben westdeutscher Arbeitnehmer zu verteilen. Der Anteil arbeitsloser Männer und Frauen im Alter von 25 bis 50 Jahren schwankt geringfügig zwischen 2% und 4%. Ab dem 51. Lebensjahr lässt sich sowohl in der männlichen als auch in der weiblichen Teilstichprobe ein leichter Anstieg der altersabhängigen Arbeitslosigkeitsrate erkennen. Der Anteil 55-jähriger Arbeitsloser beläuft sich in Westdeutschland geschlechtsunabhängig auf ungefähr 5%.

Abbildung 5.1: Verteilung der Erwerbsunterbrechungen über den Lebenszyklus westdeutscher Arbeitnehmer

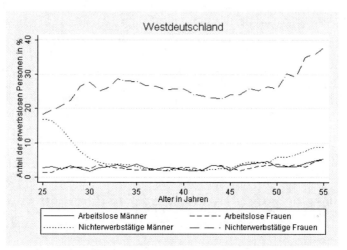

Quelle: Eigene Berechnungen auf Basis von Stichprobe A des Sozio-ökonomischen Panels (Wellen I-U).

In Hinblick auf sonstige Nichterwerbstätigkeitsphasen zeichnen sich hingegen deutliche Unterschiede zwischen der männlichen und weiblichen Teilstichprobe ab. Im Alter von 25 Jahren ist sowohl der Anteil nichterwerbstätiger Männer als auch der entsprechende Anteil der Frauen relativ hoch. Eine mögliche Begründung für dieses Phänomen könnte sein, dass sich die beobachteten Personen in dieser frühen Lebensphase noch in der schulischen bzw. beruflichen Ausbildung befinden oder sich für ein Hochschulstudium entschieden haben. In der männlichen Stichprobe könnte es sich auch um Zivil- oder Wehrdienstleistende, die ebenfalls in der Nichterwerbstätigkeitskategorie erfasst werden, handeln. Der Anteil der 25-jährigen nichterwerbstätigen Frauen liegt mit rund 18,5% nur knapp über dem entsprechenden Anteil in der männlichen Stichprobe, der sich auf ca. 17% beläuft.

In der Phase zwischen dem 25. und 30. Lebensjahr laufen die Entwicklungen der männlichen und weiblichen Teilstichprobe stark auseinander. Während der Anteil an nichterwerbstätigen Männern bis zum 30. Lebensjahr auf rund 5% sinkt, steigt der entsprechende Anteil an Arbeitnehmerinnen in der gleichen Lebensphase auf ungefähr 28% an. Diese Entwicklung könnte u.a. mit der stärkeren Inanspruchnahme der gesetzlichen Elternzeit von weiblichen Beschäftigten zusammenhängen. Zwischen dem 30. und 50. Lebensjahr lässt sich sowohl für Männer als auch für Frauen ein relativ stabiler Verlauf der Nichterwerbstätigkeitsraten beobachten. In der männlichen Teilstichprobe lassen sich leichte Schwankungen zwischen 3% und 5% erkennen. Der Anteil der nichterwerbstätigen Frauen variiert etwas stärker zwischen 23% und 28%.

Ab dem 50. Lebensjahr steigt sowohl für Männer als auch für Frauen die Wahrscheinlichkeit einer Nichterwerbstätigkeitsphase wieder stetig an. Der Anteil an nichterwerbstätigen Frauen erhöht sich allerdings wesentlich stärker als der entsprechende Anteil in der männlichen Teilstichprobe. Der Anteil 55-jähriger nichterwerbstätiger Frauen beträgt ungefähr 38%, während von den gleichaltrigen Männern im Durchschnitt lediglich 9% nichterwerbstätig sind.

5.1.1.2 Ostdeutschland

In Abbildung 5.2 wird die Verteilung von Arbeitslosigkeits- und sonstigen Nichterwerbstätigkeitsphasen in Ostdeutschland dargestellt. Aus einem Vergleich mit den westdeutschen Teilstichproben geht hervor, dass ostdeutsche Arbeitnehmer über den gesamten Lebenszyklus betrachtet wesentlich stärker von Arbeitslosigkeit betroffen sind als ihre Kollegen aus den alten Bundesländern. Während der durchschnittliche Arbeitslosenanteil in Westdeuschland geschlechtsunabhängig insgesamt bei rund 3% liegt, sind in Ostdeutschland im Mittel rund 10% der männlichen und ca. 15% der weiblichen Befragungsteilnehmer arbeitslos.[319] Im Gegensatz zu Westdeutschland sind Frauen in Ostdeutschland somit wesentlich stärker von Arbeitslosigkeit betroffen als ihre männlichen Kollegen. Das Arbeitslosigkeitsniveau 25-jähriger ostdeutscher Männer liegt bei knapp 5% und steigt mit leichten Schwankungen bis zum 55. Lebensjahr auf 10% an. Der höchste Anteil arbeitsloser Männer ist mit knapp 14% im Alter von 48 Jahren zu be-

---

[319] Vgl. hierzu auch die Tabellen 4.1 und 4.2 in Kapitel 4 der vorliegenden Arbeit.

obachten. Der Anteil arbeitsloser Frauen im Alter von 25 Jahren beläuft sich in Ostdeutschland auf gut 7%. Analog zur männlichen Teilstichprobe nimmt auch die Arbeitslosenrate ostdeutscher Arbeitnehmerinnen mit steigendem Alter tendenziell zu. Bezogen auf die weibliche Teilstichprobe erreicht die altersabhängige Arbeitslosigkeitsrate im 55. Lebensjahr mit rund 18% ihren Höchststand.

Abbildung 5.2: Verteilung der Erwerbsunterbrechungen über den Lebenszyklus ostdeutscher Arbeitnehmer

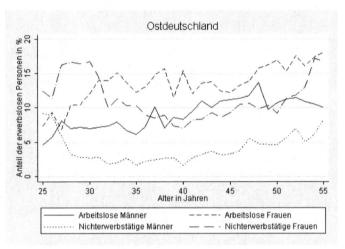

Quelle: Eigene Berechnungen auf Basis von Stichprobe C des Sozio-ökonomischen Panels (Wellen I-U).

Der Anteil an Männern und Frauen, die ihre Erwerbstätigkeit aus anderen Gründen als Arbeitslosigkeit unterbrechen, ist hingegen in Westdeutschland höher als in den neuen Bundesländern. Insbesondere der Lebenszyklus westdeutscher Arbeitnehmerinnen ist durch ein hohes Nichterwerbstätigkeitsniveau geprägt. Während sich der durchschnittliche Anteil nichterwerbstätiger Frauen in den alten Bundesländern auf rund 28% beläuft, liegt der entsprechende Anteil in Ostdeutschland bei vergleichsweise geringen 13%.[320] Bei den Männer ist ein wesentlich geringerer regionaler Unterschied zu beobachten. Der durchschnittliche Anteil nichterwerbstätiger Männer liegt in Westdeutschland bei rund 6% und in den neuen Bundesländern bei ungefähr 4%. Analog zu den alten Bundesländern neigen auch in Ostdeutschland Frauen stärker dazu, ihr Berufsleben aus anderen als auf Arbeitslosigkeit beruhenden Gründen zu unterbrechen, als ihre männlichen Kollegen. Besonders hoch ist der Anteil nichterwerbstätiger Frauen in der Phase

---

[320] Vgl. hierzu auch die Tabellen 4.1 und 4.2 in Kapitel 4 der vorliegenden Arbeit.

zwischen dem 27. und 30. Lebensjahr sowie ab dem 54. Lebensjahr. Die hohe Nichterwerbstätigkeitsrate in der relativ frühen Karrierephase könnte – ebenso wie in Westdeutschland – auf kinderbedingte Erwerbsunterbrechungen zurückzuführen sein, während der Anstieg der Nichterwerbstätigkeitsrate am Ende des betrachteten Lebensabschnitts eventuell aus einer vorzeitigen Verrentung resultieren könnte. Die höchste Nichterwerbstätigkeitsquote wird mit gut 17% im Alter von 54 Jahren erreicht. Auffällig ist, dass in Westdeutschland das Nichterwerbstätigkeitsniveau durchgängig, d.h. über den gesamten Lebenszyklus betrachtet, über dem ostdeutschen Höchstwert liegt. Der Anteil 25-jähriger nichterwerbstätiger ostdeutscher Männer ist mit rund 9% zunächst einmal relativ hoch, sinkt dann unter leichten Schwankungen bis zum 40. Lebensjahr jedoch auf unter 2%, um anschließend wieder auf ca. 8% zu steigen.

Insgesamt hat die grafische Analyse bestätigt, dass auch die ausgewählten Teilstichproben durch die für Deutschland charakteristischen regionalen und geschlechtsspezifischen Unterschiede in Bezug auf das Erwerbsverhalten gekennzeichnet sind. Zu den wichtigsten Ergebnissen gehören in diesem Zusammenhang:

(1) Ostdeutsche Arbeitnehmer sind geschlechtsunabhängig stärker von Arbeitslosigkeit betroffen als ihre westdeutschen Kollegen.

(2) Insbesondere die Karriereverläufe westdeutscher Frauen sind häufig durch nicht auf Arbeitslosigkeit beruhende Erwerbsunterbrechungen geprägt.

(3) Osteutsche Arbeitnehmerinnen zeichnen sich im Vergleich zu ihren westdeutschen Kolleginnen durch eine relativ hohe Erwerbsbeteiligung aus.

5.1.2 Aggregierte altersabhängige Erwerbspausen

Im Folgenden soll das Erwerbsverhalten west- und ostdeutscher Männer und Frauen differenziert in Abhängigkeit vom Alter anhand der kumulierten Anzahl und Dauer der Arbeitslosigkeits- und sonstigen Nichterwerbstätigkeitsphasen untersucht werden. Dazu werden folgende drei Altersgruppen gebildet:

(1) Altersgruppe 1: $a < 35$ Jahre,

(2) Altersgruppe 2: 35 Jahre $\leq a < 45$ Jahre und

(3) Altersgruppe 3: $a \geq 45$ Jahre,

wobei a das Alter in Jahren repräsentiert. Altersgruppe 1 umfasst alle Personen im Alter zwischen 25 und 34 Jahren. Dabei gilt es zu beachten, dass bei der Kumulation der Anzahl und Dauer von Erwerbsunterbrechungen in der ersten Altersgruppe auch retrospektive Informationen berücksichtigt werden; d.h. Spells, die vor dem 25. Lebensjahr beobachtet wurden, gehen ebenfalls in die Kalkulation der kumulierten Anzahl und Dauer der Arbeitslosigkeits- und Nichterwerbstätigkeitsphasen ein. In Altersgruppe 2 werde alle Befragungsteilnehmer im Alter zwischen 35 und 44 Jahren zusammengefasst und Altersgruppe 3 beinhaltet die 45- bis 55-jährigen Arbeitnehmer aus den alten und neuen Bundesländern. In Bezug auf die letzten beiden Altersgruppen weisen die Abbildungen 5.3 und 5.4 lediglich die kumulierte Anzahl und Dauer von Erwerbspausen aus, die in der jeweiligen Lebensphase zu verzeichnen sind.

5.1.2.1 Arbeitslosigkeit

Abbildung 5.3 zeigt zunächst die Verteilung der kumulierten Anzahl und Dauer der Arbeitslosigkeitsphasen über die drei Altersgruppen. Das obere Bild in Abbildung 5.3 lässt erkennen, dass die Anzahl der Arbeitslosigkeitsphasen in allen vier Teilstichproben mit zunehmendem Alter sinkt. Am häufigsten ist demnach jeweils Altersgruppe 1 von Arbeitslosigkeit betroffen, wobei es zu beachten gilt, dass in dieser Gruppe alle arbeitslosigkeitsbedingten Erwerbsunterbrechungen berücksichtigt werden, die vor dem 35. Lebensjahr angefallen sind. Das bedeutet, dass Altersgruppe 1 die längste Lebensphase umfasst.

Des Weiteren zeigt sich erwartungsgemäß, dass ostdeutsche Arbeitnehmer geschlechts- und altersunabhängig häufiger arbeitslos sind als ihre Kollegen aus den alten Bundesländern. Sowohl in den alten als auch in den neuen Bundesländern sind Frauen aus der Altersgruppe 1 am häufigsten von Arbeitslosigkeit betroffen, wobei die regionalen Unterschiede deutlich stärker ausgeprägt sind als die geschlechtsspezifischen Unterschiede. Die durchschnittliche kumulierte Anzahl der Arbeitslosigkeitsphasen liegt für Arbeitnehmerinnen aus dieser Altersgruppe in Westdeutschland bei 0,61 und in Ostdeutschland bei 0,80. In Westdeutschland sind also im Durchschnitt zwei von drei Arbeitnehmerinnen bereits vor Erreichen des 35. Lebensjahres mindestens einmal arbeitslos gemeldet, während die entsprechende Quote in Ostdeutschland bei vier zu fünf liegt. Mit steigendem Alter werden Arbeitnehmer und Arbeitnehmerinnen aus beiden Teilen Deutschlands seltener arbeitslos. In den neuen Bundesländern weisen Arbeitnehmer (Arbeitnehmerinnen) aus der dritten Altersgruppe im Durchschnitt nur noch 0,39 (0,42) Arbeitslosigkeitsphasen auf, während die entsprechenden Werte in Westdeutschland sogar auf 0,25 (westdeutsche Männer) bzw. 0,24 (westdeutsche Frauen) sinken, d.h. in der Phase zwischen dem 45. und 55. Lebensjahr wird in Ostdeutsch-

5.1 Erwerbsunterbrechungen in Deutschland

land im Mittel nur noch jede(r) Zweite arbeitslos und in Westdeutschland sogar nur noch jede(r) Vierte.[321]

Abbildung 5.3: Kumulierte Anzahl und Dauer der Arbeitslosigkeitsphasen

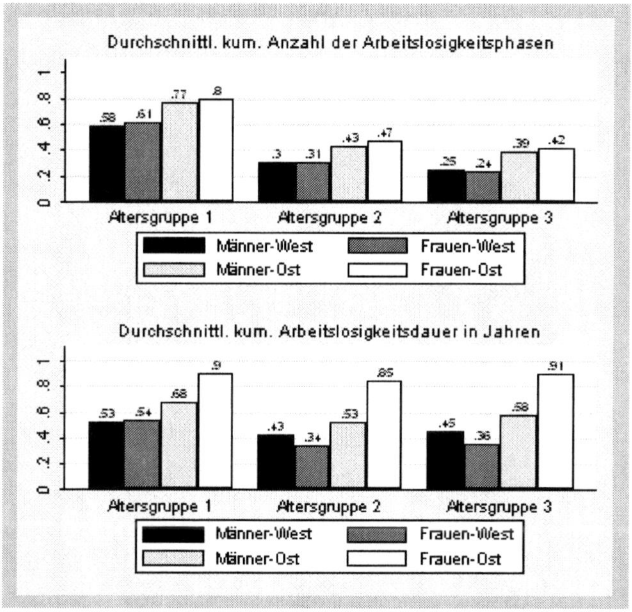

Quelle: Eigene Berechnungen auf Basis der Stichproben A und C des SOEP (Wellen I-U).

Ein Blick auf die kumulierte Arbeitslosigkeitsdauer im unteren Bild der Grafik 5.3 zeigt deutlich, dass ostdeutsche Arbeitnehmerinnen unabhängig von ihrem Alter am stärksten von Arbeitslosigkeit betroffen sind. Im Durchschnitt summieren sich die Arbeitslosigkeitsphasen ostdeutscher Arbeitnehmerinnen in den einzelnen Altersgruppen zu gut 10,5 Monate auf. In den übrigen Teilstichproben variiert die kumulierte Arbeitslosigkeitsdauer dagegen lediglich zwischen ca. 4 und 8 Monaten, wobei auch die männlichen Arbeitnehmer aus den neuen Bundesländern tendenziell etwas stärker von Arbeitslosigkeit betroffen sind als ihre westdeutschen Kolleginnen und Kollegen.

---

[321] An dieser Stelle ist jedoch anzumerken, dass mit zunehmenden Alter sicherlich auch Maßnahmen wie Altersteilzeit und Frühpensionierung an Bedeutung gewinnen, die u.U. zu einem Rückgang der Anzahl der Arbeitslosigkeitsphasen in späteren Lebensphasen führen könnten.

5.1.2.2 Sonstige Nichterwerbstätigkeit

In Abbildung 5.4 wird ein Überblick über die durchschnittliche kumulierte Anzahl und Dauer von nicht auf Arbeitslosigkeit beruhenden Erwerbsunterbrechungen deutscher Arbeitnehmer gegeben.

Abbildung 5.4: Kumulierte Anzahl und Dauer sonstiger Nichterwerbstätigkeitsphasen

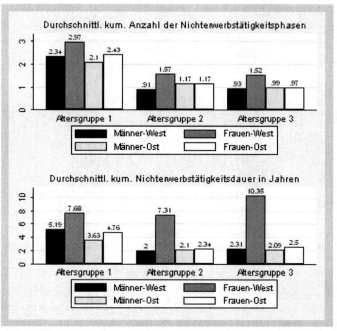

Quelle: Eigene Berechnungen auf Basis der Stichproben A und C des SOEP (Wellen I-U).

Im oberen Bild in Abbildung 5.4 wird zunächst die durchschnittliche kumulierte Anzahl sonstiger Nichterwerbstätigkeitsphasen in Abhängigkeit der drei Altersgruppen dargestellt. Analog zu der kumulierten Anzahl von arbeitslosigkeitsbedingten Erwerbsunterbrechungen nimmt auch die Häufigkeit sonstiger Nichterwerbstätigkeitsphasen mit steigendem Alter tendenziell ab. Einzige Ausnahme bildet die männliche Teilstichprobe aus Westdeutschland, für die beim Übergang von der zweiten zur dritten Altersgruppe ein leichter Anstieg der durchschnittlichen Anzahl sonstiger Nichterwerbstätigkeitsphasen zu beobachten ist.

5.1 Erwerbsunterbrechungen in Deutschland 131

Am häufigsten unterbrechen westdeutsche Frauen ihren Karriereverlauf aus anderen als auf Arbeitslosigkeit beruhenden Gründen. Frauen aus der Altersgruppe 1 weisen im Durchschnitt fast drei Nichterwerbstätigkeitsphasen auf. Arbeitnehmerinnen, die der zweiten und dritten Altersgruppe angehören, unterbrechen ihre Erwerbstätigkeit vergleichsweise nur noch 1,57- bzw. 1,52-mal. Zwischen den restlichen drei Teilstichproben lassen sich in Bezug auf die kumulierte Anzahl sonstiger Nichterwerbstätigkeitsphasen ähnliche altersabhängige Tendenzen beobachten. Bis zum 35. Lebensjahr unterbrechen die betreffenden Arbeitnehmerinnen und Arbeitnehmer aus den alten und neuen Bundesländern ihre Erwerbstätigkeit im Durchschnitt 2,1- bis 2,43-mal. Die Erwerbsprofile westdeutscher Männer und ostdeutscher Männer und Frauen im Alter zwischen 35 und 44 Jahren (Altersgruppe 2) bzw. 45 und 55 Jahren (Altersgruppe 3) sind hingegen im Mittel nur noch durch eine Nichterwerbstätigkeitsphase gekennzeichnet.

Das untere Bild in Grafik 5.4 zeigt die kumulierte Nichterwerbstätigkeitsdauer in Jahren. Aus einem Vergleich mit dem unteren Bild aus Abbildung 5.3 wird ersichtlich, dass die Gesamtdauer der Nichterwerbstätigkeitsphasen sowohl alters- als auch stichprobenunabhängig die kumulierte Arbeitslosigkeitsdauer übersteigt. Erwartungsgemäß verbleiben westdeutsche Frauen insgesamt am längsten in der Nichterwerbstätigkeit. Die kumulierte Dauer sonstiger Nichterwerbstätigkeitsphasen fällt geringfügig von 7,68 Jahren in Altersgruppe 1 auf 7,31 Jahre in Gruppe 2, um dann in der dritten Altersgruppe auf über 10 Jahre anzusteigen. Dieser altersabhängige Anstieg könnte u.a. auf Frühverrentungseffekte in der letzten Altersgruppe zurückzuführen sein. Zwischen den übrigen Teilstichproben lassen sich vergleichsweise wesentlich geringere Unterschiede feststellen. Die durchschnittliche kumulierte Nichterwerbstätigkeitsdauer schwankt zwischen den drei Teilstichproben und über die einzelnen Altersgruppen mit einer maximalen Amplitude von rund 3,19 Jahren.[322]

Anzumerken bleibt, dass insbesondere bei der altersabhängigen Analyse von Erwerbsunterbrechungen Kohorteneffekte einen entscheidenden Einfluss auf die Ergebnisse haben können. In Deutschland konnte bspw. beobachtet werden, dass das Bildungsniveau von Frauen im Zeitverlauf erheblich gestiegen ist. Allgemein wird davon ausgegangen, dass mit steigendem Bildungsniveau auch das Interesse an einer Beschäftigung auf dem Arbeitsmarkt zunimmt. Das bedeutet, dass Arbeitnehmerinnen jüngerer Geburtsjahrgänge tendenziell zu einer höheren Erwerbsbeteiligung neigen und nach einer Erwerbspause früher in das Berufsleben zurückkehren als Frauen aus älteren Kohorten. Diese Entwicklung könnte z.B. eine Erklärung für den enormen Anstieg der kumulierten Nichterwerbstätigkeitsdauer

---

[322]Die maximale Amplitude von 3,19 Jahren entspricht der Differenz zwischen der maximalen und minimalen Dauer der kumulierten Nichterwerbstätigkeitsphasen. Das Maximum weisen westdeutsche Männer aus der Altersgruppe 1 mit 5,19 Jahren auf. Das entsprechende Minimum ist in derselben Teilstichprobe in der zweiten Altersgruppe zu finden und beträgt 2 Jahre.

sein, der in der weiblichen Teilstichprobe für Westdeutschland beim Übergang von Altergruppe 2 zu Altersgruppe 3 zu beobachten ist. Nachdem das Erwerbsverhalten der ausgewählten west- und ostdeutschen Teilstichproben ausführlich auf Grundlage der beobachteten Arbeitslosigkeits- und Nichterwerbstätigkeitsphasen untersucht wurde, sollen nachfolgend in Abschnitt 5.2 die Einkommens- und Zufriedenheitseffekte von Erwerbsunterbrechungen deskriptiv analysiert werden.

5.2 Deskriptive Analyse der Einkommens- und Zufriedenheitseffekte

5.2.1 Auswirkungen von Erwerbsunterbrechungen auf das Einkommen

In Abschnitt 5.2.1.1 werden zunächst die Auswirkungen von Erwerbspausen auf die Lohndichtefunktionen der vier ausgewählten Teilstichproben analysiert.

5.2.1.1 Lohndichtefunktionen in Abhängigkeit des Erwerbsverhaltens

Um die unterschiedlichen Effekte von Arbeitslosigkeits- und Nichterwerbstätigkeitsphasen besser erfassen zu können, beschränkt sich die nachfolgende Analyse auf jeweils drei Untergruppen aus den einzelnen Teilstichproben:[323]

Gruppe 1:
Personen mit kontinuierlichen Erwerbsprofilen.

Gruppe 2:
Arbeitnehmer, die ihre Erwerbstätigkeit mindestens einmal arbeitslosigkeitsbedingt unterbrochen haben, aber bisher keine Nichterwerbstätigkeitsphasen vorweisen können.

Gruppe 3:
Wirtschaftssubjekte, deren Karriereverläufe durch mindestens eine Nichterwerbstätigkeitsphase gekennzeichnet sind, die jedoch auf keinerlei Erfahrung mit Arbeitslosigkeit zurückblicken.

---

[323] Für einen Überblick über die stichprobenabhängige Anzahl der Beobachtungen in den einzelnen Untergruppen vgl. Tabelle A.1 in Anhang A.

5.2 Deskriptive Analyse der Einkommens- und Zufriedenheitseffekte 133

Die Abbildungen 5.5 und 5.6 zeigen zunächst, wie die Lohndichte westdeutscher Arbeitnehmerinnen und Arbeitnehmer auf Diskontinuitäten in den Erwerbsprofilen reagiert.[324]

Abbildung 5.5: Lohndichtefunktionen westdeutscher Männer

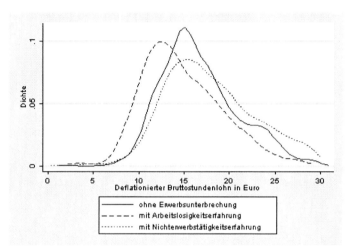

Quelle: Eigene Berechnungen auf Basis der Stichproben A des SOEP (Wellen I-U).

Aus Abbildung 5.5 geht hervor, dass der Maximalwert der Dichtefunktion westdeutscher Männer mit kontinuierlichen Erwerbsprofilen bei einem Bruttostundenlohn von ungefähr 15€ liegt. Weiterhin lässt sich erkennen, dass die Wahrscheinlichkeit, mehr als 15€ pro Stunde zu verdienen, für die besagte Untergruppe der westdeutschen Teilstichprobe höher ist als die Wahrscheinlichkeit, einen geringeren Lohnsatz zu erzielen.

Erwerbspausen, die nicht auf Arbeitslosigkeit beruhen, haben in Bezug auf die Lohndichte westdeutscher Arbeitnehmer augenscheinlich keine gravierenden Auswirkungen. Die entsprechende Dichtefunktion erreicht ihren Höhepunkt ebenfalls bei einem Lohnsatz von ca. 15€ pro Stunde. Insgesamt konzentriert sich die Wahrscheinlichkeitsmasse jedoch etwas stärker auf den höheren Einkommensbereich. Tabelle A.1 in Anhang A zeigt zudem, dass Untergruppe 3 der männlichen

---

[324] Aus Gründen der Übersichtlichkeit sowie einer besseren Interpretierbarkeit der Ergebnisse wird der deflationierte Bruttostundenlohn der stichprobenbezogenen Untergruppen in den Abbildungen 5.5 bis 5.8 auf maximal 30€ begrenzt. In Tabelle A.1 in Anhang A werden die deskriptiven Statistiken der Bruttostundenlöhne jedoch vollständig dargestellt.

Teilstichprobe sowohl den höchsten Durchschnittslohn als auch den höchsten Maximalwert aufweist. Ausgehend von der These, dass Humankapitalinvestitionen einen höheren Lohnsatz zur Folge habe, könnte diese Beobachtung zumindest teilweise auf die in der Nichterwerbstätigkeitskategorie enthaltenen schulischen oder beruflichen Ausbildungs- und Trainingszeiten zurückzuführen sein.

Arbeitslosigkeit führt hingegen zu einer Verlagerung der Wahrscheinlichkeitsmasse in einen niedrigeren Einkommensbereich, d.h. arbeitslosigkeitsbedingte Erwerbsunterbrechungen scheinen für die betreffenden Arbeitnehmer mit Einkommensverlusten verbunden zu sein. Humankapitaltheoretiker erklären diesen Effekt mit der Unterbrechung der Humankapitalbildung sowie der verstärkten Abschreibung des bereits akkumulierten Humankapitalbestandes während einer (arbeitslosigkeitsbedingten) Erwerbsunterbrechung.

In Abbildung 5.6 werden die Lohndichtefunktionen der oben festgelegten Untergruppen 1 bis 3 der weiblichen Teilstichprobe für Westdeutschland dargestellt.

Abbildung 5.6: Lohndichtefunktionen westdeutscher Frauen

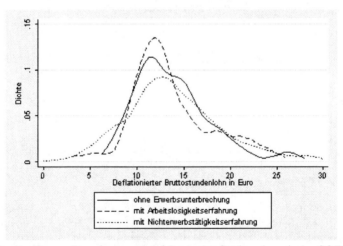

Quelle: Eigene Berechnungen auf Basis der Stichproben A des SOEP (Wellen I-U).

Die Modi der Dichtefunktionen westdeutscher Arbeitnehmerinnen liegen im Vergleich zu denjenigen ihrer männlichen Kollegen etwas weiter im unteren Einkommensbereich. Die jeweiligen Maxima der Funktionen sind bei Bruttostundenlöhnen zwischen 12 und 13€ zu finden. Frauen scheinen in Westdeutschland folglich unabhängig von ihrem Erwerbsverhalten tendenziell weniger zu verdienen als ihre

5.2 Deskriptive Analyse der Einkommens- und Zufriedenheitseffekte 135

männlichen Kollegen.[325] Im Gegensatz zu den Ergebnissen für die männliche Teilstichprobe geht aus Abbildung 5.6 nicht hervor, dass sich Arbeitslosigkeit negativ auf das Einkommen westdeutscher Arbeitnehmerinnen auswirkt. Auch in Bezug auf die durchschnittlichen Bruttostundenlöhne von weiblichen Beschäftigten mit kontinuierlichen Erwerbsprofilen und Arbeitnehmerinnen, die bereits auf Erfahrungen mit Arbeitslosigkeit zurückblicken können, lassen sich keine wesentlichen Unterschiede feststellen.[326]

Sonstige Nichterwerbstätigkeitsphasen haben hingegen eine deutliche Verlagerung der Wahrscheinlichkeitsmasse in die Ränder der Dichtefunktion zur Folge, d.h. dass sowohl die Wahrscheinlichkeit, einen überdurchschnittlichen Bruttostundenlohn zu erzielen, als auch die Wahrscheinlichkeit, einen unterdurchschnittlichen Verdienst zu realisieren, in Folge der Nichterwerbstätigkeit steigt. Dies könnte u.U. damit zusammenhängen, dass die im Rahmen der vorliegenden Untersuchung spezifizierte Nichterwerbstätigkeitkategorie unterschiedliche Erwerbsunterbrechungsarten beinhaltet, die unterschiedliche Einkommenseffekte nach sich ziehen können.[327] Kinderbedingte Erwerbspausen führen z.B. i.d.R. zu Einkommenseinbußen, während Bildungsaktivitäten gemäß der Humankapitaltheorie häufig positive Einkommensströme zur Folge haben.[328] Aufgrund der Aggregation verschiedener Erwerbsstatus-Spells zu einer Nichterwerbstätigkeitskategorie ist davon auszugehen, dass sich im Rahmen der vorliegenden Analyse unterschiedliche Effekte überlagern.

Aus Abbildung 5.7 geht hervor, dass ostdeutsche Männer unabhängig von der Kontinuität ihrer Erwerbsprofile mit hoher Wahrscheinlichkeit einen geringeren Lohnsatz erzielen als ihre Kolleginnen und Kollegen aus den alten Bundesländern. Dies lässt sich auch anhand der entsprechenden Durchschnittslöhne belegen.[329] Die Dichtefunktion ostdeutscher Männer, die bisher ununterbrochen einer Erwerbstätigkeit nachgegangen sind, konzentriert sich relativ gleichmäßig auf das Lohnintervall zwischen 8€ und 13€ pro Stunden. Auffällig ist allerdings, dass sie zweigipflig ist. In den Rändern der Funktion befindet sich vergleichsweise wenig Wahrscheinlichkeitsmasse. Abbildung 5.7 zeigt weiterhin, dass Arbeitslosigkeit zu einer Verschiebung des Modi der Dichtefunktion in den unteren Einkommensbereich führt, d.h. Arbeitslosigkeit wirkt sich tendenziell negativ auf das Einkommen

---

[325]Vgl. hierzu auch Tabelle A.1 in Anhang A.
[326]Vgl. hierzu Tabelle A.1 in Anhang A.
[327]Zur Festlegung der Erwerbskategorien vgl. Abbildung 4.1 in Abschnitt 4.2.1.1 der vorliegenden Untersuchung.
[328]Vgl. hierzu den Überblick über die Ergebnisse bisheriger Einkommensanalysen in Abschnitt 2.2.1.
[329]Vgl. Tabelle A.1 in Anhang A.

ostdeutscher Arbeitnehmer aus, was sich auch in einem geringeren Durchschnittslohn dieser Untergruppe der ostdeutschen Teilstichprobe widerspiegelt.[330]

Abbildung 5.7: Lohndichtefunktionen ostdeutscher Männer

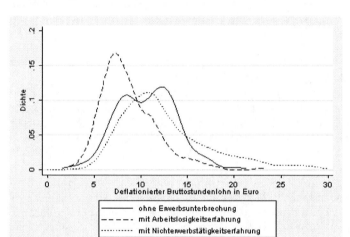

Quelle: Eigene Berechnungen auf Basis der Stichproben C des SOEP (Wellen I-U).

In Übereinstimmung mit den Ergebnissen für die männliche Teilstichprobe in Westdeutschland haben sonstige Erwerbspausen zur Folge, dass ein Teil der Wahrscheinlichkeitsmasse in den rechten Rand der Einkommensdichte wandert. Daraus folgt, dass die Wahrscheinlichkeit, einen überdurchschnittlich hohen Lohnsatz zu erzielen, sowohl für ostdeutsche als auch für westdeutsche Männer mit Nichterwerbstätigkeitserfahrung größer ist als für ununterbrochen beschäftigte Arbeitnehmer.

Abbildung 5.8 gibt abschließend einen Überblick über die Auswirkungen von Arbeitslosigkeits- und Nichterwerbstätigkeitsphasen auf die Lohndichte ostdeutscher Arbeitnehmerinnen. Wie auch ihre männlichen Kollegen, werden ostdeutsche Frauen mit hoher Wahrscheinlichkeit mit einem geringeren Stundenlohn entgolten als eine Arbeitnehmerin oder ein Arbeitnehmer aus dem alten Bundesgebiet. Ein Vergleich der Abbildungen 5.7 und 5.8 zeigt, dass der geschlechtsspezifische Unterschied in Ostdeutschland merklich geringer ist als in Westdeutschland. Die Lohndichte durchgängig beschäftigter Arbeitnehmerinnen konzentriert sich im Vergleich zu der Funktion der entsprechenden Gruppe aus der männlichen Teilstichprobe in wesentlich komprimierterer Form auf einen Bruttostundenlohn von

---

[330]Vgl. Tabelle A.1 in Anhang A.

ungefähr 8€. Analog zu ihren männlichen Kollegen scheinen auch ostdeutsche Arbeitnehmerinnen Einkommensverluste in Folge von Arbeitslosigkeit zu erleiden, was sich aus der arbeitslosigkeitsbedingten Linksverschiebung ihrer Lohndichtefunktion ableiten lässt.

Abbildung 5.8: Lohndichtefunktionen ostdeutscher Frauen

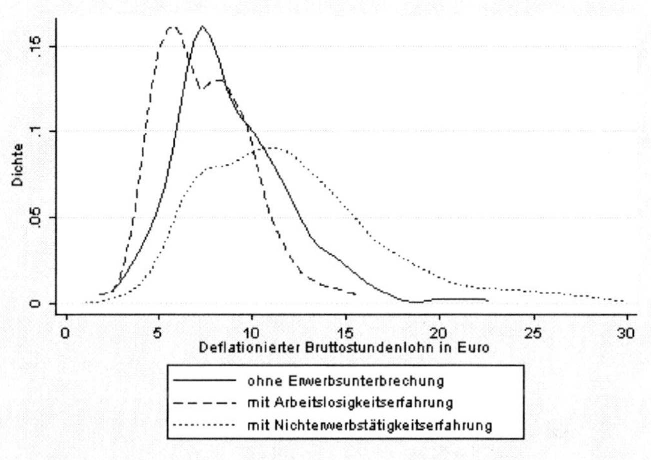

Quelle: Eigene Berechnungen auf Basis der Stichprobe C des SOEP (Wellen I-U).

Zudem kann festgestellt werden, dass sonstige Nichterwerbstätigkeitsphasen in beiden ostdeutschen Teilstichproben zu ähnlichen Einkommenseffekten führen. Die Dichtefunktion weiblicher Beschäftigter reagiert allerdings etwas stärker auf nicht-arbeitslosigkeitsbedingte Erwerbsunterbrechungen. Neben der Ausdehnung des rechten Randes verschiebt sich der gesamte Modus der Funktion in einen höheren Einkommensbereich. Erwerbspausen, die nicht auf Arbeitslosigkeit zurückzuführen sind, erhöhen demnach die Wahrscheinlichkeit für eine bessere Entlohnung. In diesem Zusammenhang sei auf die zahlreichen Arbeitsbeschaffungsmaßnahmen und staatlich geförderten Umschulungsprogramme hingewiesen, die nach der Wiedervereinigung in den 1990er Jahren insbesondere in den neuen Bundesländern verstärkt im Kampf gegen die hohe Arbeitslosigkeit zum Einsatz gekommen sind.

5.2.1.2 Einfluss der Anzahl und Dauer von Erwerbsunterbrechungen auf das Individualeinkommen

Im Folgenden soll der Einfluss der Anzahl und Dauer von Erwerbsunterbrechungen näher untersucht werden. Dabei wird wiederum strikt zwischen Arbeitslosigkeit und sonstiger Nichterwerbstätigkeit unterschieden, d.h. es werden lediglich durchgängig beschäftigte Arbeitnehmer und Individuen, die entweder Erfahrungen mit Arbeitslosigkeit gemacht haben oder ihre Erwerbstätigkeit aus anderen Gründen unterbrochen haben, in die Untersuchung einbezogen.[331] Personen, deren Erwerbs-profil gleichzeitig durch Arbeitslosigkeits- und sonstige Nichterwerbstätigkeitsphasen gekennzeichnet ist, werden aus Gründen einer besseren Vergleichbarkeit der Ergebnisse von der Analyse ausgeschlossen.

Tabelle 5.1 gibt zunächst einen Überblick über den Zusammenhang zwischen der Anzahl von Erwerbsunterbrechungen und dem deflationierten Bruttostundenlohn west- und ostdeutscher Arbeitnehmer.[332] Für westdeutsche Männer und ostdeutsche Frauen scheint die Anzahl der Arbeitslosigkeitsphasen einen negativen Einfluss auf das Einkommen zu haben, d.h. je häufiger die Erwerbstätigkeit arbeitslosigkeitsbedingt unterbrochen wird, desto höher ist der Einkommensverlust. Für die anderen beiden Teilstichproben – westdeutsche Frauen und ostdeutsche Männer – lässt sich hingegen kein eindeutiger Zusammenhang zwischen der Anzahl der Arbeitslosigkeitsphasen und dem deflationierten Bruttostundenlohn erkennen. Arbeitslosigkeit wirkt sich auf den Lohnsatz ostdeutscher Arbeitnehmer tendenziell zwar negativ aus, jedoch scheinen Personen mit mehr als zwei arbeitslosigkeitsbedingten Erwerbsunterbrechungen unter geringeren Einkommenseinbußen zu leiden als Individuen, die ihre Erwerbstätigkeit weniger häufig ($A = 1$ oder $A = 2$) unterbrechen. In Westdeutschland erzielen Arbeitnehmerinnen, deren Erwerbsprofil lediglich eine Arbeitslosigkeitsphase aufweist, sogar einen geringfügig höheren Durchschnittslohn als durchgängig Beschäftigte. Dabei ist jedoch anzumerken, dass die Fallzahlen von westdeutschen Arbeitnehmerinnen mit kontinuierlichen Erwerbsverläufen oder lediglich arbeitslosigkeitsbedingten Erwerbsun-

---

[331] Zur Festlegung der untersuchten Untergruppen (Gruppe 1 bis 3) der vier Teilstichproben vgl. Abschnitt 5.2.1.1 in der vorliegenden Untersuchung.
[332] Kritisch anzumerken ist an dieser Stelle, dass die strikte Beschränkung der Betrachtung auf Personen, deren Erwerbsbiografien entweder Arbeitslosigkeits- oder sonstige Nichterwerbstätigkeitsphasen aufweisen, die Fallzahlen zum Teil sehr gering sind, so dass die Ergebnisse der deskriptiven Analyse nur bedingt aussagekräftig sind. Auf die Darstellung der Ergebnisse soll dennoch nicht verzichtet werden, da sie einen ersten Eindruck von den möglichen Einkommenseffekten vermittelt.

5.2 Deskriptive Analyse der Einkommens- und Zufriedenheitseffekte   139

terbrechungen relativ gering sind, so dass die in Tabelle 5.1 dargestellten deskriptiven Statistiken für diese Teilstichprobe nur bedingt aussagekräftig sind.[333]

Tabelle 5.1: Deflationierter Bruttostundenlohn in Abhängigkeit der Anzahl der Erwerbsunterbrechungen

Stichprobe	Deflationierter Bruttostundenlohn (w)							
	Anzahl (A) der Erwerbsunterbrechungen							
	$A=0$		$A=1$		$A=2$		$A>2$	
	μ	σ	μ	σ	μ	σ	μ	σ
Arbeitslosigkeit								
Männer/ West	16,86	4,6083	16,28	6,3585	14,04	4,8445	13,54	2,1526
Frauen/ West	13,84	4,0109	14,13	4,5030	$-^a$	$-^a$	12,37	3,4347
Männer/ Ost	10,62	3,0604	8,77	2,9868	9,16	3,2284	7,62	2,2680
Frauen/ Ost	9,08	3,8222	7,67	2,2393	7,31	2,9754	6,50	2,0594
Sonstige Nichterwerbstätigkeit								
Männer/ West	16,86	4,6083	18,97	7,2238	19,78	9,4409	21,16	11,2205
Frauen/ West	13,84	4,0109	16,18	7,2405	14,61	6,6162	14,63	8,5598
Männer/ Ost	10,62	3,0604	11,81	5,2548	12,19	4,9649	14,74	6,0424
Frauen/ Ost	9,08	3,8222	12,23	5,8027	12,29	9,6827	12,72	6,0973

a Zu geringe Fallzahlen.

Quelle: Eigene Berechnungen auf Basis der Stichproben A und C des SOEP (Wellen I-U).

In Bezug auf sonstige Nichterwerbstätigkeit geht aus Tabelle 5.1 hervor, dass der durchschnittliche Bruttostundenlohn westdeutscher Männer und ostdeutscher Männer und Frauen mit zunehmender Anzahl der Nichterwerbstätigkeitsphasen tendenziell steigt. Für ostdeutsche Arbeitnehmerinnen stellt sich dieser Effekt allerdings etwas schwächer dar. Westdeutsche Frauen scheinen finanziell insgesamt ebenfalls von nicht-arbeitslosigkeitsbedingten Erwerbsunterbrechungen zu profitieren. Der stärkste Effekt zeigt sich jedoch bei Arbeitnehmerinnen, deren Karriereverlauf lediglich eine Unterbrechung ($A = 1$) aufweist. Danach nehmen die Lohnzuwächse mit steigender Anzahl an Nichterwerbstätigkeitsphasen ab.

In Tabelle 5.2 wird nachfolgend der Einfluss der Dauer von Erwerbsunterbrechungen auf das Individualeinkommen der ausgewählten Teilstichproben dargestellt. Wie bereits die Anzahl, wirkt sich auch die Dauer von Arbeitslosigkeitsphasen negativ auf die Bruttostundenlöhne westdeutscher Männer und ostdeutscher Frauen

---

[333] Wie in Abschnitt 5.1 gezeigt wurde, ist der Anteil westdeutscher Frauen, die ihre Karriere aus anderen als auf Arbeitslosigkeit beruhenden Gründen unterbrechen, im Vergleich zu den entsprechenden Anteilen in den übrigen drei Teilstichproben sehr hoch.

aus. Für die anderen beiden untersuchten Teilstichproben – westdeutsche Frauen und ostdeutsche Männer – lässt sich wiederum kein eindeutiger Effekt feststellen. Bis zu einer kumulierten Dauer von drei Jahren sinkt der durchschnittliche Lohnsatz zwar jeweils, beim Überschreiten dieser Grenze steigt er jedoch wieder an. Westdeutsche Frauen, deren Erwerbsverläufe länger als drei Jahre ($D > 3$) unterbrochen wurden, realisieren sogar einen höheren Durchschnittslohn als kontinuierlich beschäftigte Arbeitnehmerinnen.

Tabelle 5.2: Deflationierter Bruttostundenlohn in Abhängigkeit der Dauer der Erwerbsunterbrechungen

Stichprobe	Deflationierter Bruttostundenlohn (w)							
	Dauer (D) der Erwerbsunterbrechungen in Jahren							
	$D = 0$		$D \leq 1$		$1 < D \leq 3$		$D > 3$	
	μ	σ	μ	σ	μ	σ	μ	σ
Arbeitslosigkeit								
Männer/ West	16,86	4,6083	16,62	6,3226	13,54	6,7062	12,72	3,5081
Frauen/ West	13,84	4,0109	13,46	3,6570	11,79	0,9623	17,43	8,1637
Männer/ Ost	10,62	3,0604	9,38	2,9630	7,19	2,1235	8,32	3,2221
Frauen/ Ost	9,08	3,8222	8,35	2,7927	7,06	2,1065	6,62	1,7790
Sonstige Nichterwerbstätigkeit								
Männer/ West	16,86	4,6083	17,52	5,3068	18,38	6,3140	22,21	11,9292
Frauen/ West	13,84	4,0109	15,10	5,0012	15,17	7,4810	14,79	8,1623
Männer/ Ost	10,62	3,0604	10,21	3,5755	11,40	4,0410	15,25	6,3464
Frauen/ Ost	9,08	3,8222	10,81	11,5084	11,10	4,2637	13,66	6,3405

Quelle: Eigene Berechnungen auf Basis der Stichproben A und C des SOEP (Wellen I-U).

Hinsichtlich sonstiger Nichterwerbstätigkeit zeigt sich insbesondere für westdeutsche Männer und ostdeutsche Frauen ein positiver Einfluss der kumulierten Dauer auf den durchschnittlichen Bruttostundenlohn. Die Lohnsätze westdeutscher Frauen und ostdeutscher Männer reagieren insgesamt ebenfalls positiv auf Nichterwerbstätigkeitsphasen – im Fall der weiblichen Teilstichprobe allerdings in vergleichsweise geringem Ausmaß –, ein positiver Zusammenhang zwischen der kumulierten Nichterwerbstätigkeitsdauer und dem Individualeinkommen lässt sich jedoch nicht eindeutig erkennen.

Zusammenfassend bleibt festzuhalten, dass sich das Erwerbsverhalten von Arbeitnehmern erheblich auf ihre individuellen Einkommensprofile auswirken kann. Die vorangegangene Untersuchung hat gezeigt, dass sowohl der Grund für eine Erwerbspause als auch deren Anzahl und Dauer einen entscheidenden Einfluss auf die Richtung und das Ausmaß des Einkommenseffektes haben können. Arbeitslosigkeit führt tendenziell zu Einkommenseinbußen, während sonstige Nichterwerbstätigkeitsphasen durchaus eine Verbesserung der Einkommenssituation zur Folge haben können. Insgesamt lassen sich zwischen den vier Teilstichproben deutliche Unterschiede in Bezug auf das Erwerbsverhalten und die Auswirkungen diskontinuierlicher Erwerbsverläufe auf das Einkommen erkennen, so dass eine separate Analyse für West- und Ostdeutschland sowie für Männer und Frauen durchaus sinnvoll erscheint.

5.2.2 Auswirkungen von diskontinuierlichen Erwerbsverläufen auf die allgemeine Lebenszufriedenheit

Neben den Einkommenseffekten sind in Folge von Erwerbsunterbrechungen auch Auswirkungen auf die allgemeine Lebenszufriedenheit zu erwarten. Im Folgenden soll ein Überblick darüber gegeben werden, wie sich Diskontinuitäten im Erwerbsverhalten allgemein auf die Lebenszufriedenheit auswirken können und welchen Einfluss die kumulierte Anzahl und Dauer von Erwerbsunterbrechungen auf die individuelle Zufriedenheit haben können.

5.2.2.1 Allgemeine Lebenszufriedenheit in Abhängigkeit des Erwerbsverhaltens

Die in den Abbildungen 5.9 und 5.10 dargestellten Boxplots[334] sollen zunächst einen Eindruck von der Lage und Streuung der Zufriedenheitsverteilung west- und ostdeutscher Männer und Frauen in Abhängigkeit ihres Erwerbsverhaltens vermitteln. Wie bereits in Abschnitt 5.2.1 wird dazu zwischen durchgängig beschäftigten Arbeitnehmern und Personen, die entweder über Erfahrungen mit Arbeitslosigkeit oder sonstiger Nichterwerbstätigkeit verfügen, unterschieden. Abbildung 5.9 zeigt zunächst die relevanten Boxplots für Westdeutschland. In Bezug auf die männliche Teilstichprobe lässt sich feststellen, dass 50% der durchgängig Beschäftigten im Rahmen der SOEP-Studie ein Zufriedenheitsniveau zwischen 6 und 8 angeben. Der Median liegt bei 7, d.h. die Hälfte der Arbeitnehmer mit kontinuierlichen Erwerbsverläufen ordnet ihrer individuellen Zufriedenheit einen höheren Wert als 7 zu und die andere Hälfte wählt einen niedrigeren Wert auf

---

[334] Hinweis: Die Länge der „Whiskers" der Boxplots wird hier nicht über die minimale und maximale Zufriedenheit definiert, sondern auf Basis des 2,5%-Quantils („unterer Whisker") und des 97,5%-Quantils („oberer Whisker") berechnet, d.h. innerhalb der Whiskergrenzen liegen insgesamt 95% aller beobachteten Werte. Werte, die außerhalb dieser Grenzen liegen, werden als Ausreißer dargestellt.

der vorgegebenen Zufriedenheitsskala. Das untere Quartil beträgt 6 und das obere Quartil entspricht dem Zufriedenheitsniveau 8. Der untere Whisker, der bei einem Zufriedenheitsniveau von 3 (2,5%-Quantil) endet, ist etwas länger als der obere Whisker, so dass sich für die betrachtete Untergruppe der westdeutschen Teilstichprobe eine leicht linksschiefe Zufriedenheitsverteilung ergibt.[335]

Abbildung 5.9: Zufriedenheitsboxplots westdeutscher Arbeitnehmer mit unterschiedlichen Erwerbsprofilen

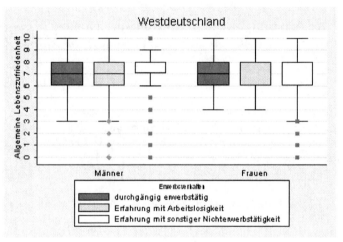

Quelle: Eigene Berechnungen auf Basis der Stichproben A des SOEP (Wellen I-U).

Weiterhin geht aus Abbildung 5.9 hervor, dass sich der Boxplot für westdeutsche Männer, die bereits Erfahrungen mit Arbeitslosigkeit gemacht haben, mit Ausnahme der Ausreißer im unteren Zufriedenheitsbereich nicht verändert. Das bedeutet, dass 2,5% der westdeutschen Männer, deren Erwerbsprofile mindestens eine Arbeitslosigkeitsphase aufweisen, ihre allgemeine Lebenszufriedenheit mit einem geringeren Wert als 3 bewertet haben. Der dritte Boxplot in Abbildung 5.9 gibt einen Hinweis darauf, dass Nichterwerbstätigkeitsphasen für westdeutsche Männer tendenziell zu positiven Zufriedenheitseffekten führen. Bei Vernachlässigung der Ausreißer verteilt sich die individuelle Zufriedenheit der betrachteten Untergruppe der männlichen Teilstichprobe symmetrisch über das Intervall [6; 9].

Frauen scheinen in Westdeutschland insgesamt geringfügig zufriedener mit ihrem Leben zu sein als ihre männlichen Kollegen. Die unteren Whiskers der ersten beiden Boxplots enden jeweils bei einem Zufriedenheitsniveau von 4, d.h. lediglich

---

[335] Das 97,5%-Quantil beträgt 10. Vgl. den ersten Boxplot in Abbildung 5.9.

5.2 Deskriptive Analyse der Einkommens- und Zufriedenheitseffekte

2,5% der Arbeitnehmerinnen, die ihre Erwerbstätigkeit bisher entweder gar nicht oder mindestens einmal arbeitslosigkeitsbedingt unterbrochen haben, schätzen ihre allgemeine Lebenszufriedenheit geringer als 4 ein. Analog zu der westdeutschen Teilstichprobe der Männer erstreckt sich die Box der durchgängig beschäftigten Arbeitnehmerinnen auf den Zufriedenheitsbereich zwischen 4 bis 8, wobei der Median dem Wert 7 entspricht. Insgesamt ist die allgemeine Lebenszufriedenheit der Personen mit kontinuierlichen Erwerbsverläufen symmetrisch verteilt, d.h. beide Whiskers haben dieselbe Länge.

Der Boxplot von Frauen mit Arbeitslosigkeitserfahrung stellt sich ähnlich dar. Der einzige Unterschied ist, dass der Median und das obere Quartil bei einem Zufriedenheitsniveau von 8 zusammenfallen. Arbeitslosigkeit scheint für westdeutsche Arbeitnehmerinnen im Gegensatz zu ihren männlichen Kollegen folglich nicht mit negativen Zufriedenheitseffekten verbunden zu sein.[336] Von den Frauen, die ihre Karriere mindestens einmal aus nicht-arbeitslosigkeitsbedingten Gründen unterbrochen haben, weisen hingegen 2,5% ein geringeres Zufriedenheitsniveau als 3 auf. Nichterwerbstätigkeitsphasen scheinen für einige westdeutsche Arbeitnehmerinnen folglich zu Zufriedenheitseinbußen zu führen.[337]

Abbildung 5.10 gibt Aufschluss über die Zufriedenheitsverteilung in Ostdeutschland. In Bezug auf männliche Arbeitnehmer mit kontinuierlichen Erwerbsverläufen lassen die Abbildungen 5.9 und 5.10 keine gravierenden Unterschiede zwischen West- und Ostdeutschland erkennen. Arbeitslosigkeit wirkt sich in Ostdeutschland augenscheinlich jedoch deutlich negativer aus als in den alten Bundesländern, was insbesondere aus der Verlagerung der entsprechenden Box in einen niedrigeren Zufriedenheitsbereich hervorgeht. Der Median der allgemeinen Lebenszufriedenheit sinkt arbeitslosigkeitsbedingt von 7 auf 5. Des Weiteren zeigt sich der negative Effekt in einer wesentlich stärkeren Streuung der individuellen Zufriedenheit von Arbeitnehmern mit Arbeitslosigkeitserfahrung: Der Boxplot erstreckt sich über die gesamte Zufriedenheitsskala von „0" (vollkommene Unzufriedenheit) bis „10" (vollkommene Zufriedenheit).

Mit Ausnahme der Ausreißer im Unzufriedenheitsbereich entspricht der Boxplot ostdeutscher Männer, deren Erwerbsprofile durch mindestens eine Nichterwerbstätigkeitsphase gekennzeichnet sind, demjenigen der durchgängig beschäftigten Arbeitnehmer aus der entsprechenden Teilstichprobe. Analog zu durchgängig beschäftigten männlichen Arbeitnehmern aus West- und Ostdeutschland lässt sich auch für ostdeutsche Frauen mit ununterbrochenen Erwerbsprofilen eine leicht linksschiefe Zufriedenheitsverteilung feststellen, die durch folgende Maßzahlen ge-

---

[336] An dieser Stelle sei wiederum darauf hingewiesen, dass westdeutsche Arbeitnehmerinnen lediglich in relativ geringem Ausmaß von Arbeitslosigkeit betroffen sind.

[337] Zur Erinnerung: Der entsprechende Boxplot der männlichen Arbeitnehmer lässt eher einen positiven Effekt von Nichterwerbstätigkeitsphasen vermuten.

kennzeichnet ist: 2,5%-Quantil: 3; unteres Quartil: 6; Median: 7; oberes Quartil: 8 und 97,5%-Quantil: 10.

Abbildung 5.10: Zufriedenheitsboxplots ostdeutscher Arbeitnehmer mit unterschiedlichen Erwerbsprofilen

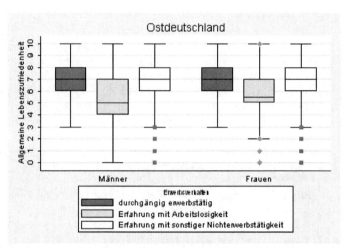

Quelle: Eigene Berechnungen auf Basis der Stichproben C des SOEP (Wellen I-U).

Aus Abbildung 5.10 wird weiterhin ersichtlich, dass sich die Box von Arbeitnehmerinnen, die bereits auf Erfahrungen mit Arbeitslosigkeit zurückblicken können, auf einen etwas niedrigeren Zufriedenheitsbereich konzentriert als diejenige der anderen beiden Untergruppen der Teilstichprobe. Der Median der allgemeinen Lebenszufriedenheit sinkt arbeitslosigkeitsbedingt von 7 auf ein vergleichsweise geringes Niveau von 5,5. Zudem lassen sich im niedrigeren Zufriedenheitsbereich Ausreißer erkennen: 2,5% der ostdeutschen Frauen, die mindestens eine Erwerbsunterbrechung aufgrund von Arbeitslosigkeit vorweisen können, verfügen über ein Zufriedenheitsniveau von 2 oder weniger.

Die Boxplots ostdeutscher Arbeitsnehmerinnen mit kontinuierlichen Erwerbsverläufen oder mit Nichterwerbstätigkeitserfahrung unterscheiden sich nicht wesentlich voneinander. Letztere Untergruppe weist im Gegensatz zu den durchgängig Beschäftigten lediglich einige Ausreißer im Zufriedenheitsbereich zwischen „0" und „3" auf, was darauf schließen lässt, dass Nichterwerbstätigkeitsphasen durchaus einen negativen Einfluss auf die allgemeine Lebenszufriedenheit haben können, vermutlich jedoch in relativ geringem Ausmaß.

5.2 Deskriptive Analyse der Einkommens- und Zufriedenheitseffekte

Zusammenfassend lässt sich festhalten, dass Arbeitslosigkeit sich scheinbar insbesondere in Ostdeutschland negativ auf die allgemeine Lebenszufriedenheit auswirkt. Ostdeutsche Arbeitnehmer sind tendenziell stärker von Arbeitslosigkeit betroffen als ihre westdeutschen Kollegen, so dass dieses Ergebnis nicht weiter verwunderlich erscheint. Sonstige Nichtwerbstätigkeitsphasen führen für west- und ostdeutsche Arbeitnehmerinnen und für ostdeutsche Arbeitnehmer ebenfalls zu Zufriedenheitseinbußen, allerdings in sehr geringem Umfang. Westdeutsche Männer profitieren in Hinblick auf ihre allgemeine Lebenszufriedenheit hingegen tendenziell eher von nicht auf Arbeitslosigkeit beruhenden Erwerbsunterbrechungen.

5.2.2.2 Einfluss der Anzahl und Dauer von Erwerbsunterbrechungen auf die Zufriedenheit

Tabelle 5.3 gibt zunächst einen Überblick über den potenziellen Einfluss der Häufigkeit von Erwerbspausen auf das individuelle Zufriedenheitsniveau.

Tabelle 5.3: Zufriedenheit in Abhängigkeit der Anzahl der Erwerbsunterbrechungen

Stichprobe	Durchschnittliche allgemeine Lebenszufriedenheit (alz)							
	Anzahl (A) der Erwerbsunterbrechungen							
	$A = 0$		$A = 1$		$A = 2$		$A > 2$	
	μ	σ	μ	σ	μ	σ	μ	σ
Arbeitslosigkeit								
Männer/ West	7,08	1,5847	7,28	1,6192	7,08	1,7769	6,43	1,8654
Frauen/ West	7,32	1,3293	7,15	1,5486	$-^a$	$-^a$	8,00	1,0408
Männer/ Ost	6,71	1,6179	5,86	2,1922	5,07	1,9039	5,39	1,6195
Frauen/ Ost	6,64	1,5640	5,72	2,0280	6,02	1,7136	5,60	1,5546
Nichterwerbstätigkeit								
Männer/ West	7,08	1,5847	7,46	1,4215	7,21	1,4595	7,26	1,5756
Frauen/ West	7,32	1,3293	7,27	1,3534	7,28	1,6387	7,18	1,6676
Männer/ Ost	6,71	1,6179	6,56	1,6483	6,72	1,5027	6,70	1,5216
Frauen/ Ost	6,64	1,5640	6,59	1,5439	6,64	1,4687	6,65	1,6165

a Zu geringe Fallzahlen.

Quelle: Eigene Berechnungen auf Basis der Stichproben A und C des SOEP (Wellen I-U).

In der männlichen Teilstichprobe für Westdeutschland zeigt sich erst ab $A > 2$ ein negativer Einfluss von Arbeitslosigkeit. Westdeutsche Männer, deren Erwerbsprofile lediglich eine arbeitslosigkeitsbedingte Erwerbsunterbrechung aufweisen, sind sogar tendenziell etwas zufriedener mit ihrem Leben als durchgängig Beschäftigte. Für westdeutsche Frauen scheint hingegen eine einmalige arbeitslosigkeitsbedingte Unterbrechung mit einem negativen Zufriedenheitseffekt verbunden zu sein, während mehrfache Arbeitslosigkeitphasen ($A > 2$) eher einen positiven Einfluss auf ihre allgemeine Lebenszufriedenheit haben. In Ostdeutschland wirkt sich Arbeitslosigkeit hingegen allgemein negativ auf die durchschnittliche Zufriedenheit aus. Das Zufriedenheitsniveau ostdeutscher Männer sinkt zunächst mit steigender Anzahl von Arbeitslosigkeitsphasen, nimmt bei mehr als zwei Arbeitslosigkeitsphasen jedoch wieder leicht zu, ohne dabei die Zufriedenheit kontinuierlich beschäftigter Arbeitnehmer zu übersteigen. In der weiblichen Teilstichprobe für die neuen Bundesländer erleiden Personen mit einer oder mehr als zwei Arbeitslosigkeitsphasen die höchsten Zufriedenheitsverluste. Während das durchschnittliche Zufriedenheitsniveau von Arbeitnehmerinnen, die ihre Erwerbstätigkeit bisher nicht unterbrochen haben, bei 6,64 liegt, bewerten Frauen, die einmal bzw. öfter als zweimal arbeitslos gemeldet waren, ihre allgemeine Lebenszufriedenheit im Mittel lediglich mit 5,72 bzw. 5,60.

Was Erwerbsunterbrechungen betrifft, die nicht auf Arbeitslosigkeit zurückzuführen sind, scheinen westdeutsche Männer mit diskontinuierlichen Karriereverläufen geringfügig zufriedener mit ihrem Leben zu sein als durchgängig beschäftigte Arbeitnehmer. Tabelle 5.3 gibt allerdings keinen eindeutigen Hinweis auf einen Zusammenhang zwischen der Anzahl sonstiger Nichterwerbstätigkeitsphasen und der allgemeinen Lebenszufriedenheit in der betreffenden Teilstichprobe. Für westdeutsche Arbeitnehmerinnen führen nicht auf Arbeitslosigkeit beruhende Erwerbsunterbrechungen hingegen zu geringen Zufriedenheitseinbußen, insbesondere wenn sie ihre Erwerbstätigkeit häufiger als zweimal unterbrechen. Analog zu den Ergebnissen für die Teilstichproben aus den alten Bundesländern haben Nichterwerbstätigkeitsphasen auch in Ostdeutschland einen relativ geringen Einfluss auf die durchschnittliche Zufriedenheit, insbesondere im Vergleich zu den arbeitslosigkeitsbedingten Effekten. Die allgemeine Lebenszufriedenheit ostdeutscher Männer und Frauen sinkt in Folge der ersten Nichterwerbstätigkeitsphase zunächst leicht, nähert sich mit zunehmender Anzahl der Erwerbsunterbrechungen dann jedoch wieder dem durchschnittlichen Zufriedenheitsniveau kontinuierlich beschäftigter Arbeitnehmer an.

In Tabelle 5.4 wird der Zusammenhang zwischen der Dauer von Erwerbsunterbrechungen und der allgemeinen Lebenszufriedenheit west- und ostdeutscher Arbeitnehmer überblicksartig dargestellt. Bei einer kumulierten Arbeitslosigkeitsdauer bis zu einem Jahr lässt sich ein schwach positiver Effekt auf die allgemeine Lebenszufriedenheit westdeutscher Männer erkennen. Eine mögliche Begründung für diese Beobachtung könnte die zumindest kurzfristig relativ gute finanzielle Absicherung gegen den Verlust des Arbeitsplatzes in Deutschland sein. Arbeitslosigkeit, die kumuliert länger als ein Jahr andauert, scheint hingegen einen negativen Ein-

5.2 Deskriptive Analyse der Einkommens- und Zufriedenheitseffekte

fluss auf das durchschnittliche Zufriedenheitsniveau westdeutscher Arbeitnehmer zu haben. Für westdeutsche Arbeitnehmerinnen lassen sich genau die entgegengesetzten Effekte beobachten. Während Frauen, die über die gesamte betrachtete Lebensphase insgesamt maximal ein Jahr arbeitslos gemeldet waren, tendenziell unzufriedener mit ihrem Leben sind als durchgängig Beschäftigte, wirkt sich eine längere kumulierte Arbeitslosigkeitsdauer im Durchschnitt scheinbar positiv auf die allgemeine Lebenszufriedenheit der entsprechenden Teilstichprobe aus.

Tabelle 5.4: Zufriedenheit in Abhängigkeit der Dauer der Erwerbsunterbrechungen

Stichprobe	Durchschnittliche allgemeine Lebenszufriedenheit (alz)							
	Dauer (D) der Erwerbsunterbrechungen in Jahren							
	$D = 0$		$D \leq 1$		$1 < D \leq 3$		$D > 3$	
	μ	σ	μ	σ	μ	σ	μ	σ
Arbeitslosigkeit								
Männer/ West	7,08	1,5847	7,40	1,5935	6,36	2,0418	6,69	1,3911
Frauen/ West	7,32	1,3293	7,16	1,4702	8,42	1,1645	7,54	1,5007
Männer/ Ost	6,71	1,6179	6,03	1,8760	5,72	2,1438	4,63	1,7707
Frauen/ Ost	6,64	1,5640	6,60	1,5916	5,23	2,3524	5,65	1,5351
Nichterwerbstätigkeit								
Männer/ West	7,08	1,5847	7,39	1,4570	7,29	1,4855	7,27	1,4973
Frauen/ West	7,32	1,3293	7,53	1,2403	7,23	1,6001	7,20	1,6370
Männer/ Ost	6,71	1,6179	6,37	1,6655	6,67	1,5179	6,75	1,5225
Frauen/ Ost	6,64	1,5640	6,61	1,5155	6,65	1,5328	6,62	1,5691

Quelle: Eigene Berechnungen auf Basis der Stichproben A und C des SOEP (Wellen I-U).

Weiterhin geht aus Tabelle 5.4 hervor, dass sich die allgemeine Lebenszufriedenheit ostdeutscher Männer mit zunehmender Arbeitslosigkeitsdauer deutlich reduziert. In der weiblichen ostdeutschen Teilstichprobe wirkt sich Arbeitslosigkeit ebenfalls eindeutig negativ auf die mittlere allgemeine Lebenszufriedenheit aus, wobei sich der negative Effekt zunächst mit zunehmender Dauer der Arbeitslosigkeit verstärkt, ab einer kumulierten Dauer von drei Jahren dann aber wieder leicht sinkt.

Sonstige Erwerbsunterbrechungen sind für westdeutsche Männer mit einem geringen positiven Zufriedenheitseffekt verbunden, der mit zunehmender Dauer abschwächt. Westdeutsche Arbeitnehmerinnen profitieren zufriedenheitsmäßig lediglich von kurzen Nichterwerbstätigkeitsphasen ($D \leq 1$). Sobald die Dauer der kumulierten Erwerbspausen ein Jahr übersteigt, zeichnen sich hingegen geringfügige negative Zufriedenheiteffekte ab. Ostdeutsche Männer, die ihre Erwerbstätigkeit insgesamt bis zu drei Jahre unterbrechen, sind tendenziell unzufriedener als durchgängig beschäftigte Arbeitnehmer. Kumuliert sich die Dauer der Nichterwerbstätigkeitsphasen zu mehr als drei Jahre auf, lässt sich ein minimaler Anstieg der allgemeinen Lebenszufriedenheit feststellen. Das mittlere Zufriedenheitsniveau ostdeutscher Frauen reagiert lediglich in sehr geringem Ausmaß auf nicht-arbeitslosigkeitsbedingte Erwerbsunterbrechungen. Insgesamt ist kein eindeutiger Zusammenhang zwischen der allgemeinen Lebenszufriedenheit und der kumulierten Nichterwerbstätigkeitsdauer erkennbar.

Abschließend lässt sich festhalten, dass Arbeitslosigkeit scheinbar einen stärkeren Einfluss auf die allgemeine Lebenszufriedenheit hat als sonstige Nichterwerbstätigkeitsphasen, insbesondere in den neuen Bundesländern. Vor allem für ostdeutsche Männer lässt sich eindeutig ein negativer Zusammenhang zwischen der Zufriedenheit mit ihrem Leben und der kumulierten Arbeitslosigkeitsdauer feststellen. Des Weiteren zeigen die Tabellen 5.3 und 5.4, dass ostdeutsche Arbeitnehmer unabhängig von ihren Karriereverläufen tendenziell unzufriedener mit ihrem Leben sind als ihre westdeutschen Kollegen.

Kapitel 6

Empirische Analyse

6.1 Einkommenseffekte von Erwerbspausen

Als Grundlage der folgenden empirischen Einkommensanalyse dient die in Kapitel 4 hergeleitete Einkommensfunktion (vgl. Gleichung 4.1.). Um den Einfluss von Erwerbspausen möglichst genau erklären und die empirischen Ergebnisse hinsichtlich ihrer Robustheit überprüfen zu können, werden insgesamt vier Modelle geschätzt, die sich lediglich hinsichtlich der Spezifizierung der Erwerbsunterbrechungsvariablen unterscheiden:

- *Modell (1)* beinhaltet neben den üblichen Humankapitalvariablen[338] sowie den in Anhang B aufgeführten persönlichen und arbeitsplatzbezogenen Merkmalen lediglich die kumulierte Anzahl und Dauer der individuellen Arbeitslosigkeits- und Nichterwerbstätigkeitsphasen als erklärende Variablen.

- In *Modell (2)* wird von dem in Modell (1) unterstellten linearen Zusammenhang zwischen dem Einkommen und der kumulierten Dauer der Erwerbsunterbrechungen abstrahiert, indem zusätzlich die quadrierte Arbeitslosigkeits- und Nichterwerbstätigkeitsdauer berücksichtigt werden.

- Um den Einfluss einer möglichen Interaktion zwischen der Anzahl und Dauer der Erwerbspausen schätzen zu können, werden in *Modell (3)* anstelle der quadrierten Dauer die Produkte aus Anzahl und Dauer der beiden untersuchten Erwerbsunterbrechungskategorien als Regressoren aufgenommen.

---

[338] (Quadrierte) Berufserfahrung in Jahren, (quadrierte) Betriebszugehörigkeitsdauer in Jahren, Schulabschluss- und Berufsabschlussdummies. Vgl. hierzu Anhang B.

- *Modell (4)* stellt das umfassendste Modell dar und enthält neben der kumulierten Anzahl und Dauer der Arbeitslosigkeits- und Nichterwerbstätigkeitsphasen sowohl die in Modell (2) spezifizierte quadrierte Dauer als auch die Interaktionsterme zwischen der Anzahl und Dauer der Erwerbsunterbrechungen aus Modell (3).

Als Entscheidungshilfe bei der Auswahl eines geeigneten Schätzverfahrens werden zunächst sog. Hausman-Spezifikationstests durchgeführt. Die Ergebnisse dieser Tests lassen unabhängig von der gewählten Modellspezifikation und den untersuchten Teilstichproben auf eine Korrelation zwischen den zeitkonstanten Individualeffekten und den Regressoren schließen, so dass die Fixed-Effects-Methode ein adäquates Verfahren für die geplante Einkommensanalyse zu sein scheint.[339] Zudem werden White-Tests durchgeführt, deren Ergebnisse auf eine Verletzung der klassischen Homogenitätsannahme für die Störterme hinweisen.[340] Die vier Modelle werden daher jeweils um den Whiteschen Varianzschätzer ergänzt.[341]

6.1.1 Einfluss auf den Bruttostundenlohn

6.1.1.1 Ergebnisse für Westdeutschland

Tabelle 6.1 gibt zunächst einen Überblick über die Auswirkungen von Arbeitslosigkeits- und sonstigen Nichterwerbstätigkeitsphasen auf den Bruttostundenlohn westdeutscher Männer. Es lässt sich feststellen, dass der stärkste Einkommenseffekt von der kumulierten Arbeitslosigkeitsdauer ausgeht: Arbeitslosigkeit ist für westdeutsche Arbeitnehmer mit einer Lohneinbuße zwischen 6,94% (Modell (3)) und 9,77% (Modell (2)) pro Jahr verbunden.[342] Für einen positiven Einfluss der quadrierten Arbeitslosigkeitsdauer kann lediglich auf einem Signifikanzniveau von 10% empirische Evidenz nachgewiesen werden, so dass sich der exakte Zusammenhang zwischen der Arbeitslosigkeitsdauer und dem Bruttostundenlohn westdeutscher Männer anhand der vier ausgewählten Modellspezifikationen nicht eindeutig klären lässt. Dies bedeutet, dass sich auch ein linearer Zusammenhang zwischen den beiden Variablen nicht zweifelsfrei ausschließen lässt.

---

[339] Für einen Überblick über die Ergebnisse der Hausman-Spezifikationstests vgl. Tabelle C.1 und C.2 in Anhang C.1.
[340] Für einen Überblick über die Ergebnisse der White-Tests vgl. Tabelle C.3 und C.4 in Anhang C.2.
[341] Die Ergebnisse der Einkommensanalyse können hinsichtlich ihrer Wirkungsrichtung und Signifikanz jedoch auch bei Verzicht auf die robusten Varianzschätzer bestätigt werden.
[342] Der negative Einfluss der Arbeitslosigkeitsdauer ist unabhängig von der Modellspezifikation jeweils auf einem Signifikanzniveau von 1% gesichert.

6.1 Einkommenseffekte von Erwerbspausen

Tabelle 6.1: Robuste Fixed-Effects-Lohnschätzungen für westdeutsche Männer

	Abhängige Variable: lnw			
Erklärende Variablen	Modell (1) Koeff. (t-Wert)	Modell (2) Koeff. (t-Wert)	Modell (3) Koeff. (t-Wert)	Modell (4) Koeff. (t-Wert)
	Humankapitalvariablen			
kum. Anz. der ALO-Phasen	-0,0236 (-1,26)	-0,0154 (-0,78)	-0,0209 (-1,06)	-0,0128 (-0,63)
kum. ALO-Dauer	-0,0736*** (-4,28)	-0,0977*** (-3,37)	-0,0694*** (-2,92)	-0,0936*** (-2,70)
quadr. kum. ALO-Dauer		0,1796* (1,65)		0,1802* (1,66)
Interaktionsterm-ALO			-0,0022 (-0,33)	-0,0022 (-0,33)
kum. Anz. der NERW-Phasen	-0,0153 (-1,31)	-0,0123 (-1,01)	-0,0191 (-1,47)	-0,0163 (-0,99)
kum. NERW-Dauer	0,0079* (1,65)	0,0032 (0,31)	0,0038 (0,44)	0,0023 (0,22)
quadr. kum. NERW-Dauer		0,0170 (0,71)		0,0087 (0,26)
Interaktionsterm-NERW			0,0011 (0,63)	0,0008 (0,35)
Höchster Schulabschluss (Ref.: Haupt-/ Realschule)				
Abitur	0,0323 (1,43)	0,0317 (1,41)	0,0325 (1,44)	0,0317 (1,40)
(noch) kein Abschluss	0,0651 (1,27)	0,0622 (1,21)	0,0669 (1,29)	0,0635 (1,22)
anderer Abschluss	-0,0907 (-1,25)	-0,0962 (-1,32)	-0,0897 (-1,23)	-0,0953 (-1,30)
Höchster Berufsabschluss (Ref.: Berufsabschluss)				
Hochschulabschluss	0,0478 (1,16)	0,0494 (1,20)	0,1484 (1,18)	0,0495 (1,20)
kein Abschluss	-0,0178 (-0,86)	-0,0168 (-0,81)	-0,0179 (-0,87)	-0,0170 (-0,82)
Berufserfahrung	0,0284*** (3,29)	0,0242*** (2,62)	0,0280*** (3,23)	0,0240*** (2,60)
quadr. Berufserfahrung	-0,0291*** (-3,24)	-0,0294*** (-3,25)	-0,0288*** (-3,17)	-0,0293*** (-3,21)
Betriebszugehörigkeit	0,0014 (0,96)	0,0014 (0,94)	0,0014 (0,95)	0,0014 (0,94)
quadr. Betriebszugehörigkeit	-0,0080 (-1,51)	-0,0079 (-1,49)	-0,0079 (-1,49)	-0,0078 (-1,48)

Fortsetzung der Tabelle 6.1 folgt auf der nächsten Seite ...

Fortsetzung - Tabelle 6.1

Erklärende Variablen	Modell (1) Koeff. (t-Wert)	Modell (2) Koeff. (t-Wert)	Modell (3) Koeff. (t-Wert)	Modell (4) Koeff. (t-Wert)
Perönliche Merkmale				
Familienstand (Ref.: *verheiratet*)				
ledig	0,0814* (1,90)	0,0816* (1,90)	0,0814* (1,89)	0,0815* (1,89)
verwitwet/ geschieden	-0,0147 (-0,63)	-0,0139 (-0,60)	-0,0136 (-0,58)	-0,0135 (-0,58)
Kinderzahl (< 16 Jahre)	0,0215*** (4,48)	0,0217*** (4,51)	0,0215*** (4,49)	0,0216*** (4,49)
Kleinkind (< 3 Jahre)	0,0084 (1,14)	0,0079 (1,06)	0,0085 (1,15)	0,0080 (1,07)
Gesundheitszustand	-0,0023 (-0,27)	-0,0024 (-0,28)	-0,0024 (-0,28)	-0,0024 (-0,29)
Erwerbsminderung	-0,0107 (-0,38)	-0,0110 (-0,39)	-0,0108 (-0,38)	-0,0109 (-0,38)
Pflegefall im Haushalt	-0,0225 (-1,09)	-0,0234 (-1,14)	-0,0215 (-1,04)	-0,0226 (-1,09)
Konstante	4,62*** (11,57)	4,70*** (11,62)	4,63*** (11,57)	4,70*** (11,62)
Jahresdummies (12)	ja	ja	ja	ja
Altersdummies (2)	ja	ja	ja	ja
Berufliche Merkmale (5)	ja	ja	ja	ja
Anzahl der Personenjahre	5.907			
Anzahl der Personen	992			
R^2 (Within)	0,2469	0,2475	0,2470	0,2475
Varianzkomponenten				
Standardfehler u_i	0,3293	0,3266	0,3317	0,3272
Standardfehler ϵ_{it}	0,1459	0,1459	0,1460	0,1460
F-Test für $u_i = 0$	23,01***	22,77***	22,25***	21,86***
Freiheitsgrade (df)	(48, 4.867)	(50, 4.865)	(50, 4.865)	(52, 4.863)
AIC	-7.018,029	-7.018,113	-7.014,593	-7.014,424
BIC	-6.690,518	-6.677,234	-6.673,715	-6.660,178

Anmerkung: ***, **, * bezeichnet Signifikanz auf dem 1%-, 5%- bzw. 10%-Niveau.
Abkürzungen: ALO: Arbeitslosigkeit; NERW: Nichterwerbstätigkeit.

Quelle: Eigene Berechnungen auf Basis der Stichprobe A des SOEP (Wellen I-U).

6.1 Einkommenseffekte von Erwerbspausen

Aus Tabelle 6.1 geht weiterhin hervor, dass die Anzahl der Erwerbspausen weder per se noch in Verbindung mit ihrer kumulierten Dauer einen signifikanten Einfluss auf den Verdienst der betrachteten Teilstichprobe hat.[343] Der im Rahmen der deskriptiven Analyse vermutete positive Einfluss von Nichterwerbstätigkeitsphasen auf den Bruttostundenlohn westdeutscher Männer kann empirisch ebenfalls nicht bestätigt werden. Lediglich auf Basis von Modell (1) lässt sich ein schwacher positiver Einkommenseffekt der kumulierten Nichterwerbstätigkeitsdauer nachweisen, der jedoch nur auf einem Signifikanzniveau von 10% gesichert ist. Dementsprechend lässt sich auch für einen Einfluss der quadrierten Nichterwerbstätigkeitsdauer keine empirische Evidenz zeigen.

Bevor die Ergebnisse für die weibliche Teilstichprobe aus Westdeutschland erläutert werden, soll im Folgenden kurz auf einige weitere wichtige Einflussfaktoren des Bruttostundenlohnes westdeutscher Männer hingewiesen werden. Aus Tabelle 6.1 geht hervor, dass der in der Humankapitaltheorie postulierte positive Zusammenhang zwischen der Berufserfahrung und der individuellen Entlohnung für die betrachtete Teilstichprobe eindeutig bestätigt werden kann. Der Bruttostundenlohn westdeutscher Arbeitnehmer steigt tendenziell mit zunehmender Berufserfahrung, allerdings mit abnehmender Intensität, d.h. je mehr Berufserfahrung ein Arbeitnehmer bereits vorweisen kann, desto schwächer wirkt sich ein zusätzliches Berufsjahr auf den Lohnsatz des Betreffenden aus. Ein zusätzliches Berufsjahr führt durchschnittlich zu einem Lohnzuwachs zwischen 2,40% bis 2,84%, wobei die Ertragsrate mit zunehmender Berufserfahrung sinkt.[344] Abweichend von den Ergebnissen einiger vorangegangener Untersuchungen kann im Rahmen der vorliegenden Analyse jedoch kein positiver Einkommenseffekt der aktuellen Betriebszugehörigkeitsdauer nachgewiesen werden.[345] Die schulischen und beruflichen Bildungsabschlüsse scheinen ebenfalls keinen Einfluss auf die individuellen Einkommensprofile westdeutscher Männer zu haben.[346]

---

[343]Die Ergebnisse der deskriptiven Analyse legen die Vermutung nahe, dass sich Arbeitslosigkeitsphasen (Nichterwerbstätigkeitsphasen) mit zunehmender Anzahl negativ (positiv) auf das Einkommen westdeutscher Männer auswirken, allerdings eher in geringem Ausmaß. Anzumerken ist jedoch, dass im Rahmen der deskriptiven Analyse lediglich einige ausgewählte Untergruppen der Teilstichproben untersucht wurden, so dass ihre Aussagekraft stark eingeschränkt ist. Zudem besteht die Gefahr, dass die vermeintlichen Einkommenseffekte von der Gruppenbildung überlagert werden. Vgl. hierzu Abschnitt 5.2.
[344]*Licht* u.a. (1992) ermitteln im Rahmen ihrer Untersuchung bezogen auf einen Zeitraum von fünf Jahren eine durchschnittliche Lohnrendite in Höhe von 2,6% pro Berufsjahr. Vgl. hierzu den Literaturüberblick in Abschnitt 2.2.1.2 in der vorliegenden Untersuchung.
[345]Vgl. hierzu z.B. *Licht* u.a. (1991a/b).
[346]Anzumerken ist an dieser Stelle jedoch, dass im Rahmen der Einkommensschätzungen neben den Humankapitalvariablen auch zahlreiche arbeitsplatzbezogene Merkmale berücksichtigt werden, deren Einfluss auf die individuelle Entlohnung den Effekt des Bildungsniveaus unter Umständen überlagern. Vgl. hierzu bspw. *Dougherty* (2005), S. 971.

Weiterhin gibt Tabelle 6.1 einen Hinweis darauf, dass ledige Männer in Westdeutschland tendenziell besser entlohnt werden als ihre verheirateten Kollegen. Dieses Ergebnis ist jedoch lediglich auf einem 10%-igen Signifikanzniveau gesichert. Der geschätzte positive Koeffizient der unabhängigen Variablen „Kinderzahl" ist hingegen hochsignifikant, d.h. mit zunehmender Kinderzahl scheinen westdeutsche Arbeitnehmer einen höheren Lohnsatz zu realisieren. Anzumerken ist jedoch, dass auf Grundlage der Schätzergebnisse keine eindeutigen Aussagen über den kausalen Zusammenhang zwischen dem Einkommen und der Anzahl der im Haushalt lebenden Kinder möglich ist. Einerseits könnte es sein, dass das Bewusstsein, eine Familie ernähren zu müssen, zu einer höheren Arbeitsmotivation und einem verstärkten Arbeitseinsatz und damit zu einer höheren Entlohnung führt. Andererseits ist es jedoch auch möglich, dass sich bevorzugt Besserverdiener für eine Familie mit Kindern entscheiden, da sie wissen, dass sie diese auch versorgen können. Für die übrigen persönlichen Kontrollvariablen lässt sich keine empirische Evidenz zeigen.

In Tabelle 6.2 werden die Ergebnisse der Einkommensanalyse für die Teilstichprobe der westdeutschen Frauen zusammenfassend dargestellt. In Übereinstimmung mit den Ergebnissen der deskriptiven Analyse lassen sich auch empirisch keine eindeutigen arbeitslosigkeitsbedingten Einkommenseffekte nachweisen.[347] Sonstige Nichterwerbstätigkeitsphasen wirken sich mit zunehmender Häufigkeit hingegen negativ auf den Bruttostundenlohn westdeutscher Arbeitnehmerinnen aus:[348] Der Individuallohn reduziert sich je nach Modellspezifikation zwischen 3,80% (Modelle (1)) und 9,73% (Modell (4)) pro Erwerbsunterbrechung.[349] Ein Einfluss der kumulierten Nichterwerbstätigkeitsdauer sowie eine Interaktion zwischen der Anzahl und Dauer von Nichterwerbstätigkeitsphasen können im Rahmen der vorliegenden Analyse nicht eindeutig nachgewiesen werden.[350] Für einen Einfluss der übrigen Humankapitalvariablen auf das Individualeinkommen westdeutscher Arbeitnehmerinnen lässt sich im Gegensatz zu ihren männlichen Kollegen, für die insbesondere der in der Humankapitaltheorie üblicherweise unterstellte positive Zusammenhang zwischen dem Verdienst und der Berufserfahrung bestätigt werden konnte, keine empirische Evidenz nachweisen.

---

[347] Für die Ergebnisse der deskriptiven Analyse vgl. Abschnitt 5.2.1.
[348] Die Ergebnisse der deskriptiven Analyse geben eher einen Hinweis auf einen schwachen positiven Zusammenhang zwischen Nichterwerbstätigkeitsphasen und dem individuellen Einkommen. An dieser Stelle sei jedoch noch einmal darauf hingewiesen, dass im Rahmen der deskriptiven Analyse lediglich ausgewählte Untergruppen der Teilstichproben untersucht wurden, so dass die Aussagekraft ihrer Ergebnisse stark eingeschränkt ist. Vgl. Abschnitt 5.2.1.
[349] Vgl. Tabelle 6.2.
[350] Lediglich Modellspezifikation (4) lässt einen schwachen positiven Zusammenhang zwischen der Anzahl und Dauer von nicht auf Arbeitslosigkeit beruhenden Erwerbspausen vermuten, wobei die Irrtumswahrscheinlichkeit α jedoch 10% beträgt.

6.1 Einkommenseffekte von Erwerbspausen

Tabelle 6.2: Robuste Fixed-Effects-Lohnschätzungen für westdeutsche Frauen

Erklärende Variablen	Abhängige Variable: lnw			
	Modell (1) Koeff. (t-Wert)	**Modell (2)** Koeff. (t-Wert)	**Modell (3)** Koeff. (t-Wert)	**Modell (4)** Koeff. (t-Wert)
Humankapitalvariablen				
kum. Anz. der ALO-Phasen	-0,0237 (-0,60)	0,0003 (0,01)	-0,0383 (-0,90)	0,0038 (0,09)
kum. ALO-Dauer	0,0122 (0,23)	-0,0894 (-1,25)	-0,0236 (-0,35)	-0,0934 (-1,27)
quadr. kum. ALO-Dauer		1,5640* (1,87)		1,6593* (1,73)
Interaktionsterm-ALO			0,0139 (1,18)	-0,0019 (-0,13)
kum. Anz. der NERW-Phasen	-0,0380** (-2,21)	-0,0424** (-2,49)	-0,0665** (-2,42)	-0,0973*** (-3,14)
kum. NERW-Dauer	0,0093 (1,49)	0,0284* (1,68)	-0,0012 (-0,10)	0,0236 (1,28)
quadr. kum. NERW-Dauer		-0,0633 (-1,02)		-0,1066 (-1,56)
Interaktionsterm-NERW			0,0025 (1,16)	0,0045* (1,85)
Höchster Schulabschluss (Ref.: *Haupt-/ Realschule*)				
Abitur	-0,0289 (-0,34)	-0,0296 (-0,34)	-0,0306 (-0,36)	-0,0278 (-0,32)
(noch) kein Abschluss	0,0502 (0,32)	0,0550 (0,35)	0,0347 (0,22)	0,0347 (0,23)
anderer Abschluss	-0,0445 (-0,33)	-0,0430 (-0,32)	-0,0419 (-0,31)	-0,03683 (-0,28)
Höchster Berufsabschluss (Ref.: *Berufsabschluss*)				
Hochschulabschluss	-0,0081 (-0,23)	-0,0157 (-0,44)	-0,0124 (-0,35)	-0,0229 (-0,63)
kein Abschluss	0,0393 (1,17)	0,0405 (1,21)	0,0426 (1,26)	0,0455 (1,35)
Berufserfahrung	0,0182 (1,15)	0,0211 (1,39)	0,0170 (1,06)	0,0227 (1,51)
quadr. Berufserfahrung	-0,0193 (-0,61)	-0,0223 (-0,75)	-0,0141 (-0,44)	-0,0200 (-0,68)

Fortsetzung der Tabelle 6.2 folgt auf der nächsten Seite ...

Fortsetzung - Tabelle 6.2

Erklärende Variablen	Modell (1) Koeff. (t-Wert)	Modell (2) Koeff. (t-Wert)	Modell (3) Koeff. (t-Wert)	Modell (4) Koeff. (t-Wert)
Betriebszugehörigkeit	-0,0037 (-0,86)	-0,0046 (-1,09)	-0,0040 (-0,93)	-0,0052 (-1,22)
quadr. Betriebszugehörigkeit	0,0064 (0,36)	0,0090 (0,51)	0,0066 (0,37)	0,0107 (0,61)
Perönliche Merkmale				
Familienstand (Ref.: *verheiratet*)				
ledig	0,0177 (0,24)	0,0193 (0,27)	0,0131 (0,18)	0,0018 (0,02)
verwitwet/ geschieden	0,1021*** (3,65)	0,1016*** (3,66)	0,1007*** (3,60)	0,0986*** (3,56)
Kinderzahl ($<$ 16 Jahre)	-0,0271* (-1,81)	-0,0314* (-1,94)	-0,0236 (-1,59)	-0,0297* (-1,87)
Kleinkind ($<$ 3 Jahre)	-0,0622*** (-2,63)	-0,0612** (-2,55)	-0,0624*** (-2,64)	-0,0591** (-2,46)
Gesundheitszustand	0,0068 (0,31)	0,0057 (0,26)	0,0071 (0,32)	0,0071 (0,32)
Erwerbsminderung	0,0423 (1,01)	0,0426 (1,02)	0,0425 (1,02)	0,0423 (1,01)
Pflegefall im Haushalt	0,0969* (1,85)	0,0945* (1,82)	0,0973* (1,88)	0,0995* (1,92)
Konstante	3,35*** (14,78)	3,29*** (14,43)	3,49*** (13,15)	3,42*** (13,59)
Jahresdummies (12)	ja	ja	ja	ja
Altersdummies (2)	ja	ja	ja	ja
Berufliche Merkmale (5)	ja	ja	ja	ja
Anzahl der Personenjahre		3.840		
Anzahl der Personen		826		
R^2 (Within)	0,1501	0,1535	0,1516	0,1560
Varianzkomponenten				
Standardfehler u_i	0,4746	0,4825	0,4708	0,4802
Standardfehler ϵ_{it}	0,2666	0,2662	0,2665	0,2658
F-Test für $u_i = 0$	6,84***	6,82***	6,77***	6,68***
Freiheitsgrade (df)	(48, 2.966)	(50, 2.964)	(50, 2.964)	(52, 2.962)
AIC	-149,055	-160,515	-151,675	-167,8303
BIC	157,353	158,400	167,240	163,591

Anmerkung: ***, **, * bezeichnet Signifikanz auf dem 1%-, 5%- bzw. 10%-Niveau.
Abkürzungen: ALO: Arbeitslosigkeit; NERW: Nichterwerbstätigkeit

Quelle: Eigene Berechnungen auf Basis der Stichprobe A des SOEP (Wellen I-U).

6.1 Einkommenseffekte von Erwerbspausen

Aus Tabelle 6.2 wird weiterhin ersichtlich, dass sich von den persönlichen Variablen der Familienstand am stärksten auf das Individualeinkommen westdeutscher Frauen auswirkt: Verwitwete oder geschiedene Frauen verdienen durchschnittlich ca. 10% mehr als ihre verheirateten Kolleginnen. Dieses Ergebnis könnte u.U. damit zusammenhängen, dass verwitwete oder geschiedene Frauen finanziell stärker darauf angewiesen sind, ein höheres Einkommen zu erzielen und dass sie daher eventuell karriereorientierter sind bzw. weniger häufig einer Teilzeitbeschäftigung nachgehen als verheiratete Arbeitnehmerinnen. Die Existenz von Kleinkindern im Haushalt führt hingegen zu einer Reduktion des Bruttostundenlohnes um etwa 6%. Dieses Ergebnis kann u.a. darauf zurückzuführen sein, dass in Westdeutschland die Aufgabe der Kinderbetreuung i.d.R. von den Müttern übernommen wird, denen folglich weniger Zeit für eine auf dem Arbeitsmarkt entlohnte Tätigkeit zur Verfügung steht. Die Segregationstheorie verweist zudem darauf, dass Mütter oder Frauen mit Kinderwunsch Jobs bevorzugen, die sich leichter mit einer Familie vereinbaren lassen, in denen sie häufig jedoch geringere Verdienstmöglichkeiten haben.[351]

Des Weiteren lässt sich erkennen, dass sich die Betreuung einer pflegebedürftigen Person tendenziell eher positiv auf den Bruttostundenlohn westdeutscher Arbeitnehmerinnen auswirkt. Dieses Ergebnis ist jedoch unabhängig von der zugrunde liegenden Modellspezifikation lediglich auf einem Signifikanzniveau von 10% gesichert. In Hinblick auf den Zusammenhang zwischen der Anzahl der im Haushalt lebenden Kinder unter 16 Jahren und den Verdienstmöglichkeiten westdeutscher Frauen lässt sich lediglich auf Basis der Modelle (1), (2) und (4) empirische Evidenz finden. Die entsprechenden Irrtumswahrscheinlichkeiten liegen allerdings ebenfalls bei 10%. Während für die männliche Teilstichprobe eindeutig ein positiver Zusammenhang gezeigt werden konnte, reduziert sich der Bruttostundenlohn westdeutscher Frauen mit steigender Kinderzahl tendenziell.

Zusammenfassend bleibt festzuhalten, dass die Ergebnisse der Einkommensanalyse in Westdeutschland sowohl für die männliche als auch für die weibliche Teilstichprobe insbesondere hinsichtlich der interessierenden Erwerbsunterbrechungsvariablen äußerst robust sind. Zudem haben sich gravierende geschlechtsspezifische Unterschiede gezeigt: Westdeutsche Männer erleiden vor allem in Folge von Arbeitslosigkeit deutliche Einkommenseinbußen, während die finanziellen Nachteile westdeutscher Arbeitnehmerinnen primär auf sonstige, nicht näher spezifizierte Nichterwerbstätigkeitsphasen zurückzuführen sind. Der Bruttostundenlohn westdeutscher Arbeitnehmer reduziert sich in Folge einer kumulierten Arbeitslosigkeitsdauer von einem Jahr durchschnittlich um 8,36%. Für weibliche Beschäftigte führt dagegen jede nicht-arbeitslosigkeitsbedingte Erwerbsunterbrechung unabhängig von ihrer Dauer zu einer Lohnsenkung von rund 6,10%.

---

[351]Vgl. hierzu auch *Dougherty* (2005), S. 970.

6.1.1.2 Ergebnisse für Ostdeutschland

In Tabelle 6.3 werden nachfolgend die Ergebnisse der Einkommensschätzungen für die Teilstichprobe der ostdeutschen Männer überblicksartig dargestellt. Der stärkste Einfluss auf den Bruttostundenlohn ostdeutscher Arbeitnehmer geht von der kumulierten Arbeitslosigkeitsdauer aus: Eine einjährige arbeitslosigkeitsbedingte Erwerbsunterbrechung reduziert den Lohnsatz um durchschnittlich 4,40% bis 12,12%. Weiterhin weisen die in Tabelle 6.3 dargestellten Ergebnisse darauf hin, dass sich dieser Effekt mit zunehmender Dauer abschwächt.[352] Auch eine steigende Anzahl an Arbeitslosigkeitsphasen scheint sich tendenziell negativ auf das Individualeinkommen ostdeutscher Männer auszuwirken; dieser Effekt lässt sich statistisch jedoch nicht eindeutig belegen.[353] In Bezug auf den Zusammenhang zwischen der Häufigkeit und der kumulierten Dauer von arbeitslosigkeitsbedingten Erwerbspausen lassen sich ebenfalls keine statistisch hinreichend gesicherten Ergebnisse feststellen.

Tabelle 6.3: Robuste Fixed-Effects-Lohnschätzungen für ostdeutsche Männer

Erklärende Variablen	Abhängige Variable: lnw			
	Modell (1) Koeff. (t-Wert)	Modell (2) Koeff. (t-Wert)	Modell (3) Koeff. (t-Wert)	Modell (4) Koeff. (t-Wert)
	Humankapitalvariablen			
kum. Anz. der ALO-Phasen	-0,0312* (-1,85)	-0,0171 (-0,99)	-0,0433** (-2,53)	-0,0273 (-1,48)
kum. ALO-Dauer	-0,0440* (-1,84)	-0,1022*** (-2,80)	-0,0796** (-2,33)	-0,1212*** (-3,13)
quadr. kum. ALO-Dauer		0,9921** (2,05)		0,8973* (1,70)
Interaktionsterm-ALO			0,0240** (1,96)	0,0184 (1,51)
kum. Anz. der NERW-Phasen	-0,0164 (-0,72)	-0,0244 (-1,05)	-0,0421 (-1,08)	-0,0981** (-2,04)
kum. NERW-Dauer	-0,0605*** (-3,03)	-0,0252 (-0,68)	-0,0878** (-2,52)	-0,0386 (-0,95)
quadr. kum. NERW-Dauer		-0,2604 (-0,87)		-0,7095* (-1,88)

Fortsetzung der Tabelle 6.3 folgt auf der nächsten Seite ...

---

[352]Sowohl das Bestimmtheitsmaß R^2 als auch die beiden in Tabelle 6.3 ausgewiesenen Informationskriterien AIC und BIC weisen auf eine Verbesserung der Modellanpassung durch die Berücksichtigung der quadrierten Arbeitslosigkeitsdauer hin.
[353]Die Ergebnisse der deskriptiven Analyse sind hinsichtlich des Einflusses der Häufigkeit von Arbeitslosigkeit ebenfalls nicht eindeutig. Vgl. hierzu Tabelle 5.1 in Abschnitt 5.2.1.2.

6.1 Einkommenseffekte von Erwerbspausen

Fortsetzung - Tabelle 6.3

Erklärende Variablen	Modell (1) Koeff. (t-Wert)	Modell (2) Koeff. (t-Wert)	Modell (3) Koeff. (t-Wert)	Modell (4) Koeff. (t-Wert)
Interaktionsterm-NERW			0,0078 (0,82)	0,0196* (1,68)
Höchster Schulabschluss (Ref.: *Haupt-/ Realschule*)				
Abitur	0,0554 (0,59)	0,0605 (0,63)	0,0626 (0,67)	0,0665 (0,70)
(noch) kein Abschluss	0,1814 (1,02)	0,1826 (1,02)	0,1813 (1,02)	0,1834 (1,03)
anderer Abschluss	-0,0562 (-0,64)	-0,0500 (-0,58)	-0,0195 (-0,22)	-0,0234 (-0,27)
Höchster Berufsabschluss (Ref.: *Berufsabschluss*)				
Hochschulabschluss	0,1188** (2,25)	0,1126** (2,16)	0,1319** (2,43)	0,1356** (2,54)
kein Abschluss	-0,0178 (-0,86)	-0,0207 (-0,52)	-0,0140 (-0,36)	-0,0170 (-0,44)
Berufserfahrung	0,0547*** (2,95)	0,0578*** (3,07)	0,0560*** (3,02)	0,0612*** (3,23)
quadr. Berufserfahrung	-0,0756*** (-5,49)	-0,0706*** (-5,49)	-0,0735*** (-5,39)	-0,0739*** (-5,40)
Betriebszugehörigkeit	-0,0010 (-0,51)	-0,0015 (-0,75)	-0,0015 (-0,71)	-0,0019 (-0,90)
quadr. Betriebszugehörigkeit	0,0100 (1,41)	0,0110 (1,53)	0,0108 (1,51)	0,0115 (1,59)
Perönliche Merkmale				
Familienstand (Ref.: *verheiratet*)				
ledig	-0,0271 (-0,62)	-0,0251 (-0,57)	-0,0282 (-0,64)	-0,0260 (-0,59)
verwitwet/ geschieden	-0,0250 (-0,84)	-0,0253 (-0,83)	-0,0245 (-0,81)	-0,0282 (-0,92)
Kinderzahl (< 16 Jahre)	-0,0209** (-2,22)	-0,0220** (-2,33)	-0,0207** (-2,18)	-0,0220** (-2,32)
Kleinkind (< 3 Jahre)	0,0061 (0,46)	0,0049 (0,37)	0,0041 (0,31)	0,0027 (0,20)
Gesundheitszustand	0,0210 (1,20)	0,0227 (1,30)	0,0212 (1,21)	0,0212 (1,21)
Erwerbsminderung	-0,0771* (-1,95)	-0,0768* (-1,94)	-0,0744* (-1,91)	-0,0778** (1,99)
Pflegefall im Haushalt	-0,0792 (-1,09)	-0,0457 (-1,08)	-0,0425 (-0,95)	-0,0378 (-0,93)

Fortsetzung der Tabelle 6.3 folgt auf der nächsten Seite ...

Fortsetzung - Tabelle 6.3

Erklärende Variablen	Modell (1) Koeff. (t-Wert)	Modell (2) Koeff. (t-Wert)	Modell (3) Koeff. (t-Wert)	Modell (4) Koeff. (t-Wert)
Konstante	4,39*** (10,76)	4,35*** (10,84)	4,44*** (10,57)	4,42*** (10,78)
Jahresdummies (12)	ja	ja	ja	ja
Altersdummies (2)	ja	ja	ja	ja
Berufliche Merkmale (5)	ja	ja	ja	ja
Anzahl der Personenjahre		3.636		
Anzahl der Personen		702		
R^2 (Within)	0,4284	0,4312	0,4301	0,4335
Varianzkomponenten				
Standardfehler u_i	0,4774	0,4819	0,4992	0,5339
Standardfehler ϵ_{it}	0,1693	0,1689	0,1691	0,1686
F-Test für $u_i = 0$	29,89***	29,60***	28,56***	28,35***
Freiheitsgrade (df)	(48, 2.886)	(50, 2.884)	(50, 2.884)	(52, 2.882)
AIC	-3.341,749	-3.355,602	-3.348,764	-3.366,478
BIC	-3.044,215	-3.045,670	-3.038,764	-3.044,149

Anmerkung: ***, **, * bezeichnet Signifikanz auf dem 1%-, 5%- bzw. 10%-Niveau.
Abkürzungen: ALO: Arbeitslosigkeit; NERW: Nichterwerbstätigkeit

Quelle: Eigene Berechnungen auf Basis der Stichprobe C des SOEP (Wellen I-U).

Hinsichtlich der nicht auf Arbeitslosigkeit beruhenden Erwerbsunterbrechungen lassen die in Tabelle 6.3 dargestellten Schätzergebnisse einen negativen Einfluss auf den Bruttostundenlohn ostdeutscher Arbeitnehmer vermuten, der statistisch jedoch nicht gesichert ist. Die deskriptive Analyse hat tendenziell eher auf einen positiven Zusammenhang zwischen Einkommen und Nichterwerbstätigkeit hingewiesen, wobei auch hier die Ergebnisse nicht eindeutig waren.[354] Analog zu den westdeutschen Männern kann auch für die betrachteten Arbeitnehmer aus den neuen Bundesländern der in der Humankapitaltheorie als positiv unterstellte Einfluss der Berufserfahrung auf das Einkommen, der sich mit zunehmenden Berufsjahren annahmegemäß abschwächt, empirisch belegt werden. Zudem zeigt sich, dass sich ein Hochschulabschluss in Ostdeutschland im Gegensatz zu Westdeutschland finanziell positiv auswirkt: Hochschulabsolventen erzielen

---

[354] Zudem sei daran erinnert, dass im Rahmen der deskriptiven Analyse nur Personen betrachtet wurden, die ihre Erwerbstätigkeit mindestens einmal *entweder* arbeitslosigkeitsbedingt *oder* aus anderen nicht näher spezifizierten Gründen unterbrochen haben und somit die Aussagekraft der Ergebnisse deutlich eingeschränkt ist.

6.1 Einkommenseffekte von Erwerbspausen

durchschnittlich einen um 11,26% bis 13,56% höheren Bruttostundenlohn als Arbeitnehmer, die lediglich eine berufliche Ausbildung absolviert haben.

Ein weiterer prägnanter Unterschied zwischen den alten und neuen Bundesländern lässt sich in Hinblick auf den Zusammenhang zwischen der Kinderzahl und dem Individualeinkommen erkennen: Während der Bruttostundenlohn westdeutscher Männer positiv mit der Anzahl der im Haushalt lebenden Kinder korreliert ist, kann für ostdeutsche Arbeitnehmer ein signifikant negativer Einkommenseffekt nachgewiesen werden, wobei der kausale Zusammenhang jedoch auch hier unklar ist. Zum einen könnte es sein, dass sich ostdeutsche Männer stärker an der Kinderbetreuung beteiligen als ihre Kollegen aus den alten Bundesländern und eine höhere Kinderzahl für sie folglich mit Einkommensverlusten verbunden ist. Zum anderen wäre es aber auch denkbar, dass sich karriereorientierte Männer mit hohen Verdienstmöglichkeiten häufiger gegen Kinder entscheiden als Mittel- und Geringverdiener, da ihre Opportunitätskosten für die Gründung einer Familie höher sind. In diesem Zusammenhang wäre sicherlich auch die Segregationstheorie eine mögliche Erklärungsalternative. Gemäß der Segregationstheorie tendieren Individuen mit Kinderwunsch dazu, einen Beruf zu wählen, der sich mit einem Familienleben vereinbaren lässt, den betreffenden Arbeitsnehmern häufig jedoch geringere Karriere- und Verdienstmöglichkeiten bietet.

In Tabelle 6.4 wird nachfolgend ein Überblick über die Schätzergebnisse für die Teilstichprobe „Frauen-Ost" gegeben.[355] Ein Vergleich der Ergebnisse für West- und Ostdeutschland zeigt, dass insbesondere Beschäftigte aus den neuen Bundesländern geschlechtsunabhängig unter arbeitslosigkeitsbedingten Einkommenseinbußen leiden. Wie bereits bei ihren männlichen Kollegen, kann auch bei den ostdeutschen Arbeitnehmerinnen festgestellt werden, dass sich Arbeitslosigkeit am stärksten auf ihren individuellen Bruttostundenlohn auswirkt. Vor allem die kumulierte Arbeitslosigkeitsdauer ist negativ mit dem erzielbaren Individualeinkommen korreliert: Eine insgesamt einjährige Unterbrechung der Erwerbstätigkeit kann zu einer Lohnreduktion von bis zu 17,69% führen.[356] Aber auch eine zunehmende Anzahl an Arbeitslosigkeitsphasen scheint sich negativ auf die individuellen Verdienstmöglichkeiten auszuwirken. Weiterhin lässt sich mittels der Modellspezifikationen (3) und (4) ein positiver Zusammenhang zwischen Anzahl und Dauer der Arbeitslosigkeitsphasen nachweisen.[357]

---

[355] Hinweis: Die Variable *sbil03* wurde im Rahmen der Einkommensschätzungen für die Teilstichprobe „Frauen-Ost" nicht berücksichtigt, da sämtliche ausgewählte Frauen über einen schulischen Bildungsabschluss verfügen und somit für die Variable *sbil03* keine Beobachtungen vorliegen. Für eine Übersicht über die berücksichtigten Kontrollvariablen vgl. Tabelle B.1 in Anhang B.
[356] Vgl. die Ergebnisse von Modellspezifikation (3) in Tabelle 6.4.
[357] Die Gütemaße weisen auf eine Verbesserung der Modellanpassung durch die Berücksichtigung des Interaktionsterms von Anzahl und kumulierter Dauer der Arbeitslosigkeitsphasen hin. Vgl. Tabelle 6.4.

Tabelle 6.4: Robuste Fixed-Effects-Lohnschätzungen für ostdeutsche Frauen

	Abhängige Variable: lnw			
	Modell (1)	**Modell (2)**	**Modell (3)**	**Modell (4)**
Erklärende	Koeff.	Koeff.	Koeff.	Koeff.
Variablen	(t-Wert)	(t-Wert)	(t-Wert)	(t-Wert)
	Humankapitalvariablen			
kum. Anz. der ALO-Phasen	-0,0315	-0,0402*	-0,0777***	-0,0964***
	(-1,39)	(-1,67)	(-3,14)	(-3,43)
kum. ALO-Dauer	-0,1128***	-0,0808**	-0,1769***	-0,1304***
	(-4,68)	(-1,99)	(-5,17)	(-3,11)
quadr. kum. ALO-Dauer		-0,5075		-0,8436
		(-0,77)		(-1,35)
Interaktionsterm-ALO			0,0437***	0,0478***
			(2,89)	(3,06)
kum. Anz. der NERW-Phasen	0,0071	0,0094	-0,0237	-0,0323
	(0,32)	(0,41)	(-0,85)	(-0,96)
kum. NERW-Dauer	-0,0245**	-0,0404	-0,0456**	-0,0374
	(-2,17)	(-1,41)	(-2,06)	(-1,32)
quadr. kum. NERW-Dauer		0,1172		-0,0972
		(0,62)		(-0,39)
Interaktionsterm-NERW			0,0061	0,0078
			(1,26)	(1,19)
Höchster Schulabschluss (Ref.: *Haupt-/ Realschule*)				
Abitur	-0,0621	-0,0546	-0,0475	-0,0403
	(-0,85)	(-0,79)	(-0,68)	(-0,62)
anderer Abschluss	-0,0294	-0,0273	-0,0131	-0,0138
	(-0,26)	(-0,25)	(-0,13)	(-0,14)
Höchster Berufsabschluss (Ref.: *Berufsabschluss*)				
Hochschulabschluss	0,3938***	0,4009***	0,4035***	0,4156***
	(7,17)	(7,06)	(7,47)	(7,78)
kein Abschluss	-0,0569	-0,0561	-0,0695	-0,0731
	(-0,85)	(-0,84)	(-1,06)	(-1,11)
Berufserfahrung	0,0074	0,0088	0,0069	0,0114
	(0,52)	(0,64)	(0,49)	(0,82)
quadr. Berufserfahrung	-0,0196	-0,0169	-0,0091	-0,0101
	(-0,99)	(-0,86)	(-0,46)	(-0,51)
Betriebszugehörigkeit	-0,0018	-0,0011	-0,0027	-0,0017
	(-0,58)	(-0,35)	(-0,87)	(-0,54)
quadr. Betriebszugehörigkeit	-0,0044	-0,0062	-0,0031	-0,0042
	(-0,41)	(-0,57)	(-0,29)	(-0,48)

Fortsetzung der Tabelle 6.4 folgt auf der nächsten Seite ...

6.1 Einkommenseffekte von Erwerbspausen

Fortsetzung - Tabelle 6.4

Erklärende Variablen	Modell (1) Koeff. (t-Wert)	Modell (2) Koeff. (t-Wert)	Modell (3) Koeff. (t-Wert)	Modell (4) Koeff. (t-Wert)
Perönliche Merkmale				
Familienstand (Ref.: *verheiratet*)				
ledig	0,0530 (0,64)	0,0540 (0,66)	0,0494 (0,62)	0,0532 (0,67)
verwitwet/ geschieden	0,0582* (1,90)	0,0582* (1,90)	0,0527* (1,74)	0,0509* (1,69)
Kinderzahl (< 16 Jahre)	0,0059 (0,77)	0,0098 (0,78)	0,0130 (1,03)	-0,0123 (0,98)
Kleinkind (< 3 Jahre)	-0,0623** (-2,35)	-0,0613** (-2,32)	-0,0675** (-2,55)	-0,0659** (-2,50)
Gesundheitszustand	-0,0476** (-2,32)	-0,0488** (-2,38)	-0,0466** (-2,30)	-0,0480** (-2,37)
Erwerbsminderung	-0,0024 (-0,05)	-0,0062* (-1,94)	-0,0114 (-0,23)	-0,0088 (-0,19)
Pflegefall im Haushalt	-0,0497 (-0,92)	-0,0457 (-1,08)	-0,0403 (-0,74)	-0,0394 (-0,73)
Konstante	3,33*** (9,76)	3,34*** (9,45)	3,41*** (9,67)	3,35*** (9,49)
Jahresdummies (12)	ja	ja	ja	ja
Altersdummies (2)	ja	ja	ja	ja
Berufliche Merkmale (5)	ja	ja	ja	ja
Anzahl der Personenjahre		3.612		
Anzahl der Personen		736		
R^2 (Within)	0,4210	0,4216	0,4259	0,4270
Varianzkomponenten				
Standardfehler u_i	0,3288	0,3283	0,3345	0,3375
Standardfehler ϵ_{it}	0,2079	0,2079	0,2071	0,2070
F-Test für $u_i = 0$	34,43***	32,84***	33,42***	32,65***
Freiheitsgrade (df)	(47, 2.829)	(49, 2.827)	(49, 2.827)	(51, 2.825)
AIC	-1.882,404	-1.882,029	-1.908,730	-1.911,465
BIC	-1.585,187	-1.572,428	-1.599,129	-1.589,480

Anmerkung: ***, **, * bezeichnet Signifikanz auf dem 1%-, 5%- bzw. 10%-Niveau.
Abkürzungen: ALO: Arbeitslosigkeit; NERW: Nichterwerbstätigkeit

Quelle: Eigene Berechnungen auf Basis der Stichprobe C des SOEP (Wellen I-U).

Sonstige Nichterwerbstätigkeitsphasen scheinen für ostdeutsche Arbeitsnehmerinnen in Abhängigkeit ihrer Dauer tendenziell ebenfalls negative Einkommenseffekte zur Folge zu haben.[358] Von den übrigen ausgewählten Humankapitalvariablen scheint nur der berufliche Bildungsabschluss für die individuelle Einkommensentwicklung relevant zu sein. Auch für ostdeutsche Arbeitnehmerinnen lässt sich ein positiver Zusammenhang zwischen beruflichem Bildungsniveau und individueller Entlohnung nachweisen, der den positiven Einkommenseffekt bei ihren männlichen Kollegen sogar noch deutlich übersteigt: Hochschulabsolventinnen verdienen im Durchschnitt 39,38% bis 41,56% mehr als ihre Kolleginnen, die lediglich eine berufliche Ausbildung abgeschlossen haben.

In Bezug auf die Persönlichkeitsmerkmale lässt sich für die Teilstichprobe „Frauen-Ost" lediglich der Einfluss von im Haushalt lebenden Kleinkindern sowie des Gesundheitszustandes statistisch belegen. Ebenso wie in den alten Bundesländern ist auch in Ostdeutschland das Vorhandensein von Kleinkindern für Frauen mit einer Einkommensminderung von gut 6% verbunden, d.h. dass die Betreuung von Kindern bis zum 3. Lebensjahr in Deutschland scheinbar vorwiegend von den Müttern übernommen wird. Weiterhin zeigt sich, dass ostdeutsche Arbeitnehmerinnen, die nach eigenen Angaben in (sehr) guter gesundheitlicher Verfassung sind, erstaunlicherweise einen um durchschnittlich 4,78% geringeren Bruttostundenlohn erzielen als ihre Kolleginnen mit gesundheitlichen Problemen. Eine mögliche Begründung für dieses Phänomen könnte sein, dass nicht der Gesundheitszustand das Einkommen beeinflusst, sondern dass besser verdienende Frauen arbeitsbedingt stärker belastet sind und daher ihren gesundheitlichen Zustand schlechter bewerten. Andererseits wäre es jedoch auch möglich, dass es sich bei diesem Ergebnis um ein Artefakt handelt, das u.a. aus der großen Anzahl der im Rahmen der Schätzungen berücksichtigten Kontrollvariablen resultieren könnte.

Abschließend lässt sich festhalten, dass Erwerbsunterbrechungen in Deutschland gravierende monetäre Effekte zur Folge haben können.[359] Während der Bruttostundenlohn westdeutscher Männer sowie ostdeutscher Männer und Frauen insbesondere durch Arbeitslosigkeit negativ beeinflusst wird, führen für westdeutsche Arbeitnehmerinnen vor allem nicht auf Arbeitslosigkeit beruhende Erwerbsunterbrechungen zu deutlichen Einkommenseinbußen. Im Folgenden soll exemplarisch ein Überblick über die absoluten erwerbsunterbrechungsbedingten Einkommensverluste in Deutschland gegeben werden. Das Timing der Erwerbspause sowie

---

[358]Dieses Ergebnis ist allerdings lediglich auf Basis der Modelle (1) und (3) auf einem Signifikanzniveau von 5% statistisch gesichert.

[359]Aus einem Vergleich der Ergebnisse der individuellen Einkommensschätzungen wird ersichtlich, dass sich für die ostdeutschen Teilstichproben unabhängig von der zugrunde liegenden Modellspezifika- tion ein wesentlich höheres Bestimmtheitsmaß (R^2) ausweisen lässt. Eine mögliche Begründung für dieses Ergebnis könnte der höhere Arbeitslosenanteil in den alten Bundesländern sein. Vgl. hierzu die Tabellen 4.1 und 4.2 in Kapitel 4 sowie die Abbildungen 5.1 und 5.2 in Kapitel 5 der vorliegenden Untersuchung.

6.1 Einkommenseffekte von Erwerbspausen

mögliche Restaurationseffekte bleiben dabei aus Vereinfachungsgründen unberücksichtigt. Grundlage der folgenden Kalkulationen bilden jeweils die geschätzten Koeffizienten aus dem besten Modell. Die Auswahl der besten Modellanpassung erfolgt dabei anhand von Bayes' Information Criterion (BIC).

Ein durchgängig beschäftigter westdeutscher Arbeitnehmer erzielt im Mittel einen Bruttostundenlohn von 16,86€.[360] Unter der vereinfachenden Annahme eines linearen Zusammenhangs zwischen seinem Individualeinkommen und der kumulierten Arbeitslosigkeitsdauer reduziert sich dieser Lohnsatz – zumindest approximativ – um 7,36% (Modell I) pro Arbeitslosigkeitsjahr. Bei Vernachlässigung des Timings der Erwerbsunterbrechung sowie möglicher Restaurationseffekte führt eine einjährige Arbeitslosigkeitsphase folglich zu einer Reduktion der individuellen Verdienstmöglichkeiten um 1,24€ auf 15,62€ pro Stunde. Für westdeutsche Arbeitnehmerinnen sind erwartungsgemäß sonstige Nichterwerbstätigkeitsphasen von größerer Relevanz, wobei auf Basis der vier spezifizierten Modelle lediglich ein negativer Einfluss der Häufigkeit von nicht-arbeitslosigkeitsbedingten Erwerbsunterbrechungen statistisch belegt werden kann. Eine kontinuierlich beschäftigte Arbeitnehmerin aus Westdeutschland erzielt im Vergleich zu ihren männlichen Kollegen lediglich einen durchschnittlichen Bruttostundenlohn in Höhe von 13,84€.[361] Pro nicht-arbeitslosigkeitsbedingter Erwerbsunterbrechung sinkt dieser Lohnsatz ungefähr um 3,8% (Modell I), d.h. um 0,52€ pro Stunde. Eine westdeutsche Frau, die ihre Erwerbstätigkeit einmalig aus anderen als auf Arbeitslosigkeit beruhenden Gründen unterbrochen hat, verdient somit ca. 13,32€ pro Stunde.

Ostdeutsche Arbeitnehmer und Arbeitnehmerinnen sind insgesamt etwas stärker von Arbeitslosigkeit sowie den daraus resultierenden Einkommensverlusten betroffen als ihre Kollegen aus den alten Bundesländern. Zudem verdienen sie im Durchschnitt deutlich weniger als vergleichbare Beschäftigte aus Westdeutschland. Der mittlere Verdienst eines ostdeutschen Arbeitnehmers mit ununterbrochenem Erwerbsprofil liegt bei ca. 10,62€ pro Stunde.[362] In Folge einer einjährigen Arbeitslosigkeitsphase reduziert sich dieser Stundenlohn um ca. 10,22% (Modell II) bzw. 1,08€ auf rund 9,54€, wobei vereinfachend eine konstante arbeitslosigkeitsbedingte Abschreibungsrate unterstellt wird.[363] Analog zu der Einkommenssituation in den alten Bundesländern erzielen auch in Ostdeutschland Frauen im Durchschnitt einen niedrigeren Lohnsatz als ihre männlichen Kollegen. Zudem zeigt die individuelle Einkommensanalyse, dass ostdeutsche Frauen insgesamt die stärksten arbeitslosigkeitsbedingten Lohneinbußen erleiden. Eine

---

[360] Vgl. hierzu Tabelle A.1 in Anhang A.
[361] Vgl. hierzu Tabelle A.1 in Anhang A.
[362] Vgl. hierzu Tabelle A.1 in Anhang A.
[363] Diese Vorgehensweise erscheint zulässig, da an dieser Stelle lediglich beispielhaft der monetäre Effekt einer *einjährigen* Arbeitslosigkeitsphase kalkuliert wird.

durchgängig beschäftigte ostdeutsche Arbeitnehmerin verdient im Mittel 9,08€ pro Stunde.[364] Bei Vernachlässigung einer Interaktion zwischen der kumulierten Anzahl und Dauer der individuellen Arbeitslosigkeitsphasen reduziert sich ihr Bruttostundenlohn je Arbeitslosigkeitsjahr um rund 17,69% bzw. 1,61€ auf 7,47€.

6.1.2 Auswirkungen auf das Haushaltsnettoeinkommen

Wie bereits erläutert, liegt der Schwerpunkt der Einkommensanalyse auf der Untersuchung der Auswirkungen von Erwerbsunterbrechungen auf den Bruttostundenlohn deutscher Arbeitnehmerinnen und Arbeitnehmer. Die Wahl des Bruttostundenlohnes als abhängige Variable hat mehrere Vorteile: Zum einen erlaubt sie die Erfassung der individuellen Einkommenseffekte von Erwerbspausen. Zum anderen reagiert der Stundenlohn im Vergleich zum Individualeinkommen kaum auf Veränderungen der Arbeitszeit. Des Weiteren bleibt der Bruttostundenlohn im Gegensatz zum Nettoerwerbseinkommen von dem im deutschen Einkommensteuerrecht geltenden Ehegattensplitting weitestgehend unbeeinflusst. Dennoch soll auf eine kurze Analyse der haushaltsbezogenen Einkommenseffekte von Arbeitslosigkeits- und sonstigen Nichterwerbstätigkeitsphasen nicht verzichtet werden, da dem Haushaltsnettoeinkommen aus ökonomischer Sicht eine besondere Bedeutung zukommt: Das Haushaltsnettoeinkommen kann als Indikator für die Leistungsfähigkeit eines Haushaltes betrachtet werden, da es wertvolle Informationen über dessen Konsummöglichkeiten liefert und der individuelle oder haushaltsbezogene Konsum seinerseits annahmegemäß eine wichtige Nutzendeterminante darstellt. Dies kann auch im Rahmen der Zufriedenheitsanalyse belegt werden: Das Haushaltsnettoeinkommen leistet insgesamt einen wesentlich höheren Beitrag zur Zufriedenheitserklärung als der Bruttostundenlohn.[365]

Zur Vorgehensweise: Analog zu der individuellen Einkommensanalyse werden auch im Rahmen der haushaltsbezogenen Untersuchung die vier zu Beginn von Abschnitt 6.1 festgelegten Modelle geschätzt, wobei anstelle des Bruttostundenlohnes jedoch das Haushaltsnettoeinkommen als abhängige Variable spezifiziert wird.[366] Wie bereits der Bruttostundenlohn wird auch das Haushaltsnettoeinkommen mit den Verbraucherpreisindizes des Statistischen Bundesamtes deflationiert[367] und anschließend logarithmiert, um zum einen inflationsbedingte Einflüs-

---
[364]Vgl. hierzu Tabelle A.1 in Anhang A.
[365]Vgl. hierzu Abschnitt 6.2.
[366]Bei den haushaltsbezogenen Einkommensschätzungen werden von den beruflichen Merkmalen jedoch lediglich die Arbeitszeit sowie eine Dummy-Variable für eine Beschäftigung im öffentlichen Dienst berücksichtigt, da der Verzicht auf die übrigen arbeitsplatzbezogenen Determinanten zu einer besseren Modellanpassung führt. Vgl. Tabelle B.1 in Anhang B.
[367]Basisjahr: 2000.

6.1 Einkommenseffekte von Erwerbspausen

se zu beseitigen und zum anderen eine bessere Annäherung der Einkommensverteilung an die Normalverteilung zu gewährleisten. Die Ergebnisse der haushaltsbezogenen Einkommensanalyse werden nachfolgend ebenfalls separat und sukzessive für die vier ausgewählten Teilstichproben „Männer-West", „Frauen-West", „Männer-Ost" und „Frauen-Ost" präsentiert und ausgewertet. Da sich das Interesse hierbei ausschließlich auf die Auswirkungen von Erwerbsunterbrechungen auf das Haushaltsnettoeinkommen west- und ostdeutscher Arbeitnehmerinnen und Arbeitnehmer beschränkt, soll an dieser Stelle auf eine ausführliche Darstellung der Untersuchungsergebnisse verzichtet werden.

6.1.2.1 Ergebnisse für die westdeutschen Teilstichproben

Aus Tabelle 6.5 wird ersichtlich, dass das Haushaltsnettoeinkommen westdeutscher Männer sowohl durch die Anzahl als auch durch die kumulierte Dauer von Arbeitslosigkeitsphasen beeinflusst wird. Hinsichtlich der Häufigkeit von Arbeitslosigkeitsphasen zeigt sich, dass sich das Haushaltsnettoeinkommen westdeutscher Arbeitnehmer durchschnittlich um 4,46% (Modell (2)) bis 7,42% (Modell (3)) pro arbeitslosigkeitsbedingter Erwerbsunterbrechung reduziert. In Bezug auf die kumulierte Arbeitslosigkeitsdauer kann ebenfalls ein signifikant negativer Effekt auf das Haushaltsnettoeinkommen festgestellt werden, der sich mit zunehmender Dauer abzuschwächen scheint. Von einem linearen Zusammenhang zwischen dem Haushaltsnettoeinkommen und der kumulierten Arbeitslosigkeitsdauer westdeutscher Männer kann demnach abstrahiert werden.

Tabelle 6.5: Robuste FE-Einkommensschätzungen für westdeutsche Männer

Erklärende Variablen	Abhängige Variable: lny			
	Modell (1) Koeff. (t-Wert)	**Modell (2)** Koeff. (t-Wert)	**Modell (3)** Koeff. (t-Wert)	**Modell (4)** Koeff. (t-Wert)
	Humankapitalvariablen			
kum. Anz. der ALO-Phasen	-0,0578*** (-2,81)	-0,0446** (-2,14)	-0,0742*** (-3,17)	-0,0597** (-2,55)
kum. ALO-Dauer	-0,0196 (-0,97)	-0,0638** (-2,26)	-0,0455** (-2,00)	-0,0816*** (-2,64)
quadr. kum. ALO-Dauer		0,3551** (2,50)		0,3218*** (2,66)
Interaktionsterm-ALO			0,0125** (2,18)	0,0106** (1,99)
kum. Anz. der NERW-Phasen	-0,0433*** (-3,10)	-0,0424*** (-2,81)	-0,0402*** (-2,53)	-0,0394* (-1,88)

Fortsetzung der Tabelle 6.5 folgt auf der nächsten Seite ...

Fortsetzung - Tabelle 6.5

Erklärende Variablen	Modell (1) Koeff. (t-Wert)	Modell (2) Koeff. (t-Wert)	Modell (3) Koeff. (t-Wert)	Modell (4) Koeff. (t-Wert)
kum. NERW-Dauer	0,0087 (1,27)	0,0133 (0,77)	0,0101 (0,94)	0,0100 (0,75)
quadr. kum. NERW-Dauer		-0,0055 (-0,18)		-0,0007 (-0,02)
Interaktionsterm-NERW			-0,0005 (-0,26)	-0,0004 (-0,16)
Konstante	7,74*** (32,63)	7,87*** (32,11)	7,76*** (32,44)	7,86*** (32,14)
Jahresdummies (12)	ja	ja	ja	ja
HK-Variablen (6)	ja	ja	ja	ja
Persönl. Merkmale (7)	ja	ja	ja	ja
Berufl. Merkmale (2)	ja	ja	ja	ja
Personenjahre		5.802		
Personen		981		
R^2 (Within)	0,5985	0,5992	0,5990	0,5996
F-Test für $u_i = 0$	168,15***	159,61***	159,49***	151,59***
Freiheitsgrade (df)	(36, 4.785)	(38, 4.783)	(38, 4.783)	(40, 4.781)

Anmerkung: ***, **, * bezeichnet Signifikanz auf dem 1%-, 5%- bzw. 10%-Niveau.
Abkürzungen: ALO: Arbeitslosigkeit; NERW: Nichterwerbstätigkeit; HK: Humankapital.

Quelle: Eigene Berechnungen auf Basis der Stichprobe A des SOEP (Wellen I-U).

Weiterhin lässt sich modellunabhängig eine signifikant positive Interaktion zwischen der Anzahl und Dauer von Arbeitslosigkeitsphasen nachweisen, d.h. zum einen, dass mit zunehmeder Anzahl der Arbeitslosigkeitsphasen auch deren kumulierte Dauer steigt und zum anderen, dass das Produkt aus der kumulierten Anzahl und Dauer der individuellen Arbeitslosigkeitsphasen einen positiven Einfluss auf das Haushaltsnettoeinkommen westdeutscher Männer hat. Sonstige Nichterwerbstätigkeitsphasen haben einen deutlich geringeren Einfluss auf das Haushaltsnettoeinkommen westdeutscher Arbeitnehmer: Eine nicht auf Arbeitslosigkeit beruhende Erwerbsunterbrechung führt im Durchschnitt zu einer Einkommensreduktion zwischen 3,06% und 5,46%. Für die kumulierte Nichterwerbstätigkeitsdauer lässt sich hingegen keine empirische Evidenz finden. Abschließend bleibt anzumerken, dass die Ergebnisse für die Teilstichprobe „Männer-West" insgesamt relativ robust sind.

Tabelle 6.6 gibt einen Überblick über die Ergebnisse für die weibliche Teilstichprobe in Westdeutschland. Ein Vergleich der Tabellen 6.5 und 6.6 zeigt, dass

6.1 Einkommenseffekte von Erwerbspausen

die Ergebnisse der Einkommensschätzungen für die westdeutschen Arbeitnehmerinnen weniger eindeutig und wesentlich instabiler sind als diejenigen für ihre männlichen Kollegen.

Tabelle 6.6: Robuste FE-Einkommensschätzungen für westdeutsche Frauen

Erklärende Variablen	Abhängige Variable: lny			
	Modell (1) Koeff. (t-Wert)	Modell (2) Koeff. (t-Wert)	Modell (3) Koeff. (t-Wert)	Modell (4) Koeff. (t-Wert)
Humankapitalvariablen				
kum. Anz. der ALO-Phasen	-0,0475** (-1,99)	-0,0321 (-1,48)	-0,0546** (-2,23)	-0,0306 (-1,26)
kum. ALO-Dauer	0,0340 (0,94)	-0,0285 (-0,77)	0,0156 (0,40)	-0,0266 (-0,74)
quadr. kum. ALO-Dauer		0,9589** (2,50)		0,9737** (2,12)
Interaktionsterm-ALO			0,0083 (1,43)	-0,0009 (-0,13)
kum. Anz. der NERW-Phasen	-0,0033 (-0,34)	-0,0076 (0,74)	0,0242 (1,39)	0,0104 (0,56)
kum. NERW-Dauer	0,0051 (1,35)	0,0238** (2,37)	0,0157** (2,45)	0,0258** (2,51)
quadr. kum. NERW-Dauer		-0,0631** (-2,06)		-0,0483 (-1,54)
Interaktionsterm-NERW			-0,0024* (-1,94)	-0,0014 (-1,19)
Konstante	7,91*** (60,80)	7,83*** (56,51)	7,80*** (54,02)	7,78*** (52,89)
Jahresdummies (12)	ja	ja	ja	ja
HK-Variablen (6)	ja	ja	ja	ja
Persönl. Merkmale (7)	ja	ja	ja	ja
Berufl. Merkmale (2)	ja	ja	ja	ja
Personenjahre		3.822		
Personen		819		
R^2 (Within)	0,5291	0,5309	0,5301	0,5312
F-Test für $u_i = 0$	82,98***	80,37***	79,57***	76,58***
Freiheitsgrade (df)	(36, 2.967)	(38, 2.965)	(38, 2.965)	(40, 2.963)

Anmerkung: ***, **, * bezeichnet Signifikanz auf dem 1%-, 5%- bzw. 10%-Niveau.
Abkürzungen: ALO: Arbeitslosigkeit; NERW: Nichterwerbstätigkeit; HK: Humankapital.

Quelle: Eigene Berechnungen auf Basis der Stichprobe A des SOEP (Wellen I-U).

Arbeitslosigkeit wirkt sich mit zunehmender Häufigkeit tendenziell negativ auf das Haushaltsnettoeinkommen westdeutscher Arbeitnehmerinnen aus, wobei die entsprechenden geschätzten Koeffizienten jedoch lediglich in den Modellen (1) und (3) bei einer Irrtumswahrscheinlichkeit von 5% signifikant von Null verschieden sind. Hinsichtlich der kumulierten Arbeitslosigkeitsdauer lassen sich keine eindeutigen Einkommenseffekte erkennen. Modell (2) und (4) geben zwar einen Hinweis auf einen negativen Einkommenseffekt, der sich mit zunehmender Dauer verstärkt; dieses Ergebnis ist jedoch nicht hinreichend statistisch gesichert. Für eine Interaktion zwischen der Anzahl und Dauer arbeitslosigkeitsbedingter Erwerbsunterbrechungen lässt sich ebenfalls keine empirische Evidenz finden.

Was sonstige Nichterwerbstätigkeitsphasen betrifft scheint lediglich die kumulierte Dauer von Relevanz zu sein: Nichterwerbstätigkeitsjahre wirken sich tendenziell positiv auf das Haushaltsnettoeinkommen westdeutscher Arbeitnehmerinnen aus, wobei der genaue Einfluss der Nichterwerbstätigkeitsdauer auf das Einkommen mit Hilfe der vier spezifizierten Modelle nicht eindeutig geklärt werden kann.[368] Auch ein Zusammenhang zwischen der Häufigkeit und Dauer sonstiger Nichterwerbstätigkeitsphasen kann statistisch nicht eindeutig belegt werden. Auf Basis von Modell (3) ergibt sich zwar eine signifikant positive Interaktion zwischen der kumulierten Anzahl und Dauer der Nichterwerbstätigkeitsphasen, das entsprechende Signifikanzniveau beläuft sich allerdings lediglich auf 10%.

6.1.2.2 Ergebnisse für die ostdeutschen Teilstichproben

In Tabelle 6.7 werden nachfolgend die ausgewählten Ergebnisse der Einkommensregressionen für die Teilstichprobe „Männer-Ost" dargestellt. Insgesamt lässt sich erkennen, dass die Schätzergebnisse bei den ostdeutschen Männer wesentlich weniger robust sind als bei den beiden westdeutschen Teilstichproben. Während im Rahmen der Lohnregressionen gezeigt wurde, dass sich insbesondere die kumulierte Arbeitslosigkeitsdauer negativ auf den Bruttostundenlohn ostdeutscher Arbeitnehmer auswirkt, ergibt sich auf Haushaltsebene kein eindeutiger Effekt: Arbeitslosigkeit scheint das Haushaltsnettoeinkommen der betrachteten Teilstichprobe zwar tendenziell negativ zu beeinflussen, der geschätzte Koeffizient der kumulierten Anzahl der Arbeitslosigkeitsphasen ist allerdings lediglich in den Modellen (2) bis (4) bei einer Irrtumswahrscheinlichkeit von 10% signifikant von Null verschieden. Auf Basis von Modell (1) kann statistisch hingegen kein negativer Einkommenseffekt nachgewiesen werden. Auch für einen Einfluss der Arbeitslosigkeitsdauer lässt sich keine empirische Evidenz finden.

---

[368] Modell (2) lässt vermuten, dass sich der positive Einkommenseffekt mit zunehmender Dauer leicht abschwächt. Vgl. Tabelle 6.6 in diesem Kapitel.

6.1 Einkommenseffekte von Erwerbspausen

Tabelle 6.7: Robuste FE-Einkommensschätzungen für ostdeutsche Männer

Erklärende Variablen	Abhängige Variable: lny			
	Modell (1) Koeff. (t-Wert)	Modell (2) Koeff. (t-Wert)	Modell (3) Koeff. (t-Wert)	Modell (4) Koeff. (t-Wert)
	Humankapitalvariablen			
kum. Anz. der ALO-Phasen	-0,0253 (-1,58)	-0,0282* (-1,69)	-0,0285* (-1,68)	-0,0318* (-1,82)
ku. ALO-Dauer	-0,0285 (-1,34)	0,0018 (0,06)	-0,0374 (-1,35)	-0,0030 (-0,09)
quadr. kum. ALO-Dauer		-0,4131 (-1,22)		-0,4330 (-1,23)
Interaktionsterm-ALO			0,0060 (0,47)	0,0064 (0,50)
kum. Anz. der NERW-Phasen	0,0159 (0,66)	-0,0063 (-0,28)	0,0110 (0,31)	-0,1083*** (-2,82)
kum. NERW-Dauer	0,0022 (0,09)	0,1314*** (3,54)	-0,0028 (-0,07)	0,1130*** (2,96)
quadr. kum. NERW-Dauer		-0,0133*** (-4,10)		-0,6445*** (-5,17)
Interaktionsterm-NERW			0,0015 (0,20)	0,0272*** (3,01)
Konstante	7,63*** (21,28)	7,34*** (20,06)	7,64*** (20,46)	7,46*** (20,10)
Jahresdummies (12)	ja	ja	ja	ja
HK-Variablen (6)	ja	ja	ja	ja
Persönl. Merkmale (7)	ja	ja	ja	ja
Berufl. Merkmale (2)	ja	ja	ja	ja
Personenjahre		3.623		
Personen		701		
R^2 (Within)	0,5138	0,5176	0,5139	0,5200
F-Test für $u_i = 0$	75,66***	73,32***	72,40***	70,76***
Freiheitsgrade (df)	(36, 2.886)	(38, 2.884)	(38, 2.884)	(40, 2.882)

Anmerkung: ***, **, * bezeichnet Signifikanz auf dem 1%-, 5%- bzw. 10%-Niveau.
Abkürzungen: ALO: Arbeitslosigkeit; NERW: Nichterwerbstätigkeit; HK: Humankapital.

Quelle: Eigene Berechnungen auf Basis der Stichprobe C des SOEP (Wellen I-U).

In Hinblick auf den Zusammenhang zwischen nicht auf Arbeitslosigkeit beruhenden Erwerbsunterbrechungen und dem Haushaltsnettoeinkommen ostdeutscher

Männer sind die Ergebnisse noch instabiler: Mit Hilfe von Modell (4) kann empirische Evidenz für einen negativen Einfluss der Anzahl sonstiger Nichterwerbstätigkeitsphasen auf das Haushaltsnettoeinkommen nachgewiesen werden, die sich anhand der übrigen drei Modelle allerdings nicht bestätigen lässt. Hinsichtlich der kumulierten Nichterwerbstätigkeitsdauer zeigen die Modelle (2) und (4) einen signifikant positiven Einkommenseffekt, der mit zunehmender Dauer jedoch abschwächt. Ein positiver Zusammenhang zwischen der kumulierten Anzahl und Dauer der individuellen Nichterwerbstätigkeitsphasen lässt sich lediglich auf Basis von Modell (4) statistisch belegen.

Insgesamt bleibt demnach festzuhalten, dass auf Grundlage der vier spezifizierten Modelle für die Teilstichprobe „Männer-Ost" keine eindeutigen Aussagen in Bezug auf den Einfluss von Erwerbsunterbrechungen auf das Haushaltsnettoeinkommen möglich sind. Die Ergebnisse weisen jedoch auf einen positiven nichtlinearen Zusammenhang zwischen der kumulierten Nichterwerbstätigkeitsdauer und dem Haushaltsnettoeinkommen hin. Dieser vermeintlich positive Einkommenseffekt könnte darauf zurückzuführen sein, dass die im Rahmen der vorliegenden Untersuchung definierte Nichterwerbskategorie u.a. auch (berufliche) Ausbildungs- und Trainingszeiten beinhaltet, die sich gemäß der traditionellen Humankapitaltheorie positiv auf die Verdienstmöglichkeiten einer Person auswirken können.

Wie Tabelle 6.7 zeigt, sind die Ergebnisse der haushaltsbezogenen Einkommensschätzungen bei den ostdeutschen Frauen im Vergleich zu ihren männlichen Kollegen zwar deutlich stabiler, statistisch überwiegend jedoch ebenfalls nicht hinreichend gesichert.

Tabelle 6.8: Robuste FE-Einkommensschätzungen für ostdeutsche Frauen

Erklärende Variablen	Abhängige Variable: lny			
	Modell (1) Koeff. (t-Wert)	Modell (2) Koeff. (t-Wert)	Modell (3) Koeff. (t-Wert)	Modell (4) Koeff. (t-Wert)
Humankapitalvariablen				
kum. Anz. der ALO-Phasen	-0,0185 (-1,00)	-0,0150 (-0,74)	-0,0246 (-1,11)	-0,0212 (-0,86)
kum. ALO-Dauer	-0,0379** (-2,55)	-0,0501* (-1,70)	-0,0492** (-2,32)	-0,0575* (-1,94)
quadr. kum. ALO-Dauer		0,1870 (0,46)		0,1477 (0,36)
Interaktionsterm-ALO			0,0065 (0,63)	0,0058 (0,53)

Fortsetzung der Tabelle 6.8 folgt auf der nächsten Seite ...

6.1 Einkommenseffekte von Erwerbspausen

Fortsetzung - Tabelle 6.8

Erklärende Variablen	Modell (1) Koeff. (t-Wert)	Modell (2) Koeff. (t-Wert)	Modell (3) Koeff. (t-Wert)	Modell (4) Koeff. (t-Wert)
kum. Anz. der NERW-Phasen	0,0332* (1,85)	0,0318* (1,82)	0,0509** (2,08)	0,0535* (1,73)
kum. NERW-Dauer	-0,0028 (-0,28)	0,0078 (0,34)	0,0104 (0,71)	0,0080 (0,35)
quadr. kum. NERW-Dauer		-0,0774 (-0,48)		0,0286 (0,12)
Interaktionsterm-NERW			-0,0035 (-1,19)	-0,0040 (-0,83)
Konstante	7,76*** (43,03)	7,74*** (39,85)	7,71*** (41,16)	7,72*** (39,93)
Jahresdummies (12)	ja	ja	ja	ja
HK-$Variablen^a$ (6)	ja	ja	ja	ja
Persönl. Merkmale (7)	ja	ja	ja	ja
Berufl. Merkmale (2)	ja	ja	ja	ja
Personenjahre		3.822		
Personen		819		
R^2 (Within)	0,4916	0,4917	0,4919	0,4920
F-Test für $u_i = 0$	83,48***	79,81***	79,28***	75,96***
Freiheitsgrade (df)	(35, 2.860)	(37, 2.858)	(37, 2.858)	(39, 2.856)

Anmerkung: ***, **, * bezeichnet Signifikanz auf dem 1%-, 5%- bzw. 10%-Niveau.
Abkürzungen: ALO: Arbeitslosigkeit; NERW: Nichterwerbstätigkeit; HK: Humankapital.
a Alle HK-Determinanten außer der Dummy-Variablen für einen fehlenden Schulabschluss.

Quelle: Eigene Berechnungen auf Basis der Stichprobe C des SOEP (Wellen I-U).

Die kumulierte Arbeitslosigkeitsdauer scheint tendenziell einen negativen Einkommenseffekt zur Folge zu haben: Das Haushaltsnettoeinkommen ostdeutscher Arbeitnehmerinnen sinkt pro Arbeitslosigkeitsjahr durchschnittlich zwischen 3,79% und 5,75%. Die Einkommensreduktion fällt auf Haushaltsebene damit weitaus geringer aus als auf individueller Ebene[369], wobei beachtet werden sollte, dass das Haushaltsnettoeinkommen im Gegensatz zum Bruttostundenlohn sowohl steuerlichen als auch arbeitszeitbezogenen Einflüssen unterliegen kann. Ein linearer Zusammenhang zwischen der kumulierten Arbeitslosigkeitsdauer und dem Haushaltsnettoeinkommen ostdeutscher Arbeitnehmerinnen kann mittels der vier spezifizierten Modelle nicht widerlegt werden.

---

[369]Vgl. hierzu Tabelle 6.3 in Abschnitt 6.1.1.2

Weiterhin geht aus Tabelle 6.7 hervor, dass sich sonstige Nichterwerbstätigkeitsphasen mit zunehmender Anzahl positiv auf das Haushaltsnettoeinkommen ostdeutscher Frauen auszuwirken scheinen: Das Einkommen steigt pro Nichterwerbstätigkeitsphase um 3,18% (Modell (2)) bis 5,35% (Modell (4)), wobei die Ergebnisse der Modelle (1), (2) und (4) diesbezüglich allerdings lediglich auf einem Signifikanzniveau von 10% gesichert sind.

Zusammenfassend bleibt festzuhalten, dass der Einfluss von Arbeitslosigkeits- und sonstigen Nichterwerbstätigkeitsphasen auf den Bruttostundenlohn insgesamt wesentlich stärker und stabiler ist als auf das Haushaltsnettoeinkommen. Der stärkste haushaltsspezifische Einkommenseffekt ist bei den westdeutschen Männern zu finden, für die im Folgenden exemplarisch die absoluten Einkommensverluste von Erwerbsunterbrechungen auf Haushaltsebene berechnet werden sollen.[370] Die Kalkulation basiert auf den Ergebnissen von Modellspezifikation (1), in der das Bayes' Information Criterion (BIC) minimiert wird. Das Timing der Erwerbspausen sowie potenzielle Restaurationseffekte bleiben aus Vereinfachungsgründen wiederum unberücksichtigt. Bei den westdeutschen Männern führt eine arbeitslosigkeitsbedingte Erwerbsunterbrechung zu einer Einkommensreduktion von ungefähr 5,78%. Zudem sinkt das Haushaltsnettoeinkommen eines westdeutschen Arbeitnehmers pro nicht auf Arbeitslosigkeit beruhender Erwerbspause um rund 4,33%. Für durchgängig beschäftigte Arbeitnehmer beläuft sich das deflationierte Haushaltsnettoeinkommen im Mittel auf ca. 4.832€. Bei Vernachlässigung des Einflusses der Arbeitslosigkeitsdauer ergibt sich in Folge einer einmaligen arbeitslosigkeitsbedingten Erwerbsunterbrechung somit ein Einkommensverlust von gut 279€. Eine einmalige Unterbrechung der Erwerbstätigkeit aus anderen als auf Arbeitslosigkeit beruhenden Gründen führt im Vergleich dazu zu einer Reduktion der Haushaltsnettoeinkommens um ca. 209€.

Für die übrigen drei Teilstichproben sind die haushaltsbezogenen Untersuchungsergebnisse weitaus weniger robust. Arbeitslosigkeit wirkt sich zwar tendenziell auch auf das Haushaltsnettoeinkommen der betrachteten westdeutschen Arbeitnehmerinnen negativ aus, im Vergleich zu ihren männlichen Kollegen sind die Einkommenseffekte jedoch wesentlich weniger eindeutig und statistisch keineswegs ausreichend gesichert. Arbeitslosigkeitsbedingte Erwerbsunterbrechungen männlicher Beschäftigter scheinen demnach eine größere Bedeutung für die Leistungsfähigkeit westdeutscher Haushalte zu haben. Dieses Ergebnis steht mit der traditionellen Rollenverteilung zwischen Mann und Frau in Einklang, die in den alten Bundesländern auch heute noch relativ stark vertreten ist. Zudem hat sich gezeigt, dass in Abweichung zu den Ergebnissen der männlichen Teilstichprobe bei den westdeutschen Frauen sonstige Nichterwerbstätigkeitsphasen zu positiven

---

[370]Für die übrigen Teilstichproben soll aufgrund der relativ instabilen Schätzergebnisse auf eine Kalkulation der absoluten Einkommenseffekte verzichtet werden.

6.1 Einkommenseffekte von Erwerbspausen

Einkommenseffekten führen. Dieses Phänomen könnte u.a. auf ehe- oder kinderbedingte steuerliche Vorteile – wie z.b. das Ehegattensplitting oder steuerliche Kinderfreibeträge – oder auf staatliche Transferleistungen – wie bspw. das Kindergeld – zurückzuführen sein. Betrachtet man noch einmal die Ergebnisse der individuellen Lohnregressionen, die von steuerlichen Einflüssen weitestgehend unbeeinflusst sind, zeigt sich hingegen ein negativer Zusammenhang zwischen der Anzahl sonstiger Nichterwerbstätigkeitsphasen und dem Bruttostundenlohn der westdeutschen Frauen.

Für die Teilstichprobe „Männer-Ost" lässt sich weder ein eindeutiger Zusammenhang zwischen dem Haushaltsnettoeinkommen und arbeitslosigkeitsbedingten Erwerbsunterbrechungen nachweisen noch kann der Einfluss von sonstigen Nichterwerbstätigkeitsphasen auf die Leistungsfähigkeit der Haushalte statistisch belegt werden.[371] Im Gegensatz dazu sind arbeitslosigkeitsbedingte Erwerbspausen ostdeutscher Frauen auch auf Haushaltsebene mit deutlichen Einkommenseinbußen verbunden: Das Haushaltsnettoeinkommen der betrachteten Teilstichprobe sinkt im Durchschnitt um 3,79% bis 5,75% pro Jahr kumulierter Arbeitslosigkeit. Im Vergleich zu den individuellen Lohnverlusten ist dieser Effekt allerdings eher gering. Hinsichtlich sonstiger Nichterwerbstätigkeitsphasen lässt sich tendenziell eher ein positiver Einfluss auf das Haushaltsnettoeinkommen ostdeutscher Arbeitnehmerinnen vermuten, der statistisch jedoch nicht hinreichend gesichert ist.[372] Dieser positive Effekt könnte bspw. das Resultat beruflicher Aus-, Fort-, und Weiterbildungsaktivitäten sein.

Insgesamt hat sich also gezeigt, dass die Leistungsfähigkeit von in Deutschland lebenden Haushalten, die im Rahmen der vorliegenden Untersuchung anhand des Haushaltsnettoeinkommens gemessen wird, durchaus durch das Erwerbsverhalten der beobachteten Arbeitnehmerinnen und Arbeitnehmer beeinflusst werden kann. Im Vergleich zu den Auswirkungen von Diskontinuitäten in den Erwerbsprofilen auf die individuellen Verdienstmöglichkeiten ist der Einfluss auf das Haushaltsnettoeinkommen jedoch eher gering und empirisch nicht immer eindeutig nachweisbar. In diesem Zusammenhang gilt es allerdings zu bedenken, dass die aus Erwerbsunterbrechungen resultierenden haushaltsbezogenen Einkommenseffekte in nicht unerheblichem Ausmaß durch steuerliche oder arbeitszeitbedingte Einflüsse verschleiert bzw. verzerrt sein könnten. Für ein weitreichendes Verständnis der monetären Effekte von Erwerbsunterbrechungen scheint eine Betrachtung der Haushaltsebene dennoch unerlässlich.

---

[371] Im Rahmen der Lohnanalyse hat sich hingegen gezeigt, dass sich Arbeitslosigkeit negativ auf den Verdienst ostdeutscher Männer auswirkt. Vgl. hierzu Abschnitt 6.1.1.

[372] Die Ergebnisse der individuellen Lohnschätzungen haben im Gegensatz dazu eher einen Hinweis auf einen negativen Zusammenhang zwischen den individuellen Verdienstmöglichkeiten ostdeutscher Frauen und ihrer Nichterwerbstätigkeitserfahrung gegeben. Vgl. hierzu Abschnitt 6.1.1.

6.2 Zufriedenheitseffekte von Erwerbspausen

Wie bereits in Kapitel 2 erläutert, zielt die vorliegende Analyse nicht nur auf die Untersuchung der Einkommenseffekte von Erwerbspausen ab, sondern zudem auf die Erklärung des Zusammenhangs zwischen Arbeitslosigkeits- bzw. sonstigen Nichterwerbstätigkeitsphasen und der allgemeinen Lebenszufriedenheit in Deutschland. In Übereinstimmung mit der Vorgehensweise in Abschnitt 6.1 werden dazu vier Zufriedenheitsmodelle festgelegt, die sich lediglich hinsichtlich der Spezifizierung der Erwerbsunterbrechungsvariablen unterscheiden. Insgesamt ähneln sich die spezifizierten Einkommens- und Zufriedenheitsmodelle im Aufbau sehr stark. Der einzige Unterschied besteht darin, dass im Rahmen der Zufriedenheitsanalysen zusätzlich das logarithmierte Haushaltsnettoeinkommen, die Sorge um die allgemeine und eigene wirtschaftliche Lage sowie der Grad des politischen Interesses als erklärende Variablen berücksichtigt werden.[373] Die vier spezifizierten Modelle werden mit Hilfe der Ordered-Logit-Methode geschätzt, wobei der Varianzschätzer sowohl für unberücksichtigte Korrelationen als auch für Varianzheterogenität korrigiert wird.[374] Ergänzend werden einfache Fixed-Effects-Schätzungen durchgeführt, die die Ergebnisse der nichtlinearen Schätzungen hinsichtlich ihrer Wirkungsrichtung und Signifikanz überwiegend bestätigen können.[375]

6.2.1 Einfluss auf die allgemeine Lebenszufriedenheit

6.2.1.1 Ergebnisse für Westdeutschland

In Tabelle 6.9 werden zunächst die Ergebnisse für die Teilstichprobe „Männer-West" zusammenfassend dargestellt. Wie bereits im Rahmen der deskriptiven Analyse vermutet, besteht für westdeutsche Arbeitnehmer insbesondere in Folge von Arbeitslosigkeit die Gefahr von Zufriedenheitseinbußen. Mit jeder Arbeitslosigkeitsphase sinkt die Wahrscheinlichkeit für ein hohes Zufriedenheitsniveau

---

[373] Die Zufriedenheitsschätzungen wurden zusätzlich unter Berücksichtigung des logarithmierten Bruttostundenlohnes durchgeführt. Im Ergebnis hat sich gezeigt, dass das Haushaltsnettoeinkommen einen wesentlich größeren Einfluss auf das subjektive Wohlbefinden der betrachteten Teilstichproben hat.

[374] Die statistischen Verfahren zum Schätzen von Ordered-Logit-Modelle unter Berücksichtigung fixer Effekte sind sehr komplex und in Stata 9.2 standardmäßig nicht implementiert. Um mögliche Abhängigkeitsstrukturen in den Daten nicht vollständig zu vernachlässigen, werden im Rahmen der vorliegenden Untersuchung robuste Ordered-Logit-Schätzungen durchgeführt. Der Varianzschätzer wird dabei nicht nur für heterogene Störterme, sondern auch für individuenspezifische Abhängigkeitsstrukturen korrigiert.

[375] Vgl. die Tabellen D.1 bis D.4 in Anhang D.

6.2 Zufriedenheitseffekte von Erwerbspausen

unabhängig von ihrer Dauer um ungefähr ein Viertel. Ein eindeutiger Zusammenhang zwischen dem subjektiven Wohlbefinden westdeutscher Männer und sonstigen Nichterwerbstätigkeitsphasen kann empirisch hingegen nicht nachgewiesen werden. Lediglich Modellspezifikation (4) gibt einen Hinweis darauf, dass sich nicht-arbeitslosigkeitsbedingte Erwerbspausen in Westdeutschland negativ auf die individuelle Zufriedenheit männlicher Beschäftigter auswirken.

Tabelle 6.9: Robuste Ordered-Logit-Zufriedenheitsschätzungen für westdeutsche Männer

Erklärende Variablen	Abhängige Variable: alz			
	Modell (1) OR (z-Wert)	Modell (2) OR (z-Wert)	Modell (3) OR (z-Wert)	Modell (4) OR (z-Wert)
	Humankapitalvariablen			
kum. Anz. ALO-Phasen	0,7816*** (-2,91)	0,7522*** (-2,77)	0,7712*** (-3,09)	0,7428*** (-2,90)
kum. ALO-Dauer	1,0335 (0,52)	1,1044 (0,86)	1,0043 (0,04)	1,0681 (0,43)
quadr. kum. ALO-Dauer		0,6121 (-0,75)		0,6440 (-0,67)
Interaktionsterm-ALO			1,0173 (0,49)	1,0168 (0,51)
kum. Anz. NERW-Phasen	0,9507 (-1,00)	0,9314 (-1,35)	0,9496 (-0,83)	0,8784* (-1,69)
kum. NERW-Dauer	1,0098 (0,61)	1,0598 (1,52)	1,0084 (0,30)	1,0577 (1,49)
quadr. kum. NERW-Dauer		0,7936 (-1,48)		0,6881** (-2,20)
Interaktionst.-NERW			1,0005 (0,07)	1,0111 (1,09)
Höchster Schulabschluss (Ref.: *Haupt-/ Realschule*)				
Abitur	0,8976 (-0,67)	0,8662 (-0,88)	0,8983 (-0,66)	0,8560 (-0,95)
(noch) kein Abschluss	0,6895 (-0,71)	0,6842 (-0,74)	0,6726 (-0,75)	0,6663 (-0,79)
anderer Abschluss	0,6319 (-1,33)	0,6293 (-1,34)	0,6351 (-1,31)	0,6509 (-1,27)
Höchster Berufsabschluss (Ref.: *Berufsabschluss*)				
Hochschulabschluss	0,8416 (-0,96)	0,8099 (-1,12)	0,8408 (-0,96)	0,8032 (-1,17)
kein Abschluss	0,8366 (-0,85)	0,8309 (-0,88)	0,8325 (-0,87)	0,8192 (-0,95)

Fortsetzung der Tabelle 6.9 folgt auf der nächsten Seite ...

Fortsetzung - Tabelle 6.9

Erklärende Variablen	Modell (1) OR (z-Wert)	Modell (2) OR (z-Wert)	Modell (3) OR (z-Wert)	Modell (4) OR (z-Wert)
Berufserfahrung	1,0009 (0,03)	1,0063 (0,18)	1,0016 (0,05)	1,0134 (0,39)
quadr. Berufserfahrung	0,9538 (-0,60)	0,9486 (-0,66)	0,9529 (-0,61)	0,9321 (-0,87)
Betriebszugehörigkeit	1,0198 (1,18)	1,0200 (1,19)	1,0197 (1,18)	1,0203 (1,21)
quadr. Betr.zugehörigk.	0,9589 (-0,75)	0,9572 (-0,78)	0,9582 (-0,76)	0,9562 (-0,80)
Perönliche Merkmale				
Familienstand (Ref.: *verheiratet*)				
ledig	0,9842 (-0,06)	0,9942 (-0,02)	0,9888 (-0,04)	0,9961 (-0,02)
verw./ geschieden	0,8008 (-1,15)	0,7889 (-1,22)	0,8004 (-1,15)	0,7935 (-1,19)
Kinderzahl (< 16 Jahre)	0,8732** (-2,24)	0,8720** (-2,24)	0,8726** (-2,25)	0,8705*** (-2,29)
Kleinkind (< 3 Jahre)	1,3383*** (3,39)	1,3463*** (3,45)	1,3380*** (3,39)	1,3456*** (3,44)
Gesundheitszustand	4,2364*** (9,88)	4,2069*** (9,84)	4,2379*** (9,89)	4,1853*** (9,80)
Erwerbsminderung	0,7305* (-1,72)	0,7303* (-1,72)	0,7314* (-1,72)	0,7414* (-1,65)
Pflegefall im Haushalt	0,6674 (-1,40)	0,6731 (-1,39)	0,6599 (-1,43)	0,6656 (-1,41)
Spezielle Zufriedenheitsdeterminanten				
lny	1,4857*** (2,79)	1,4969*** (2,84)	1,4816*** (2,76)	1,4890*** (2,78)
allgemeine Sorgen	0,6436*** (-3,16)	0,6364*** (-3,25)	0,6432*** (-3,16)	0,6346*** (-3,28)
persönliche Sorgen	0,3313*** (-12,66)	0,3318*** (-12,63)	0,3318*** (-12,61)	0,3320*** (-12,61)
politisches Interesse	1,0491 (0,54)	1,0434 (0,48)	1,0488 (0,54)	1,0408 (0,45)
Jahresdummies (12)	ja	ja	ja	ja
Altersdummies (2)	ja	ja	ja	ja
Berufl. Merkmale (5)	ja	ja	ja	ja
Personenjahre	5.716			
Personen	977			

Fortsetzung der Tabelle 6.9 folgt auf der nächsten Seite ...

6.2 Zufriedenheitseffekte von Erwerbspausen

Fortsetzung - Tabelle 6.9

Erklärende Variablen	Modell (1) OR (z-Wert)	Modell (2) OR (z-Wert)	Modell (3) OR (z-Wert)	Modell (4) OR (z-Wert)
Pseudo-R^2	0,0564	0,0568	0,0564	0,0571
Wald χ^2 (df)	497(52)***	499(54)***	501(54)***	504(56)***
Log Pseudolikelihood	-9.414,95	-9.410,57	-9.414,52	-9.407,87
AIC	18.953,90	18.949,14	18.957,04	18.947,74
BIC	19.366,26	19.374,80	19.382,70	19.386,71

Anmerkung: ***, **, * bezeichnet Signifikanz auf dem 1%-, 5%- bzw. 10%-Niveau.
Abkürzungen: ALO: Arbeitslosigkeit; NERW: Nichterwerbstätigkeit.

Quelle: Eigene Berechnungen auf Basis der Stichprobe A des SOEP (Wellen I-U).

Aus Tabelle 6.9 geht weiterhin hervor, dass der stärkste Zufriedenheitseffekt in der betrachteten Teilstichprobe von der individuellen gesundheitlichen Verfassung ausgeht: Arbeitnehmer, die nach eigenen Angaben in (sehr) gutem gesundheitlichen Zustand sind, haben eine wesentlich größere Chance, ein hohes Zufriedenheitsniveau zu erreichen, als gesundheitlich beeinträchtigte Personen.[376] Von den persönlichen Merkmalen sind ansonsten nur noch die Anzahl der im Haushalt lebenden Kinder sowie die Existenz eines Kleinkindes im Haushalt für das subjektive Wohlbefinden westdeutscher Männer relevant: Während die Kinderzahl allgemein negativ mit der Lebenszufriedenheit westdeutscher Männer korreliert, scheinen Väter von Kleinkindern hingegen häufiger zufrieden mit ihrem Leben zu sein als ihre Kollegen, die nicht mit einem Kind unter 3 Jahren unter einem Dach zusammenleben.

Hinsichtlich der speziellen Zufriedenheitsdeterminanten lässt sich feststellen, dass sich die Odds für ein hohes Zufriedenheitsniveau bei einem Anstieg des Haushaltsnettoeinkommens um fast das 1,5-fache erhöhen. Sorgen um die wirtschaftliche Lage haben hingegen einen negativen Einfluss auf die allgemeine Lebenszufriedenheit westdeutscher Männer. Vor allem Arbeitnehmer, die sich um die eigene finanzielle Situation sorgen, scheinen unter deutlichen Zufriedenheitseinbußen zu leiden. Bei besorgten Personen ist die Chance auf ein hohes allgemeines Zufriedenheitsniveau um etwa Zweidrittel niedriger als bei Individuen, die sich keine Sorgen um die eigene wirtschaftliche Lage machen.

Tabelle 6.10 gibt nachfolgend einen Überblick über die Ergebnisse der Zufriedenheitsschätzungen für die Teilstichprobe der westdeutschen Frauen. In Abweichung

---
[376] Die Odds für ein hohes Zufriedenheitsniveau vervierfachen sich, wenn die Arbeitnehmer in sehr guter gesundheitlicher Verfassung sind. Vgl. Tabelle 6.9.

zu den Ergebnissen der deskriptiven Analyse kann empirisch eindeutig nachgewiesen werden, dass sich Arbeitslosigkeit unabhängig von ihrer Dauer positiv auf die Wahrscheinlichkeit auswirkt, dass westdeutsche Arbeitnehmerinnen im Rahmen der SOEP-Befragung ein hohes Zufriedenheitsniveau angeben. Die entsprechenden Odds erhöhen sich pro arbeitslosigkeitsbedingter Erwerbsunterbrechung um einen Faktor zwischen 1,31 (Modell (2)) und 1,37 (Modell (4)).[377] Der Grund für dieses unplausible Ergebnis lässt sich aus den verwendeten Daten leider nicht eindeutig ermitteln. Auch separate Zufriedenheitsschätzungen für verheiratete und unverheiratete Frauen haben keinen zusätzlichen Erklärungsbeitrag geliefert. In beiden Untergruppen der Teilstichprobe lässt sich ein signifikant positiver Einfluss der kumulierten Anzahl der Arbeitslosigkeitsphasen nachweisen.[378] Die Arbeitslosigkeitsdauer wirkt sich hingegen unabhängig vom Familienstand tendenziell negativ auf das subjektive Wohlbefinden westdeutscher Frauen aus. Bei den unverheirateten Arbeitnehmerinnen lässt sich zudem ein signifikant negativer Zusammenhang zwischen der allgemeinen Lebenszufriedenheit und der kumulierten Anzahl sonstiger Nichterwerbstätigkeitsphasen nachweisen.

Tabelle 6.10: Robuste Ordered-Logit-Zufriedenheitsschätzungen für westdeutsche Frauen

Erklärende Variablen	Abhängige Variable: alz			
	Modell (1) OR (z-Wert)	Modell (2) OR (z-Wert)	Modell (3) OR (z-Wert)	Modell (4) OR (z-Wert)
	Humankapitalvariablen			
kum. Anz. ALO-Phasen	1,3207*** (3,09)	1,3060** (2,27)	1,3685*** (3,29)	1,3718*** (2,52)
kum. ALO-Dauer	0,8145*** (-3,26)	0,8318 (-1,27)	0,8803* (-1,71)	0,8772 (-0,87)
quadr. kum. ALO-Dauer		0,7714 (-0,18)		1,0501 (0,04)
Interaktionsterm-ALO			0,9576 (-1,40)	0,9573 (-1,41)
kum Anz. NERW-Phasen	0,9384* (-1,76)	0,9382* (-1,74)	0,9453 (-0,86)	0,9461 (-0,80)
kum. NERW-Dauer	0,9814** (-2,07)	0,9820 (-0,65)	0,9845 (-0,86)	0,9836 (-0,57)

Fortsetzung der Tabelle 6.9 folgt auf der nächsten Seite ...

---

[377] Im Rahmen der deskritiven Analyse konnten für die entsprechende Teilstichprobe keine eindeutigen Zufriedenheitseffekte aufgrund von Arbeitslosigkeit festgestellt werden. Die Ergebnisse geben vielmehr einen Hinweis auf deutliche Zufriedenheitseinbußen in Folge von sonstiger Nichterwerbstätigkeit. Vgl. hierzu Abschnitt 5.2.2 in der vorliegenden Untersuchung.
[378] An dieser Stelle ist jedoch anzumerken, dass der Anteil verheirateter Frauen in der Teilstichprobe wesentlich höher ist als der Anteil unverheirateter Frauen.

Fortsetzung - Tabelle 6.10

Erklärende Variablen	Modell (1) OR (z-Wert)	Modell (2) OR (z-Wert)	Modell (3) OR (z-Wert)	Modell (4) OR (z-Wert)
quadr. kum. NERW-Dauer	0,9976 (-0,03)			1,0041 (0,04)
Interaktionsterm-NERW			0,9992 (-0,17)	0,9992 (-0,17)
Höchster Schulabschluss (Ref.: *Haupt-/ Realschule*)				
Abitur	0,7152** (-2,19)	0,7163** (-2,18)	0,7356** (-1,99)	0,7355** (-1,99)
(noch) kein Abschluss	0,6407 (-0,83)	0,6406 (-0,83)	0,6534 (-0,79)	0,6538 (-0,79)
anderer Abschluss	1,0937 (0,14)	1,0937 (0,14)	1,0781 (0,12)	1,0780 (0,12)
Höchster Berufsschluss (Ref.: *Berufsabschluss*)				
Hochschulabschluss	0,7945 (-1,19)	0,7935 (-1,19)	0,7780 (-1,30)	0,7783 (-1,30)
kein Abschluss	0,7461** (-2,05)	0,7457** (-2,05)	0,7472** (-2,04)	0,7473** (-2,04)
Berufserfahrung	1,0177 (0,46)	1,0175 (0,45)	1,0201 (0,51)	11,020 (0,51)
quadr. Berufserfahrung	0,9347 (-0,57)	0,9356 (-0,56)	0,9271 (-0,63)	0,9270 (-0,63)
Betriebszugehörigkeit	1,0200 (1,01)	1,0199 (1,00)	1,0200 (1,01)	1,0200 (1,01)
quadr. Betriebszugehörigk.	0,9641 (-0,46)	0,9646 (-0,45)	0,9671 (-0,42)	0,9670 (-0,42)
Perönliche Merkmale				
Familienstand (Ref.: *verheiratet*)				
ledig	0,6233** (-2,38)	0,6224** (-2,38)	0,6200** (-2,42)	0,6199** (-2,41)
verwitwet/ geschieden	1,1106 (0,67)	1,1107 (0,67)	1,1117 (0,68)	1,1121 (0,68)
Kinderzahl (< 16 Jahre)	1,0024 (0,03)	1,0018 (0,02)	1,0027 (0,03)	1,0030 (0,03)
Kleinkind (< 3 Jahre)	1,1335 (0,98)	1,1343 (0,99)	1,1366 (1,00)	1,1363 (1,00)
Gesundheitszustand	4,6261*** (10,66)	4,1286*** (10,69)	4,1213*** (10,67)	4,1212*** (10,67)
Erwerbsminderung	1,2155 (0,66)	1,2144 (0,59)	1,2125 (0,60)	1,2132 (0,59)

Fortsetzung der Tabelle 6.9 folgt auf der nächsten Seite ...

Fortsetzung - Tabelle 6.10

Erklärende Variablen	Modell (1) OR (z-Wert)	Modell (2) OR (z-Wert)	Modell (3) OR (z-Wert)	Modell (4) OR (z-Wert)
Pflegefall im Haushalt	1,0030 (0,01)	1,0029 (0,01)	1,0081 (0,03)	1,0081 (0,03)
Spezielle Zufriedenheitsdeterminanten				
lny	2,2793*** (6,18)	2,2841*** (6,16)	2,2964*** (6,24)	2,2954*** (6,20)
allgemeine Sorgen	0,6070*** (-3,16)	0,6061*** (-3,18)	0,6120*** (-3,10)	0,6123*** (-3,11)
persönliche Sorgen	0,3550*** (-10,70)	0,3549*** (-10,68)	0,3575*** (-10,58)	0,3576*** (-10,54)
politisches Interesse	0,9580 (-0,38)	0,9576 (-0,39)	0,9600 (-0,36)	0,9597 (-0,37)
Jahresdummies (12)	ja	ja	ja	ja
Altersdummies (2)	ja	ja	ja	ja
Berufl. Merkmale (5)	ja	ja	ja	ja
Personenjahre	3.686			
Personen	807			
Pseudo-R^2	0,0625	0,0625	0,0627	0,0627
Wald χ^2 (df)	526(52)***	526(54)***	532(54)***	533(56)***
Log Pseudolikelihood	-6.130,12	-6.130,09	-6.128,52	-6.128,52
AIC	12.384,24	12.388,17	12.385,05	12.389,04
BIC	12.769,41	12.785,76	12.782,63	12.799,05

Anmerkung: ***, **, * bezeichnet Signifikanz auf dem 1%-, 5%- bzw. 10%-Niveau.
Abkürzungen: ALO: Arbeitslosigkeit; NERW: Nichterwerbstätigkeit.

Quelle: Eigene Berechnungen auf Basis der Stichprobe A des SOEP (Wellen I-U).

Einen möglichen Erklärungsansatz für den positiven Zufriedenheitseffekt von Arbeitslosigkeit könnte eventuell das Phänomen der strategischen Arbeitslosigkeit liefern. Aufgrund der hohen Grenztransferentzugsrate bei Wiedereinstieg in das Berufsleben sowie in Hinblick auf die Kranken- und Rentenversicherung könnten Mütter in Deutschland u.U. den Anreiz haben, sich nach der gesetzlichen Elternzeit freiwillig arbeitslos zu melden. Diese Hypothese lässt sich statistisch auf Grundlage der ausgewählten Datenbasis allerdings nicht belegen. SCHETTKAT (2003) und PRESCOTT (2004) zeigen jedoch, dass die zeitlichen Opportunitätskosten einen entscheidenden Einfuss auf die Arbeitsangebotsentscheidung von Frauen haben. Ausgangspunkt ihrer Untersuchungen ist die Beobachtung, dass US-Amerikanerinnen im Mittel wesentlich mehr Zeit in eine Beschäftigung auf

6.2 Zufriedenheitseffekte von Erwerbspausen

dem Arbeitsmarkt investieren als europäische bzw. deutsche Frauen. SCHETTKAT (2003) und PRESCOTT (2004) stellen fest, dass die Unterschiede in der Zeitallokation zu einem beträtlichen Anteil auf die unterschiedlichen Steuer- und Transfersysteme in den USA und Deutschland zurückzuführen sind. Insbesondere die hohen Grenzsteuersätze machen eine auf dem Arbeitsmarkt entlohnte Tätigkeit für Frauen in Deutschland relativ unattraktiv, so dass sie sich im Vergleich zu US-Amerikanerinnen – vor allem nach der Geburt eines Kindes – wesentlich häufiger in die Haushaltsproduktion zurückziehen.

In Bezug auf den Einfluss sonstiger Nichterwerbstätigkeitsphasen lassen sich auf Basis der in Tabelle 6.10 dargestellten Ergebnisse keine gesicherten Aussagen tätigen. Modellspezifikation (1) gibt jedoch einen Hinweis darauf, dass sich die kumulierte Dauer sonstiger Nichterwerbstätigkeitsphasen geringfügig negativ auf das subjektive Wohlbefinden westdeutscher Frauen auswirken könnte. Die Signifikanz dieses Effektes lässt sich anhand der übrigen drei Modelle (2) bis (4) allerdings nicht bestätigen. Bezüglich der übrigen Humankapitalvariablen zeigt sich, dass Abiturientinnen im Vergleich zu Frauen mit Haupt- oder Realschulabschluss tendenziell unzufriedener sind, was eventuell auf eine unterschiedliche Erwartungsbildung zurückzuführen sein könnte. Des Weiteren kann empirisch nachgewiesen werden, dass sich das Fehlen einer beruflichen Ausbildung allgemein negativ auf die individuelle Zufriedenheit westdeutscher Arbeitnehmerinnen auswirkt.

Hinsichtlich der persönlichen Merkmale zeigt Tabelle 6.10, dass das subjektive Wohlbefinden von westdeutschen Frauen scheinbar nicht wie bei ihren männlichen Kollegen durch die Kinderzahl oder durch im Haushalt lebende Kleinkinder beeinflusst wird[379], sondern durch den Familienstand: Ledige Frauen sind allgemein mit einer geringeren Wahrscheinlichkeit zufrieden mit ihrem Leben als verheiratete Arbeitnehmerinnen. Der Gesundheitszustand hat erwartungsgemäß hingegen einen positiven Einfluss auf das subjektive Wohlbefinden der betrachteten Teilstichprobe: Analog zu den Befunden für die männliche Teilstichprobe sind auch bei Frauen in (sehr) gutem gesundheitlichen Zustand die Odds für ein hohes Zufriedenheitsniveau gut viermal so hoch wie bei gesundheitlich beeinträchtigten Arbeitnehmerinnen.

In Hinblick auf die speziellen Zufriedenheitsdeterminanten zeigt sich für westdeutsche Arbeitnehmerinnen ebenfalls ein ähnliches Bild wie für ihre männlichen Kollegen: Ein hohes Haushaltsnettoeinkommen wirkt sich in beiden westdeutschen Teilstichproben positiv auf die allgemeine Lebenszufriedenheit aus; in der weiblichen Teilstichprobe ist jedoch ein wesentlich stärkerer Zufriedenheitseffekt zu verzeichnen. Analog zu den Männern lässt sich auch für Frauen statistisch

---

[379] Die entsprechenden Odds Ratios weisen zwar auf einen schwach positiven Einfluss hin, die geschätzten Koeffizienten sind jedoch in allen vier Modellen statistisch insignifikant. Vgl. hierzu Tabelle 6.10.

belegen, dass Sorgen um die allgemeine und eigene wirtschaftliche Lage zu einer Reduktion des subjektiven Wohlbefindens führen können, wobei auch hier die eigene finanzielle Situation von größerer Relevanz zu sein scheint. Für die übrigen Variablen lässt sich kein signifikanter Einfluss finden.

6.2.1.2 Ergebnisse für Ostdeutschland

Nachfolgend sollen die Zufriedenheitseffekte von Erwerbsunterbrechungen in Ostdeutschland eingehend erläutert werden. Zu diesem Zweck werden in Tabelle 6.11 zunächst die Ergebnisse der Zufriedenheitsschätzungen für die Teilstichprobe „Männer-Ost" überblicksartig präsentiert. Wie bereits im Rahmen der deskriptiven Analyse vermutet, wirkt sich insbesondere die kumulierte Arbeitslosigkeitsdauer negativ auf die allgemeine Lebenszufriedenheit ostdeutscher Männer aus:[380] Die Wahrscheinlichkeit für ein hohes Zufriedenheitsniveau sinkt bei einer kumulierten Arbeitslosigkeitsdauer von einem Jahr um gut ein Drittel.

Tabelle 6.11: Robuste Ordered-Logit-Zufriedenheitsschätzungen für ostdeutsche Männer

Erklärende Variablen	Abhängige Variable: alz			
	Modell (1) OR (z-Wert)	Modell (2) OR (z-Wert)	Modell (3) OR (z-Wert)	Modell (4) OR (z-Wert)
	Humankapitalvariablen			
kum. Anz. der ALO-Phasen	0,8390* (-1,66)	0,9200 (-0,70)	0,8149* (-1,74)	0,8980 (-0,87)
kum. ALO-Dauer	0,7988** (-2,00)	0,5992*** (-2,67)	0,6782** (-1,98)	0,5239*** (-2,68)
quadr. kum. ALO-Dauer		310,75** (1,96)		238,05** (2,25)
Interaktionsterm-ALO			1,1250 (0,90)	1,1092 (0,93)
kum. Anz. der NERW-Phasen	1,0727 (0,99)	1,0912 (1,10)	1,1061 (1,06)	1,2254 (1,51)
kum. NERW-Dauer	0,9890 (-0,33)	0,9476 (-0,61)	1,0074 (0,14)	0,9332 (-0,76)
quadr. kum. NERW-Dauer		1,4172 (0,57)		2,4558 (1,14)
Interaktionsterm-NERW			0,9921 (-0,49)	0,9771 (-1,19)

Fortsetzung der Tabelle 6.11 folgt auf der nächsten Seite ...

---

[380] Für einen Überblick über die Ergebnisse der deskriptiven Analyse vgl. Abschnitt 5.2.1.

6.2 Zufriedenheitseffekte von Erwerbspausen

Fortsetzung - Tabelle 6.11

Erklärende Variablen	Modell (1) OR (z-Wert)	Modell (2) OR (z-Wert)	Modell (3) OR (z-Wert)	Modell (4) OR (z-Wert)
Höchster Schulabschluss (Ref.: *Haupt-/ Realschule*)				
Abitur	0,7282 (-1,48)	0,7266 (-1,50)	0,7303 (-1,47)	0,7360 (-1,43)
(noch) kein Abschluss	2,2462** (-1,96)	2,2784** (2,01)	2,1874* (-1,84)	2,2507* (-1,95)
anderer Abschluss	0,7471 (-0,62)	0,7336 (-0,72)	0,7629 (-0,53)	0,7673 (-0,54)
Höchster Berufsabschluss (Ref.: *Berufsabschluss*)				
Hochschulabschluss	0,9418 (-0,29)	0,9512 (-0,24)	0,9448 (-0,27)	0,9761 (-0,12)
kein Abschluss	1,0260 (0,07)	1,0252 (0,07)	1,0424 (0,12)	1,0373 (0,10)
Berufserfahrung	0,9998 (-0,00)	1,0040 (0,09)	0,9968 (-0,07)	1,0035 (0,08)
quadr. Berufserfahrung	0,9284 (-0,68)	0,9186 (-0,76)	0,9354 (-0,59)	0,9211 (-0,73)
Betriebszugehörigkeit	1,0183 (0,95)	1,0164 (0,85)	1,0174 (0,90)	1,0154 (0,80)
quadr. Betriebszugehörigkeit	0,9288 (-1,05)	0,9331 (-0,99)	0,9306 (-1,02)	0,9355 (-0,95)
Perönliche Merkmale				
Familienstand (Ref.: *verheiratet*)				
ledig	1,0573 (0,22)	1,0884 (0,33)	1,0565 (0,22)	1,0945 (0,35)
verwitwet/ geschieden	1,1306 (0,42)	1,1402 (0,44)	1,1476 (0,46)	1,1708 (0,53)
Kinderzahl (< 16 Jahre)	0,9266 (-0,85)	0,9217 (-0,89)	0,9287 (-0,82)	0,9240 (-0,86)
Kleinkind (< 3 Jahre)	1,2594* (1,77)	1,2632* (1,79)	1,2469* (1,68)	1,2524* (1,71)
Gesundheitszustand	5,0068*** (9,28)	5,0174*** (9,36)	4,9918*** (9,24)	5,0290*** (9,34)
Erwerbsminderung	0,6638 (-1,25)	0,6685 (-1,23)	0,6681 (-1,23)	0,6764 (-1,20)
Pflegefall im Haushalt	0,8239 (-0,46)	0,7882 (-0,57)	0,8381 (-0,42)	0,7770 (-0,58)
Spezielle Zufriedenheitsdeterminanten				
lny	2,3336*** (4,44)	2,3293*** (4,42)	2,3215*** (4,42)	2,3040*** (4,40)

Fortsetzung der Tabelle 6.11 folgt auf der nächsten Seite ...

Fortsetzung - Tabelle 6.11

Erklärende Variablen	Modell (1) OR (z-Wert)	Modell (2) OR (z-Wert)	Modell (3) OR (z-Wert)	Modell (4) OR (z-Wert)
allgemeine Sorgen	0,7930 (-1,31)	0,8008 (-1,26)	0,7924 (-1,32)	0,8074 (-1,21)
persönliche Sorgen	0,3218*** (-8,50)	0,3191*** (-8,58)	0,3228*** (-8,51)	0,3188*** (-8,65)
politisches Interesse	1,2770** (2,36)	1,2798** (2,39)	1,2761** (2,35)	1,2821** (2,41)
Jahresdummies (12)	ja	ja	ja	ja
Altersdummies (2)	ja	ja	ja	ja
Berufl. Merkmale (5)	ja	ja	ja	ja
Personenjahre		3.548		
Personen		697		
Pseudo-R^2	0,0573	0,0579	0,0575	0,0584
Wald χ^2 (df)	948(52)***	988(54)***	963(54)***	991(56)***
Log Pseudolikelihood	-6.029,62	-6.025,68	-6.027,99	-6.022,68
AIC	12.181,24	12.177,37	12.181,97	12.175,36
BIC	12.557,86	12.566,34	12.570,94	12.576,68

Anmerkung: ***, **, * bezeichnet Signifikanz auf dem 1%-, 5%- bzw. 10%-Niveau.
Abkürzunegen: ALO: Arbeitslosigkeit; NERW: Nichterwerbstätigkeit.

Quelle: Eigene Berechnungen auf Basis der Stichprobe C des SOEP (Wellen I-U).

Die Anzahl der Arbeitslosigkeitsphasen scheint tendenziell ebenfalls einen negativen Einfluss auf das subjektive Wohlbefinden ostdeutscher Arbeitnehmer zu haben, wobei die entsprechenden geschätzten Koeffizienten jedoch lediglich in den Modellen (1) und (3) auf einem Signifikanzniveau von 10% statistisch gesichert sind. Für einen Zusammenhang zwischen der allgemeinen Lebenszufriedenheit und sonstiger Nichterwerbstätigkeit lässt sich hingegen keine empirische Evidenz finden. Die übrigen Humankapitalvariablen scheinen bis auf die schulische Ausbildung ebenfalls keinen Einfluss auf die allgemeine Lebenszufriedenheit ostdeutscher Männer zu haben. Arbeitnehmer ohne Schulabschluss neigen im Vergleich zu Personen mit Haupt- oder Realschulabschluss erstaunlicherweise zu einer höheren allgemeinen Lebenszufriedenheit, was eventuell damit begründet werden könnte, dass sie allgemein geringere Ansprüche in Bezug auf ihr Leben haben und folglich auch seltener von ihrem Leben enttäuscht sind.

Wie bereits bei den beiden westdeutschen Teilstichproben, wirkt sich auch bei den ostdeutschen Männern der Gesundheitszustand am stärksten auf die individuelle

6.2 Zufriedenheitseffekte von Erwerbspausen

Zufriedenheit aus. Die Wahrscheinlichkeit, ein zufriedenes Leben zu führen, ist für gesunde Arbeitnehmer ungefähr fünfmal so hoch wie für Personen mit gesundheitlichen Problemen. Weiterhin zeigt sich, dass auch in Ostdeutschland Väter von Kleinkindern tendenziell zufriedener mit ihrem Leben sind.[381]

Ein Vergleich der Tabellen 6.9 und 6.11 in Bezug auf die speziellen Zufriedenheitsdeterminanten ergibt, dass das Ausmaß an politischem Interesse lediglich in Ostdeutschland einen Einfluss auf das subjektive Wohlbefinden hat: Politisch interessierte ostdeutsche Männer haben allgemein eine größere Chance, ein hohes Zufriedenheitsniveau zu erreichen. Eine Erhöhung des Haushaltsnettoeinkommens wirkt sich hingegen in beiden Teilen Deutschlands positiv auf die allgemeine Lebenszufriedenheit aus, wobei der einkommensbedingte Zufriedenheitseffekt in Ostdeutschland allerdings etwas stärker ist als in den alten Bundesländern.[382] Während Sorgen um die eigene wirtschaftliche Lage sowohl bei west- als auch bei ostdeutschen Arbeitnehmern tendenziell zu Zufriedenheitseinbußen führen, bleibt das subjektive Wohlbefinden ostdeutscher Männer im Gegensatz zu den Befunden für die westdeutsche Teilstichprobe der Männer von der allgemeinen wirtschaftlichen Situation allerdings unbeeinflusst.

Aus den Tabellen 6.11 und 6.12[383] geht hervor, dass in Ostdeutschland geschlechtsunabhängig lediglich arbeitslosigkeitsbedingte Erwerbsunterbrechungen einen signifikant negativen Einfluss auf die allgemeine Lebenszufriedenheit haben. Während für ostdeutsche Männer insbesondere die Arbeitslosigkeitsdauer von Bedeutung ist, hängt das subjektive Wohlbefinden ostdeutscher Arbeitnehmerinnen vornehmlich davon ab, wie oft der Karriereverlauf arbeitslosigkeitsbedingt unterbrochen wird.[384] Für die ostdeutsche Teilstichprobe der Frauen zeigt sich, dass die Odds für ein hohes Zufriedenheitsniveau pro Arbeitslosigkeitsphase durchschnittlich um den Faktor 0,23 – d.h. um knapp ein Viertel – sinken. Ein Einfluss von Erwerbsunterbrechungen, die nicht auf Arbeitslosigkeit zurückzuführen sind, lässt sich für die untersuchte Teilstichprobe „Frauen-Ost" empirisch hingegen nicht eindeutig belegen. Weiterhin wird aus Tabelle 6.12 ersichtlich, dass auch die übrigen Humankapitalvariablen im Rahmen der Beurteilung der eigenen Lebenszufriedenheit kaum von Relevanz zu sein scheinen.

Auf persönlicher Ebene wirkt sich erwartungsgemäß vor allem ein (sehr) guter Gesundheitszustand positiv auf das individuelle Zufriedenheitsniveau ostdeutscher

---

[381] Dieser Befund ist jedoch lediglich auf einem Signifikanzniveau von 10% gesichert.
[382] Vgl. hierzu die Tabellen 6.9 und 6.11.
[383] Hinweis: Die Variable *sbil03* wurde im Rahmen der Einkommensschätzungen für die Teilstichprobe „Frauen-Ost" nicht berücksichtigt, da sämtliche ausgewählten Frauen über einen schulischen Bildungsabschluss verfügen. Vgl. hierzu Tabelle B.1 in Anhang B.
[384] Dieses Ergebnis steht auch mit den entsprechenden deskriptiven Befunden in Einklang. Vgl. hierzu Abschnitt 5.2.2.2 in der vorliegenden Untersuchung.

Frauen aus: Die Chance, insgesamt zufrieden mit dem eigenen Leben zu sein, erhöht sich bei guter gesundheitlicher Verfassung um mehr als das 5-fache.[385]

Tabelle 6.12: Robuste Ordered-Logit-Zufriedenheitsschätzungen für ostdeutsche Frauen

Erklärende Variablen	Modell (1) OR (z-Wert)	Modell (2) OR (z-Wert)	Modell (3) OR (z-Wert)	Modell (4) OR (z-Wert)
Abhängige Variable: alz				
Humankapitalvariablen				
kum. Anz. ALO-Phasen	0,7723*** (-2,85)	0,7397*** (-2,78)	0,8008** (-2,11)	0,7654** (-2,19)
kum. ALO-Dauer	1,0101 (0,15)	1,1366 (0,73)	1,0787 (0,68)	1,1719 (0,84)
quadr. kum. ALO-Dauer		0,1123 (-0,87)		0,1567 (-0,75)
Interaktionsterm-ALO			0,9546 (-0,86)	0,9658 (-0,68)
kum. Anz. NERW-Phasen	1,0299 (0,52)	1,0387 (0,62)	1,0533 (0,60)	1,0837 (0,82)
kum. NERW-Dauer	0,9584* (-1,94)	0,9370 (-1,43)	0,9697 (-0,78)	0,9501 (-1,02)
quadr. kum. NERW-Dauer		1,1345 (0,81)		1,1791 (1,00)
Interaktionsterm-NERW			0,9954 (-0,37)	0,9918 (-0,63)
Höchster Schulabschluss (Ref.: *Haupt-/ Realschule*)				
Abitur	0,9354 (-0,38)	0,9651 (-0,19)	0,9289 (-0,42)	0,9632 (-0,20)
anderer Abschluss	1,9042 (0,91)	1,8763 (0,91)	1,8588 (0,88)	1,8346 (0,88)
Höchster Berufsabschluss (Ref.: *Berufsabschluss*)				
Hochschulabschluss	0,9308 (-0,52)	0,9399 (-0,44)	0,9279 (-0,54)	0,9376 (-0,46)
kein Anschluss	1,1780 (0,50)	1,1639 (0,46)	1,1895 (0,53)	1,1751 (0,49)
Berufserfahrung	0,9815 (-0,44)	0,9805 (-0,46)	0,9809 (-0,45)	0,9788 (-0,50)
quadr. Berufserfahrung	0,9683 (-0,26)	0,9688 (-0,25)	0,9706 (-0,24)	0,9744 (-0,21)

Fortsetzung der Tabelle 6.12 folgt auf der nächsten Seite ...

---

[385]Hinsichtlich der gesundheitsbedingten Zufriedenheitseffekte lassen sich somit keine gravierenden Unterschiede zwischen den vier ausgewählten Teilstichproben feststellen.Vgl. Tabelle 6.9 bis 6.12.

6.2 Zufriedenheitseffekte von Erwerbspausen

Fortsetzung - Tabelle 6.12

Erklärende Variablen	Modell (1) OR (z-Wert)	Modell (2) OR (z-Wert)	Modell (3) OR (z-Wert)	Modell (4) OR (z-Wert)
Betriebszugehörigkeit	1,0084 (0,36)	1,0118 (0,49)	1,0096 (0,41)	1,0122 (0,51)
quadr. Betriebszugehörig.	0,9821 (-0,19)	0,9729 (-0,29)	0,9803 (-0,22)	0,9731 (-0,29)
Perönliche Merkmale				
Familienstand (Ref.: *verheiratet*)				
ledig	1,1790 (0,82)	1,1792 (0,82)	1,1672 (0,76)	1,1683 (0,77)
verwitwet/ geschieden	0,9877 (-0,06)	0,9695 (-0,16)	0,9920 (-0,04)	0,9767 (-0,12)
Kinderzahl (< 16 Jahre)	1,0524 (0,64)	1,0536 (0,65)	1,0532 (0,65)	1,0578 (0,70)
Kleinkind (< 3 Jahre)	0,9747 (-0,17)	0,9832 (-0,11)	0,9777 (-0,15)	0,9845 (-0,10)
Gesundheitszustand	5,0784*** (11,69)	5,1109*** (11,74)	5,0684*** (11,69)	5,1004*** (11,74)
Erwerbsminderung	1,2485 (0,57)	1,1881 (0,42)	1,2442 (0,56)	1,1754 (0,40)
Pflegefall im Haushalt	0,8456 (-0,50)	0,8527 (-0,48)	0,8417 (-0,52)	0,8512 (-0,49)
Spezielle Zufriedenheitsdeterminanten				
lny	2,6394*** (6,25)	2,6132*** (6,17)	2,6512*** (6,24)	2,6264*** (6,18)
allgemeine Sorgen	1,1372 (0,57)	1,1399 (0,58)	1,1437 (0,60)	1,1457 (0,60)
persönliche Sorgen	0,2865*** (-8,70)	0,2846*** (-8,70)	0,2860*** (-8,70)	0,2843*** (-8,69)
politisches Interesse	1,2251* (1,76)	1,2284* (1,79)	1,2218* (1,74)	1,2242* (1,76)
Jahresdummies (12)	ja	ja	ja	ja
Altersdummies (2)	ja	ja	ja	ja
Berufl. Merkmale (5)	ja	ja	ja	ja
Personenjahre		3.540		
Personen		731		
Pseudo-R^2	0,0541	0,0543	0,0543	0,0545
Wald χ^2 (df)	494(51)***	510,33***	495(53)***	515(55)***
Log Pseudolikelihood	-6.037,08	-6.035,76	-6.036,19	-6.034,89

Fortsetzung der Tabelle 6.12 folgt auf der nächsten Seite ...

Fortsetzung - Tabelle 6.12

Erklärende Variablen	Modell (1) OR (z-Wert)	Modell (2) OR (z-Wert)	Modell (3) OR (z-Wert)	Modell (4) OR (z-Wert)
AIC	12.194,16	12.195,52	12.196,38	12.197,78
BIC	12.564,48	12.578,18	12.579,03	12.592,78

Anmerkungen: ***, **, * bezeichnet Signifikanz auf dem 1%-, 5%- bzw. 10%-Niveau.
Abkürzungen: ALO: Arbeitslosigkeit; NERW: Nichterwerbstätigkeit.

Quelle: Eigene Berechnungen auf Basis der Stichprobe C des SOEP (Wellen I-U).

Was die speziellen Zufriedenheitsdeterminanten betrifft zeigt sich für ostdeutsche Arbeitnehmerinnen ein ähnliches Bild wie für ihre männlichen Kollegen: Der stärkste Einfluss auf die allgemeine Lebenszufriedenheit geht vom Haushaltsnettoeinkommen aus, wobei der Zufriedenheitseffekt bei den ostdeutschen Frauen insgesamt etwas stärker ausfällt als bei ihren männlichen Kollegen. Durch eine Einkommenserhöhung von 1% steigen die Odds für ein hohes Zufriedenheitsniveau ca. um den Faktor 2,6. Die Höhe des Haushaltsnettoeinkommens scheint also in beiden Teilen Deutschlands vor allem für das subjektive Wohlbefinden der Frauen von großer Bedeutung zu sein. Die Besorgnis um die eigene finanzielle Situation kann sowohl in den alten als auch in den neuen Bundesländern geschlechtsunabhängig zu erheblichen Zufriedenheitseinbußen führen: In der ostdeutschen Teilstichprobe der Frauen sinkt die Wahrscheinlichkeit für ein hohes Zufriedenheitsniveau um fast Dreiviertel. Der Grad des politischen Interesses beeinflusst hingegegen lediglich das subjektive Wohlbefinden ostdeutscher Arbeitnehmer und Arbeitnehmerinnen: Politisch interessierte Bürgerinnen und Bürger aus den neuen Bundesländern sind tendenziell zufriedener mit ihrem Leben als Personen, die ein mäßiges bis überhaupt kein Interesse am politischen Geschehen haben. Für die weibliche Teilstichprobe ist dieser empirische Befund allerdings lediglich auf einem Signifikanzniveau von 10% gesichert.

Zusammenfassend bleibt festzuhalten, dass in Abweichung zu den Ergebnissen von WINKELMANN u.a. (1998) im Rahmen der vorliegenden Analyse sowohl für West- als auch für Ostdeutschland lediglich arbeitslosigkeitsbedingte Zufriedenheitseinbußen nachgewiesen werden können, d.h. ein Einfluss sonstiger Nichterwerbstätigkeitsphasen auf die allgemeine Lebenszufriedenheit in Deutschland lässt sich statistisch nicht belegen. Das subjektive Wohlbefinden westdeutscher Männer und ostdeutscher Frauen wird vor allem durch die Häufigkeit von arbeitslosigkeitsbedingten Erwerbsunterbrechungen beeinflusst: Die Chance, ein zufriedenes Leben zu führen, sinkt in beiden Teilstichproben pro Arbeitslosigkeitsphase um rund ein Viertel. Bei den ostdeutschen Männern hat von den Erwerbsunterbrechungsvariablen die Arbeitslosigkeitsdauer den stärksten Einfluss auf die subjektiv empfundene Zufriedenheit: Die Odds für ein hohes Zufriedenheitsniveau sinken pro Jahr kumulierter Arbeitslosigkeit um gut ein Drittel, d.h. Arbeitslosigkeit wirkt sich auf die allgemeine Lebenszufriedenheit ostdeutscher Männer vergleichsweise etwas schwächer aus als auf das individuelle Zufriedenheitsniveau ostdeutscher Frauen und westdeutscher Männer. Für die Teilstichprobe „Frauen-West" zeigt sich wie bereits bei den westdeutschen Männern und den ostdeutschen Frauen, dass die Anzahl der Arbeitslosigkeitsphasen die entscheidende Zufriedenheitsdeterminante ist. Während arbeitslosigkeitsbedingte Diskontinuitäten in den Erwerbsverläufen bei westdeutschen Männern und ostdeutschen Frauen jedoch mit Zufriedenheitsverlusten verbunden sind, steigt die Wahrscheinlichkeit für ein hohes Zufriedenheitsniveau bei westdeutschen Arbeitnehmerinnen pro Arbeitslosigkeitsphase um einen Faktor zwischen 1,31 und 1,37.

6.2.2 Auswirkungen auf die Einkommenszufriedenheit

Wie bereits ausfuhrlich in Abschnitt 3.2 erläutert, unterliegt die allgemeine Lebenszufriedenheit einer Person zahlreichen Einflüssen, die sowohl individuell als auch im Zeitverlauf stark variieren können. Das Wohlbefinden eines Individuums hängt nicht nur von seinen objektiv beobachtbaren Lebensbedingungen ab, sondern u.a. auch von deren subjektiver Wahrnehmung und Beurteilung.[386] Bei der Messung der allgemeinen Lebenszufriedenheit einer Person gilt es die diversen Bereiche des Lebens und ihre vielfältigen Einflussfaktoren möglichst umfassend zu berücksichtigen. Die Einkommenszufriedenheit bezieht sich im Gegensatz dazu lediglich auf einen relativ kleinen Teilbereich des Lebens – genauer gesagt auf einen ausgewählten Teilbereich aus dem Arbeitsleben.

Eines der Hauptziele der vorliegenden Untersuchung besteht darin, die nichtmonetären Effekte von Erwerbsunterbrechungen möglichst genau zu erfassen. Dazu empfiehlt es sich nicht die Einkommenszufriedenheit, sondern die allgemeine Lebenszufriedenheit auf die in Tabelle B.1 zusammenfassend dargestellten potenziellen Zufriedenheitsdeterminanten zu regressieren.[387] Dementsprechend liegt die Analyse der Auswirkungen von Erwerbsunterbrechungen auf die allgemeine Lebenzufriedenheit auch im Fokus der Betrachtung. Die Einkommensanalysen haben jedoch ergeben, dass Diskontinuitäten in den Erwerbsverläufen sowohl das individuelle als auch das haushaltsspezifische Einkommen mehr oder weniger stark beeinflussen können, so dass ein Blick auf den Zusammenhang zwischen

---
[386]Vgl. *Mayring* (1991a), S. 37.
[387]Vgl. Tabelle B.1 in Anhang B.

der Zufriedenheit mit dem Haushaltseinkommen[388] und den im Rahmen der vorliegenden Untersuchung spezifizierten Erwerbsunterbrechungsvariablen dennoch lohnenswert erscheint.[389] Die Darstellung der Ergebnisse dieser ergänzend durchgeführten Zufriedenheitsanalyse beschränkt sich dabei – analog zu der haushaltsbezogenen Einkommensuntersuchung – ebenfalls lediglich auf die wesentlichen Arbeitslosigkeits- und Nichterwerbstätigkeitsdeterminanten.[390]

6.2.2.1 Ergebnisse für die westdeutschen Teilstichproben

In Tabelle 6.13 werden zunächst die wesentlichen Ergebnisse der einkommensbezogenen Zufriedenheitsanalyse für die Teilstichprobe „Männer-West" überblicksartig dargestellt.

Tabelle 6.13: Robuste Einkommenszufriedenheitsschätzungen für westdeutsche Männer

Erklärende Variablen	Abhängige Variable: ekz			
	Modell (1) OR (z-Wert)	Modell (2) OR (z-Wert)	Modell (3) OR (z-Wert)	Modell (4) OR (z-Wert)
	Humankapitalvariablen			
kum. Anz. ALO-Phasen	0,7532*** (-3,98)	0,7599*** (-3,42)	0,7489*** (-3,70)	0,7544*** (-3,38)
kum. ALO-Dauer	1,0102 (0,43)	0,9932 (-0,09)	0,9982 (-0,04)	0,9743 (-0,26)
quadr. kum. ALO-Dauer		1,1546 (0,31)		1,1850 (0,35)
Interaktionsterm-ALO			1,0074 (0,29)	1,0097 (0,36)
kum. Anz. NERW-Phasen	1,0086 (0,19)	0,9813 (-0,41)	1,0245 (0,45)	0,9463 (-0,83)
kum. NERW-Dauer	0,9748* (-1,72)	1,0357 (1,01)	0,9852 (-0,59)	1,0346 (0,97)
quadr. kum. NERW-Dauer		0,7456** (2,36)		0,6815** (-2,28)

Fortsetzung der Tabelle 6.13 folgt auf der nächsten Seite ...

---

[388] Auf eine Analyse der Auswirkungen von Erwerbsunterbrechungen auf die Zufriedenheit mit dem persönlichen Einkommen wird im Rahmen der vorliegenden Untersuchung verzichtet, weil der entsprechende Zufriedenheitsindikator im SOEP erst seit 2004 gemessen wird und damit der ausgewählte Beobachtungszeitraum nicht abgedeckt wird.
[389] Vgl. Tabelle B.1 in Anhang B.
[390] Wie bereits die allgemeine Lebenszufriedenheit wird auch die Einkommenszufriedenheit stärker durch das Haushaltsnettoeinkommen als durch den Bruttostundenlohn beeinflusst.

6.2 Zufriedenheitseffekte von Erwerbspausen

Fortsetzung - Tabelle 6.13

Erklärende Variablen	Modell (1) OR (z-Wert)	Modell (2) OR (z-Wert)	Modell (3) OR (z-Wert)	Modell (4) OR (z-Wert)
Interaktionsterm-NERW			0,9964 (-0,56)	1,0068 (0,85)
Jahresdummies (12)	ja	ja	ja	ja
HK-Variablen (6)	ja	ja	ja	ja
Persönl. Merkmale (7)	ja	ja	ja	ja
Berufl. Merkmale (5)	ja	ja	ja	ja
Spez. Zuf.-Determ. (4)	ja	ja	ja	ja
Personenjahre			5.688	
Personen			977	
Pseudo-R^2	0,0722	0,0727	0,0722	0,0728
Log Pseudolikelihood	-10.263,70	-10.258,31	-10.263,48	-10.257,26

Anmerkung: ***, **, * bezeichnet Signifikanz auf dem 1%-, 5%- bzw. 10%-Niveau.
Abkürzungen: ALO: Arbeitslosigkeit; NERW: Nichterwerbstätigkeit; HK: Humankapital.

Quelle: Eigene Berechnungen auf Basis der Stichprobe A des SOEP (Wellen I-U).

Aus Tabelle 6.13 lässt sich erkennen, dass sich Arbeitslosigkeit in Abhängigkeit ihrer Häufigkeit signifikant negativ auf die Einkommenszufriedenheit westdeutscher Arbeitnehmer auswirkt: Die Chance auf eine hohe Zufriedenheit mit dem Haushaltseinkommen sinkt pro arbeitslosigkeitsbedingter Erwerbsunterbrechung um rund ein Viertel. Hinsichtlich der sonstigen Nichterwerbstätigkeitsphasen lassen sich hingegen keine eindeutigen Zufriedenheitseffekte finden. Die auf Haushaltsebene durchgeführte Einkommensanalyse hat im Gegensatz dazu ergeben, dass sowohl Arbeitslosigkeits- als auch sonstige Nichterwerbstätigkeitsphasen das Haushaltsnettoeinkommen der betrachteten Teilstichprobe negativ beeinflussen können, wobei von den arbeitslosigkeitsbedingten Erwerbspausen jedoch eindeutig der stärkere Effekt ausgeht.[391]

Die im Rahmen der vorliegenden Untersuchung definierte Nichterwerbskategorie beinhaltet u.a. berufliche Auszeiten, die für Aus-, Weiter- und Fortbildungsmaßnahmen genutzt werden und gemäß der traditionellen Humankapitaltheorie dementsprechend positive Einkommensströme zur Folge haben können. Für die Bewertung der eigenen Zufriedenheit sind im Allgemeinen nicht nur die aktuellen Lebensbedingungen bzw. die tatsächliche Einkommenssituation von essentieller Bedeutung, häufig spielen auch die Erwartungen und Zukunftsaussichten

---
[391] Vgl. hierzu Tabelle 6.5 in Abschnitt 6.1.2.

einer Person eine entscheidende Rolle. Der fehlende Zufriedenheitseffekt von Erwerbsunterbrechungen, die nicht auf Arbeitslosigkeit zurückzuführen sind, könnte zumindest teilweise mit dem Einfluss der Erwartungsbildung auf das subjektive Wohlbefinden eines Individuums begründet werden, d.h. selbst wenn ausbildungs- und trainingsbedingte Erwerbspausen kurzfristig zu Einkommensverlusten führen, könnte es sein, dass sich die Einkommenszufriedenheit der betreffenden Person aufgrund der erwarteten Investitionserträge nicht verändert. Anders ausgedrückt wird unterstellt, dass das Individuum ausbildungs- und trainingsbedingte Einkommensverluste eher akzeptiert, weil es sich aus den Bildungsmaßnahmen Karrierevorteile und damit einhergehend eine Verbesserung der finanziellen Situation erhofft, während Arbeitslosigkeit und der damit einhergehende negative Einkommenseffekt vornehmlich als negativ empfunden wird und folglich zu einer Minderung der Einkommenszufriedenheit führt.

Tabelle 6.14 gibt nachfolgend einen Überblick über die Auswirkungen von Erwerbsunterbrechungen auf die Einkommenszufriedenheit westdeutscher Frauen. Tabelle 6.14 zeigt, dass sich Arbeitslosigkeitsphasen mit zunehmender Häufigkeit nicht nur positiv auf die allgemeine Lebenszufriedenheit westdeutscher Frauen auswirkt, sondern auch auf ihre Zufriedenheit mit dem Haushaltseinkommen.[392]

Tabelle 6.14: Robuste Einkommenszufriedenheitsschätzungen für westdeutsche Frauen

Erklärende Variablen	Abhängige Variable: ekz			
	Modell (1) OR (z-Wert)	Modell (2) OR (z-Wert)	Modell (3) OR (z-Wert)	Modell (4) OR (z-Wert)
	Humankapitalvariablen			
kum. Anz. ALO-Phasen	1,2501*** (2,73)	1,2386** (2,11)	1,2888*** (2,88)	1,3013** (2,38)
kum. ALO-Dauer	0,8678** (-2,47)	0,8865 (-0,92)	0,9316 (-0,89)	0,9260 (-0,56)
quadr. kum. ALO-Dauer		0,7671 (-0,18)		1,1664 (0,11)
Interaktionsterm-ALO			0,9608 (-1,29)	0,9585 (-1,37)
kum. Anz. NERW-Phasen	1,0098 (0,27)	1,0161 (0,44)	1,0006 (0,01)	1,0266 (0,38)
kum. NERW-Dauer	0,9892 (-1,20)	0,9590 (-1,52)	0,9871 (-0,64)	0,9608 (-1,32)
Fortsetzung der Tabelle 6.14 folgt auf der nächsten Seite ...				

---

[392] Für ihre männlichen Kollegen konnte hingegen ein negativer Zusammenhang zwischen Arbeitslosigkeit und Einkommenszufriedenheit gefunden werden. Vgl. hierzu Tabelle 6.13.

6.2 Zufriedenheitseffekte von Erwerbspausen

Fortsetzung - Tabelle 6.14

Erklärende Variablen	Modell (1) OR (z-Wert)	Modell (2) OR (z-Wert)	Modell (3) OR (z-Wert)	Modell (4) OR (z-Wert)
quadr. kum. NERW-Dauer		1,1271 (1,22)		1,1355 (1,27)
Interaktionsterm-NERW			1,0007 (0,14)	0,9990 (-0,18)
Jahresdummies (12)	ja	ja	ja	ja
HK-Variablen (6)	ja	ja	ja	ja
Persönl. Merkmale (7)	ja	ja	ja	ja
Berufl. Merkmale (5)	ja	ja	ja	ja
Spez. Zuf.-Determ. (5)	ja	ja	ja	ja
Personenjahre			3.682	
Personen			808	
Pseudo-R^2	0,0808	0,0810	0,0809	0,0812
Log Pseudolikelihood	-6.879,78	-6.878,02	-6.878,48	-6.876,68

Anmerkung: ***, **, * bezeichnet Signifikanz auf dem 1%-, 5%- bzw. 10%-Niveau.
Abkürzungen: ALO: Arbeitslosigkeit; NERW: Nichterwerbstätigkeit; HK: Humankapital.

Quelle: Eigene Berechnungen auf Basis der Stichprobe A des SOEP (Wellen I-U).

Die klassische Rollenverteilung zwischen Mann und Frau ist bekanntlich in Westdeutschland häufiger vertreten als in den neuen Bundesländern, so dass zumindest im alten Bundesgebiet davon ausgegangen werden kann, dass Männer haushaltsbezogen im Allgemeinen einen höheren Beitrag zur Einkommenserzielung leisten als Frauen. In diesem Fall würde sich insbesondere ein Arbeitsplatzverlust des Mannes negativ auf die finanzielle Situation des Haushaltes auswirken. Die Ergebnisse hinsichtlich des Zusammenhangs zwischen der Einkommenszufriedenheit und den arbeitslosigkeitsbedingten Erwerbspausen westdeutscher Männer und Frauen unterstützt diese Hypothese: Die Arbeitslosigkeit der Frau scheint einen wesentlich geringeren Einfluss auf das Haushaltseinkommen zu haben als der Verlust des Arbeitsplatzes des Mannes, was das Ausbleiben eines negativen Zufriedenheitseffektes zumindest teilweise begründen würde.[393]

Die Einkommenszufriedenheit westdeutscher Arbeitnehmerinnen bleibt in Folge von Arbeitslosigkeit jedoch nicht unverändert; aus Tabelle 6.14 geht vielmehr hervor, dass die Wahrscheinlichkeit für ein hohes Zufriedenheitsniveau hinsicht-

---

[393] Vgl. hierzu auch die Ergebnisse der haushaltsbezogenen Einkommensanalyse in Abschnitt 6.1.2.

lich des Haushaltseinkommens mit zunehmender Anzahl an Arbeitslosigkeitsphasen steigt. Diese Beobachtung lässt darauf schließen, dass die aufgrund der Arbeitslosigkeit zusätzlich zur Verfügung stehende Zeit einen Nutzenzuwachs mit sich bringt, der den aus der arbeitslosigkeitsbedingten Einkommensminderung resultierenden Nutzenverlust zu überwiegen scheint. Die aus der Arbeitslosigkeit resultierende zusätzliche Zeit kann u.a. in Haushaltstätigkeiten oder in die Kinderbetreuung investiert werden. Unter der Annahme, dass bei Erwerbstätigkeit der Frau haushaltsexterne Personen, wie z.B. ein Reinigungsservice bzw. Putzdienst oder eine Tagesmutter, zumindest mit einem Teil dieser Aufgaben betraut werden müssten, ist arbeitslosigkeitsbedingt zudem mit geringeren Ausgaben für die betreffenden Marktleistungen zu rechnen, was sich wiederum positiv auf die Einkommenszufriedenheit auswirken kann. Des Weiteren gibt Modell (1) einen Hinweis auf einen negativen Zusammenhang zwischen der kumulierten Arbeitslosigkeitsdauer und der Einkommenszufriedenheit westdeutscher Arbeitnehmerinnen, der mittels der anderen drei Modellspezifikationen jedoch nicht bestätigt werden kann. Ansonsten lassen sich keine weiteren einkommensbezogenen Zufriedenheitseffekte von Erwerbsunterbrechungen verzeichnen.

6.2.2.2 Ergebnisse für die ostdeutschen Teilstichproben

Wie bereits die haushaltsspezifischen Einkommenseffekte sind auch die einkommensbedingten Zufriedenheitseffekte in Ostdeutschland wesentlich schwächer und undurchsichtiger als in den alten Bundesländern. Tabelle 6.15 fasst zunächst die wichtigsten Ergebnisse für die Teilstichprobe „Männer-Ost" zusammen.

Tabelle 6.15: Robuste Einkommenszufriedenheitsschätzungen für ostdeutsche Männer

Erklärende Variablen	Abhängige Variable: ekz			
	Modell (1) OR (z-Wert)	Modell (2) OR (z-Wert)	Modell (3) OR (z-Wert)	Modell (4) OR (z-Wert)
	Humankapitalvariablen			
kum. Anz. ALO-Phasen	0,9208 (-0,81)	0,9889 (-0,10)	0,9235 (-0,75)	1,0113 (0,09)
kum. ALO-Dauer	0,8786 (-1,36)	0,6953** (-2,25)	0,8860 (-0,86)	0,7153* (-1,91)
quadr. kum. ALO-Dauer		77,945** (2,22)		103,232** (2,36)

Fortsetzung der Tabelle 6.15 folgt auf der nächsten Seite ...

6.2 Zufriedenheitseffekte von Erwerbspausen

Fortsetzung - Tabelle 6.15

Erklärende Variablen	Modell (1) OR (z-Wert)	Modell (2) OR (z-Wert)	Modell (3) OR (z-Wert)	Modell (4) OR (z-Wert)
Interaktionsterm-ALO			0,9946 (-0,07)	0,9698 (-0,44)
kum. Anz. NERW-Phasen	1,0347 (0,48)	1,0788 (1,00)	1,0523 (0,53)	1,2607* (1,71)
kum. NERW-Dauer	0,9854 (-0,41)	0,8871 (-1,59)	0,9948 (-0,11)	0,8689* (-1,79)
quadr. kum. NERW-Dauer		2,3672 (1,54)		4,8712** (2,10)
Interaktionsterm-NERW			0,9956 (-0,29)	0,0778 (-1,59)
Jahresdummies (12)	ja	ja	ja	ja
HK-Variablen (6)	ja	ja	ja	ja
Persönl. Merkmale (7)	ja	ja	ja	ja
Berufl. Merkmale (5)	ja	ja	ja	ja
Spez. Zuf.-Determ. (5)	ja	ja	ja	ja
Personenjahre		3.542		
Personen		697		
Pseudo-R^2	0,0765	0,0772	0,0765	0,0778
Log Pseudolikelihood	-6.766,38	-6.760,74	-6.766,26	-6.756,94

Anmerkung: ***, **, * bezeichnet Signifikanz auf dem 1%-, 5%- bzw. 10%-Niveau.
Abkürzungen: ALO: Arbeitslosigkeit; NERW: Nichterwerbstätigkeit; HK: Humankapital.

Quelle: Eigene Berechnungen auf Basis der Stichprobe C des SOEP (Wellen I-U).

Aus Tabelle 6.15 geht hervor, dass die Anzahl an Arbeitslosigkeitsphasen keinen signifikanten Einfluss auf die Einkommenszufriedenheit ostdeutscher Männer hat. Die kumulierte Arbeitslosigkeitsdauer wirkt sich tendenziell zwar negativ auf die betrachtete Bereichszufriedenheit aus, dieser Effekt ist allerdings nur in Modell (2) statistisch hinreichend gesichert. Die quadrierte Arbeitslosigkeitsdauer führt hingegen zu einem deutlichen Anstieg der Odds für ein hohes einkommensbezogenes Zufriedenheitsniveau.

Die Ergebnisse von Modellspezifikation (4) lassen weiterhin vermuten, dass sich sonstige Nichterwerbstätigkeitsphasen mit zunehmender Häufigkeit positiv auf die Einkommenszufriedenheit ostdeutscher Männer auswirken, während der Zusammenhang zwischen der kumulierten Nichterwerbstätigkeitsdauer und der Einkommenszufriedenheit tendenziell eher negativ zu sein scheint. In beiden Fällen liegt das Signifikanzniveau allerdings lediglich bei 10%. Der einzige statistisch hinreichend gesicherte Effekt wird für die quadrierte Nichterwerbstätigkeitsdauer ausgewiesen, wobei der entsprechende geschätzte Koeffizient ein positives Vorzeichen aufweist.[394] Auf Grundlage der übrigen drei Modellspezifikationen ergeben sich hinsichtlich der sonstigen Nichterwerbstätigkeitsphasen keine signifikanten Zufriedenheitseffekte.

In Tabelle 6.16 wird nachfolgend ein Überblick über die Ergebnisse der einkommensbezogenen Zufriedenheitsschätzungen für die Teilstichprobe der ostdeutschen Arbeitnehmerinnen gegeben. Mit Ausnahme eines positiven Zusammenhangs zwischen der quadrierten Nichterwerbstätigkeitsdauer und der Zufriedenheit mit dem Haushaltseinkommen in Modell (4) lassen sich keine durch Diskontinuitäten im Erwerbsverlauf induzierte Zufriedenheitseffekte finden.

Tabelle 6.16: Robuste Einkommenszufriedenheitsschätzungen für ostdeutsche Frauen

	Abhängige Variable: ekz			
Erklärende Variablen	Modell (1) OR (z-Wert)	Modell (2) OR (z-Wert)	Modell (3) OR (z-Wert)	Modell (4) OR (z-Wert)
	Humankapitalvariablen			
kum. Anz. ALO-Phasen	0,8650 (-1,56)	0,8948 (-1,05)	0,8680 (-1,36)	0,9063 (-0,82)
kum. ALO-Dauer	1,0542 (0,86)	0,9706 (-0,19)	1,0606 (0,55)	0,9874 (-0,07)
quadr. kum. ALO-Dauer		4,6019 (0,61)		4,7544 (0,63)
Interaktionsterm-ALO			0,9946 (-0,10)	0,9848 (-0,28)
kum. Anz. NERW-Phasen	0,9461 (-0,97)	0,9659 (-0,60)	1,0143 (0,17)	1,0935 (1,01)
kum. NERW-Dauer	0,9901 (-0,36)	0,9326 (-1,58)	1,0278 (0,65)	0,9683 (-0,67)
quadr. kum. NERW-Dauer		1,4641 (1,61)		1,7139*** (2,78)
Interaktionsterm-NERW			0,9856 (-1,15)	0,9762* (-1,85)
Jahresdummies (12)	ja	ja	ja	ja
HK-Variablen[a] (6)	ja	ja	ja	ja
Persönl. Merkmale (7)	ja	ja	ja	ja
Berufl. Merkmale (5)	ja	ja	ja	ja
Spez. Zuf.-Determ. (4)	ja	ja	ja	ja

Fortsetzung der Tabelle 6.16 folgt auf der nächsten Seite ...

---
[394] Das entsprechende Signifikanzniveau liegt bei 5%.

6.2 Zufriedenheitseffekte von Erwerbspausen

Fortsetzung - Tabelle 6.16

Erklärende Variablen	Modell (1) OR (z-Wert)	Modell (2) OR (z-Wert)	Modell (3) OR (z-Wert)	Modell (4) OR (z-Wert)
Personenjahre			3.536	
Personen			730	
Pseudo-R^2	0,0741	0,0746	0,0744	0,0752
Log Pseudolikelihood	-6.755,37	-6.751,72	-6.753,67	-6.747,56

Anmerkung: ***, **, * bezeichnet Signifikanz auf dem 1%-, 5%- bzw. 10%-Niveau.
Abkürzungen: ALO: Arbeitslosigkeit; NERW: Nichterwerbstätigkeit; HK: Humankapital.
a Alle HK-Determinanten außer der Dummy-Variablen für einen fehlenden Schulabschluss.

Quelle: Eigene Berechnungen auf Basis der Stichprobe C des SOEP (Wellen I-U).

Abschließend bleibt festzuhalten: Die Ergebnisse der allgemeinen und einkommensbezogenen Zufriedenheitsanalyse machen deutlich, dass das Nachgehen einer Beschäftigung nicht nur finanzielle Auswirkungen hat, sondern auch auf psychischer Ebene Effekte nach sich ziehen kann. Im Rahmen beider Analysen wurde durch die Berücksichtigung des logarithmierten Haushaltsnettoeinkommens weitestgehend für die monetären Effekte von Erwerbsunterbrechungen kontrolliert, so dass davon auszugehen ist, dass die verbleibenden Einflüsse hauptsächlich auf nicht-monetäre Ursachen zurückzuführen sind. Insbesondere für westdeutsche Männer scheint das Arbeitsleben eine große Bedeutung zu haben. Arbeitslosigkeit wirkt sich sowohl negativ auf ihre allgemeine Lebenszufriedenheit als auch auf ihre Einkommenszufriedenheit aus. Dies impliziert, dass Arbeit für sie tatsächlich nicht nur dem „Broterwerb" dient, sondern ihnen weitaus mehr Möglichkeiten bietet, wie z.B. ihre Rolle in der Gesellschaft zu definieren, sich selbst zu verwirklichen oder sogar ihrem Leben allgemein einen Sinn zu geben. Für westdeutsche Frauen scheint Erwerbstätigkeit per se hingegen von wesentlich geringerer Relevanz zu sein und primär der Einkommenserzielung zu dienen. Sowohl die allgemeine als auch die einkommensbezogene Zufriedenheitsanalyse hat einen positiven Einfluss von Arbeitslosigkeit auf das subjektive Wohlbefinden der betrachteten westdeutschen Arbeitnehmerinnen gezeigt.

In Ostdeutschland konnte geschlechtsunabhängig ein negativer Zusammenhang zwischen arbeitslosigkeitsbedingten Erwerbsunterbrechungen und der allgemeinen Lebenszufriedenheit nachgewiesen werden, was darauf schließen lässt, dass es sich in den neuen Bundesländern vorwiegend um unfreiwillige Arbeitslosigkeit handelt. Die Einkommenszufriedenheit ostdeutscher Arbeitnehmer und Arbeitnehmerinnen bleibt im Gegensatz dazu weitestgehend unbeeinflusst von Diskontinuitäten in den Erwerbsprofilen. Zahlreiche vorangegangene Zufriedenheitsanalysen haben gezeigt, dass sich Menschen bei der Beurteilung ihrer eigenen Zufriedenheit häufig an den Lebensbedingungen bestimmter Bezugspersonen oder -gruppen orientieren. Insbesondere wenn es um die Beurteilung der eigenen finanziellen Situation geht, spielt häufig nicht das absolute sondern das relative Einkommen die entscheidende Rolle. In Deutschland sind auch im zweiten Jahrzehnt nach der Wiedervereinigung noch deutliche Unterschiede in Bezug auf die allgemeinen Lebens- und Arbeitsbedingungen und vor allem auch hinsichtlich der Verdienstmöglichkeiten in den alten und neuen Bundesländern zu beobachten. Vorstellbar wäre, dass in Ostdeutschland der Vergleich mit den Lebens- und Arbeitsbedingungen in den alten Bundesländern insgesamt einen stärkeren Einfluss auf das subjektive Wohlbefinden und die Einkommenszufriedenheit hat als die individuellen Erwerbsprofile und Karriereverläufe. Zudem sollte nicht vernachlässigt werden, dass aufgrund der unterschiedlichen (politischen) Vergangenheit beider Teile Deutschlands sicherlich allgemein regional unterschiedliche Aspekte mit unterschiedlicher Gewichtung in die Zufriedenheitsbewertung einfließen, deren Erfassung jedoch nicht Gegenstand der vorliegenden Untersuchung ist.

Kapitel 7

Zusammenfassung und Ausblick

Arbeitslosigkeits- und sonstige Nichterwerbstätigkeitsphasen wie bspw. kinderbedingte Auszeiten, Wehr- und Zivildienstzeiten oder auch berufliche Ausbildungs- und Trainingsphasen können sowohl monetäre als auch nicht-monetäre Auswirkungen zur Folge haben. Die im Rahmen der vorliegenden Untersuchung durchgeführten Einkommens- und Zufriedenheitsanalysen haben zum einen gezeigt, dass sowohl die Häufigkeit als auch die Dauer von Erwerbsunterbrechungen einen Einfluss auf das Einkommen und die Zufriedenheit west- und ostdeutscher Arbeitnehmer und Arbeitnehmerinnen haben kann. Zum anderen wurde festgestellt, dass die ermittelten Effekte in Abhängigkeit des Geschlechts und der regionalen Herkunft (West- oder Ostdeutschland) erheblich variieren können.

Im Rahmen der individuellen Einkommensanalyse können folgende Effekte nachgewiesen werden:

- Das Individualeinkommen westdeutscher Arbeitnehmer wird am stärksten durch die kumulierte Arbeitslosigkeitsdauer beeinflusst: Der Bruttostundenlohn der betreffenden Teilstichprobe sinkt pro Arbeitslosigkeitsjahr um ca. 6,94% (Ergebnis auf Basis von Modell III) bis 9,77% (Ergebnis auf Basis von Modell II).

- Bei den westdeutschen Frauen führen hingegen lediglich nicht auf Arbeitslosigkeit beruhende Erwerbsunterbrechungen zu einer Verschlechterung der individuellen Verdienstmöglichkeiten: Der Bruttostundenlohn der weiblichen Teilstichprobe aus Westdeutschland reduziert sich pro Nichterwerbstätigkeitsphase um 3,80% (Ergebnis auf Basis von Modell I) bis 9,73% (Ergebnis auf Basis von Modell IV).

- Analog zu den Befunden für Westdeutschland zeigt sich auch für Ostdeutschland, dass die kumulierte Arbeitslosigkeitsdauer den stärksten Effekt auf den Individuallohn männlicher Beschäftigter hat: Eine einjährige Arbeitslosigkeitsphase führt zu einer Lohnminderung zwischen 4,40% (Ergebnis auf Basis von Modell I) und 12,12% (Ergebnis auf Basis von Modell IV), wobei sich der negative Einkommenseffekt mit zunehmender Arbeitslosigkeitsdauer abzuschwächen scheint.

- Ostdeutsche Arbeitnehmerinnen erleiden insgesamt die höchsten arbeitslosigkeitsbedingten Einkommenseinbußen: Pro Arbeitslosigkeitsjahr verlieren sie durchschnittlich zwischen 8,08% und 17,69% ihres Bruttostundenlohnes. Zusätzlich wirkt sich auch die Anzahl der Arbeitslosigkeitsphasen tendenziell negativ auf ihren Verdienst aus. Die Häufigkeit und Dauer arbeitslosigkeitsbedingter Erwerbsunterbrechungen scheinen zudem positiv miteinander korreliert zu sein.[395]

Die Ergebnisse der individuellen Einkommensanalyse sind insgesamt relativ robust. Im Gegensatz zu Ostdeutschland zeichnen sich in den alten Bundesländern deutliche geschlechtsspezifische Unterschiede ab. In Übereinstimmung mit den Ergebnissen der Mehrzahl vorangegangener Einkommensuntersuchungen zeigt sich, dass westdeutsche Männer in erster Linie arbeitslosigkeitsbedingte Einkommenseinbußen erleiden, während westdeutsche Frauen primär von Einkommensverlusten in Folge von sonstigen Nichterwerbstätigkeitsphasen betroffen sind.[396] In den alten Bundesländern beteiligen sich Väter immer noch relativ selten an der Kinderbetreuung, so dass davon auszugehen ist, dass ein nicht unwesentlicher Anteil der Lohnverluste westdeutscher Frauen auf familiär bedingte berufliche Auszeiten zurückzuführen ist. Im regionalen Vergleich lässt sich feststellen, dass die negativen arbeitslosigkeitsbedingten Einkommenseffekte in den neuen Bundesländern insgesamt etwas höher ausfallen als in Westdeutschland, was u.a. damit zusammenhängen könnte, dass die Gefahr, arbeitslos zu werden, in Ostdeutschland allgemein größer ist als im alten Bundesgebiet. Besonders stark wirkt sich Arbeitslosigkeit auf den Bruttostundenlohn ostdeutscher Arbeitnehmerinnen aus. Dieses Ergebnis ist vermutlich nicht zuletzt auch auf die im Vergleich zu den westdeutschen Frauen relativ hohe Erwerbsbeteiligung ostdeutscher Arbeitsnehmerinnen zurückzuführen. Die Divergenzen hinsichtlich der weiblichen Erwerbsbeteiligung sind wiederum ein Resultat der unterschiedlichen politischen Vergangenheit beider Teile Deutschlands, die u.a. dazu geführt hat, dass der Erwerbstätigkeit per se in Ostdeutschland eine andere Bedeutung beigemessen wird als im alten Bundesgebiet.

---

[395] Des Weiteren konnte mittels der Modellspezifikationen I und III ein signifikant negativer Einfluss sonstiger Nichterwerbstätigkeitsphasen auf den Bruttostundenlohn ostdeutscher Frauen nachgewiesen werden.
[396] Vgl. hierzu z.B. *Beblo u.a.* (2002b).

Die haushaltsbezogene Einkommensanalyse hat folgende Zusammenhänge aufgedeckt:

- Arbeitslosigkeit westdeutscher Männer wirkt sich sowohl mit zunehmender Häufigkeit als auch mit zunehmender Dauer negativ auf das gesamte Haushaltsnettoeinkommen aus: Im Durchschnitt sinkt das Haushaltseinkommen um 4,46% (Ergebnis auf Basis von Modell II) bis 5,97% (Ergebnis auf Basis von Modell IV) pro Arbeitslosigkeitsphase, wobei die Anzahl arbeitslosigkeitsbedingter Erwerbspausen positiv mit der kumulierten Arbeitslosigkeitsdauer zusammenhängt. Eine einjährige Arbeitslosigkeitsphase führt zu einer Einkommensreduktion zwischen 4,55% (Ergebnis auf Basis von Modell III) bis 8,16% (Ergebnis auf Basis von Modell IV). Je länger die Arbeitslosigkeit anhält, desto schwächer wirkt sich ein zusätzliches Arbeitslosigkeitsjahr auf das Einkommen aus. Auch sonstige Nichterwerbstätigkeit hat einen negativen Einfluss auf das Haushaltseinkommen der betrachteten Teilstichprobe: Das Einkommen vermindert sich je Unterbrechung um ca. 4%.

- Arbeitslosigkeitsphasen von westdeutschen Frauen wirken sich in Abhängigkeit ihrer Anzahl tendenziell ebenfalls negativ auf das Haushaltsnettoeinkommen aus; dieser Effekt ist jedoch lediglich in den Modellen I und III statistisch hinreichend gesichert. Sonstige Nichterwerbstätigkeitsphasen wirken sich hingegen mit zunehmender Dauer eher positiv auf die finanzielle Leistungsfähigkeit des entsprechenden Haushaltes aus, allerdings in relativ geringem Ausmaß: Das Haushaltsnettoeinkommen steigt pro Nichterwerbstätigkeitsjahr um 1,57% (Ergebnis auf Basis von Modell III) bis maximal 2,58% (Ergebnis auf Basis von Modell IV). Ob sich dieser Effekt mit zunehmender Dauer abschwächt, kann auf Basis der vier spezifierten Modelle nicht eindeutig geklärt werden.

- Für die Teilstichprobe „Männer-Ost" sind die Ergebnisse der haushaltsbezogenen Einkommensanalyse insgesamt sehr instabil. Arbeitslosigkeit scheint sich mit zunehmender Dauer tendenziell negativ auf das Haushaltsnettoeinkommen auszuwirken, wobei sich der Einkommensverlust pro arbeitslosigkeitsbedingter Erwerbspause durchschnittlich auf 2,82% (Ergebnis auf Basis von Modell II) bis 3,18% (Ergebnis auf Basis von Modell III) beläuft. Hinsichtlich der übrigen Erwerbsunterbrechungsvariablen lassen sich jedoch keine eindeutigen Effekte nachweisen.

- Bei den ostdeutschen Frauen hat Arbeitslosigkeit ebenfalls eine Einkommenseinbuße zur Folge: Das entsprechende Haushaltsnettoeinkommen reduziert sich um etwa 3,79% (Ergebnis auf Basis von Modell I) bis 5,75% (Ergebnis auf Basis von Modell IV) pro Arbeitslosigkeitsjahr. Sonstige Nichterwerbstätigkeitsphasen sind – wie auch bei ihren Kolleginnen aus den alten Bundesländern – mit einer Erhöhung des verfügbaren Einkommens verbunden: Pro nicht-arbeitslosigkeitsbedingter Erwerbsunterbrechung steigt das Einkommen um 3,18% (Ergebnis auf Basis von Modell II) bis 5,35% (Ergebnis auf Basis von Modell IV).

Im Vergleich zu den Ergebnissen der individuellen Einkommensanalyse sind die empirischen Befunde der haushaltsbezogenen Einkommensuntersuchung wesentlich weniger eindeutig sowie deutlich instabiler, was darauf hinweist, dass sich Erwerbsunterbrechungen allgemein stärker auf die individuellen Verdienstmöglichkeiten auswirken als auf das Haushaltsnettoeinkommen. Arbeitslosigkeit und sonstige Nichterwerbstätigkeit westdeutscher Männer wirkt sich negativ auf das gesamte Haushaltsnettoeinkommen aus, während nicht auf Arbeitslosigkeit beruhende Erwerbsunterbrechungen westdeutscher Frauen einen positiven Einfluss auf die finanzielle Leistungsfähigkeit des Haushaltes haben. Dieses Phänomen lässt darauf schließen, dass Männer in Westdeutschland allgemein einen höheren Beitrag zur finanziellen Absicherung der Familie leisten und bei Verlust des Arbeitsplatzes folglich deutliche Einkommenseinbußen zu erwarten sind. Die auf Haushaltsebene bei den westdeutschen Frauen zu verzeichnenden positiven Einkommenseffekte von sonstigen Nichterwerbstätigkeitsphasen sind vermutlich zu einem großen Teil auf die im deutschen Steuer- und Transferrecht kodifizierten familiär bedingten Vorteile, wie das Ehegattensplitting oder Kinderfreibeträge, zurückzuführen. Obwohl die geschlechtsspezifischen Unterschiede auch im Rahmen der haushaltsbezogenen Einkommensanalyse in Ostdeutschland bei Weitem nicht so gravierend sind wie in den alten Bundesländern, lassen sich in beiden Ländern teilweise ähnliche Effekte beobachten. Für die Teilstichprobe „Männer-Ost" stellen sich die Ergebnisse insgesamt zwar sehr instabil dar, Arbeitslosigkeit ostdeutscher Männer scheint mit zunehmender Häufigkeit jedoch tendenziell einen negativen Einfluss auf das gesamte Haushaltsnettoeinkommen zu haben. Ein stärkerer negativer Zusammenhang besteht jedoch zwischen der kumulierten Arbeitslosigkeitsdauer ostdeutscher Frauen und dem Haushaltsnettoeinkommen. Sonstige Nichterwerbstätigkeitsphasen von Frauen wirken sich in Ostdeutschland – ebenso wie in Westdeutschland – tendenziell postiv auf das verfügbare Haushaltseinkommen aus.

Die zentralen Ergebnisse der allgemeinen Zufriedenheitsanalyse lassen sich wie folgt zusammenfassen:

- Die allgemeine Lebenszufriedenheit westdeutscher Männer wird primär durch die Häufigkeit von Arbeitslosigkeit negativ beeinflusst: Die Chance auf ein hohes Zufriedenheitsniveau sinkt pro Arbeitslosigkeitsphase im Durchschnitt um fast ein Viertel.

- Westdeutsche Arbeitnehmerinnen sind mit zunehmnder Anzahl an Arbeitslosigkeitsphasen hingegen tendenziell zufriedener mit ihrem Leben: Die Odds für ein hohes Zufriedenheitsniveau steigen pro Arbeitslosigkeitsphase um einen Faktor zwischen 1,31 (Ergebnis auf Basis von Modell II) und 1,37 (Ergebnis auf Basis von Modell IV). Der Zusammenhang zwischen der allgemeinen Lebenszufriedenheit westdeutscher Frauen und der kumulierten Arbeitslosigkeitsdauer sowie der Anzahl und Dauer sonstiger Nichterwerbstätigkeitsphasen scheint tendenziell jedoch eher negativ zu sein; diese Ergebnisse sind statistisch allerdings nicht hinreichend gesichert.

- Bei den ostdeutschen Männern geht der stärkste Effekt auf die allgemeine Lebenszufriedenheit von der kumulierten Arbeitslosigkeitsdauer aus: Die geschätzten Odds Ratios belaufen sich auf 0,5239 (Ergebnis auf Basis von Modell IV) bis 0,7988 (Ergebnis auf Basis von Modell I). Weiterhin geben die Schätzergebnisse einen Hinweis darauf, dass sich der negative Zufriedenheitseffekt mit zunehmender Arbeitslosigkeitsdauer abschwächt. Die Anzahl der Arbeitslosigkeitsphasen scheint sich tendenziell ebenfalls negativ auf das individuelle Zufriedenheitsniveau auszuwirken.

- Für die ostdeutschen Arbeitnehmerinnen lassen sich ähnliche Zufriedenheitseffekte beobachten wie für die westdeutschen Männer: Pro Arbeitslosigkeitsphase sinken die Odds für ein höheres Zufriedenheitsniveau im Vergleich zu den Odds für ein geringeres Wohlbefinden um einen Faktor zwischen 0,7397 (Ergebnis auf Basis von Modell II) und 0,8008 (Ergebnis auf Basis von Modell III).

Wie bereits bei der individuellen Einkommensanalyse, stellen sich auch die Ergebnisse der allgemeinen Zufriedenheitsanalyse insgesamt als relativ robust dar. In Abweichung zu den empirischen Befunden von WINKELMANN u.a. (2001), die u.a. einen negativen Zusammenhang zwischen der Zufriedenheit und nicht auf Arbeitslosigkeit beruhenden Erwerbsunterbrechungen in Deutschland bestätigen konnten, können im Rahmen der vorliegenden Untersuchung lediglich arbeitslosigkeitsbedingte Zufriedenheitseffekte eindeutig nachgewiesen werden. Wie bereits bei der individuellen Einkommensanalyse zeichnen sich auch im Rahmen der allgemeinen Zufriedenheitsanalyse in Westdeutschland deutliche geschlechtsspezifische Unterschiede ab. Während die allgemeine Lebenszufriedenheit westdeutscher Männer mit zunehmender Häufigkeit arbeitslosigkeitsbedingter Erwerbsunterbrechungen tendenziell sinkt, besteht zwischen dem subjektiven Wohlbefinden westdeutscher Arbeitnehmerinnen und der Anzahl der Arbeitslosigkeitsphasen ein positiver Zusammenhang. Der Grund für dieses unplausible Ergebnis lässt sich auf Grundlage der verwendeten Daten leider nicht eindeutig ermitteln. Eine mögliche Erklärung könnte jedoch das Phänomen der strategischen Arbeitslosigkeit sein. In Hinblick auf die Kranken- und Rentenversicherung sowie aufgrund der hohen Grenzsteuersätze und Grenztransferentzugsraten könnte es für Mütter in Deutschland u.U. vorteilhaft sein, sich nach der gesetzlichen Elternzeit freiwillig arbeitslos zu melden. In den neuen Bundesländern lassen sich hingegen wie bereits im Rahmen der Einkommensanalyse auch in Bezug auf die Zufriedenheitseffekte von Erwerbsunterbrechungen keine gravierenden Unterschiede zwischen Männern und Frauen finden: Arbeitslosigkeit wirkt sich insgesamt negativ auf die allgemeine Lebenszufriedenheit in Ostdeutschland aus, wobei bei den Arbeitnehmern die kumulierte Dauer und bei den Arbeitnehmerinnen die Anzahl der Arbeitslosigkeitsphasen von essentieller Bedeutung ist.

Die einkommensbezogene Zufriedenheitsanalyse hat Folgendes gezeigt:

- Bei den westdeutschen Männern zeigen sich keine wesentlichen Unterschiede in Bezug auf die Ergebnisse der allgemeinen und der einkommensbezogenen Zufriedenheitsanalyse: Die Chance auf eine hohe Zufriedenheit mit dem Haushaltseinkommen sinkt pro Arbeitslosigkeitsphase um rund ein Viertel.

- Auch für die westdeutschen Frauen lässt sich feststellen, dass sie in Folge von Arbeitslosigkeit nicht nur zufriedener mit ihrem Leben im Allgemeinen sind, sondern tendenziell auch eine höhere Einkommenszufriedenheit aufweisen. In Analogie zu den Ergebnissen der allgemeinen Zufriedenheitsanalyse kann nachgewiesen werden, dass die Chance auf eine hohe Zufriedenheit mit dem Haushaltseinkommen pro arbeitslosigkeitsbedingter Erwerbsunterbrechung um einen Faktor zwischen 1,2386 (Ergebnis auf Basis von Modell II) und 1,3013 (Ergebnis auf Basis von Modell IV) steigt.

- Bei den ostdeutschen Männern lässt sich ein negativer Zusammenhang zwischen ihrer Einkommenszufriedenheit und der kumulierten Arbeitslosigkeitsdauer vermuten, der sich mit zunehmender Dauer abzuschwächen scheint; dieses Ergebnis ist statistich jedoch nicht hinreichend gesichert.

- Für die Teilstichprobe „Frauen-Ost" lassen sich empirisch keine eindeutigen einkommensbezogenen Zufriedenheitseffekte finden, die auf Diskontinuitäten in den individuellen Erwerbsverläufen zurückzuführen sind.

In Bezug auf ihre Wirkungsrichtung sind die Ergebnisse der einkommensbezogenen Zufriedenheitsanalyse für Westdeutschland identisch mit den Befunden der allgemeinen Zufriedenheitsuntersuchung: Arbeitslosigkeit wirkt sich mit zunehmender Häufigkeit negativ auf die Zufriedenheit mit dem Haushaltseinkommen westdeutscher Arbeitnehmer und positiv auf die Einkommenszufriedenheit westdeutscher Frauen aus. Insgesamt sind die arbeitslosigkeitsbedingten Effekte auf die Einkommenszufriedenheit jedoch etwas schwächer als der Zusammenhang zwischen der allgemeinen Lebenszufriedenheit und Arbeitslosigkeit. Für die neuen

Bundesländer liefert die einkommensbezogene Zufriedenheitsanalyse wesentlich instabilere Ergebnisse: Arbeitslosigkeit hat in Abhängigkeit ihrer Dauer tendenziell einen negativen Einfluss auf die Einkommenszufriedenheit ostdeutscher Arbeitnhemer, wobei sich der negative Zufriedenheitseffekt mit zunehmender Dauer abzuschwächen scheint. Dieses Ergebnis ist jedoch keineswegs statistisch hinreichend gesichert. Für die ostdeutschen Arbeitnehmerinnen lassen sich keine eindeutigen erwerbsunterbrechungsbedingten Auswirkungen auf die Einkommenszufriedenheit finden. Die Ergebnisse der allgemeinen und einkommensbezogenen Zufriedenheitsanalysen lassen darauf schließen, dass Arbeit im Sinne einer Erwerbstätigkeit insbesondere in den neuen Bundesländern eine große Bedeutung beigemessen wird und nicht nur als Mittel zur finanziellen Absicherung des Lebens angesehen wird, sondern auch in nicht-monetärer Hinsicht nutzenstiftend wirkt.

Im Rahmen der Zufriedenheitsanalyse konnte insgesamt lediglich ein negativer Einfluss arbeitslosigkeitsbedingter Erwerbsunterbrechungen auf die Zufriedenheit west- und ostdeutscher Arbeitnehmer und Arbeitnehmerinnen nachgewiesen werden, obwohl die Einkommensanalyse für die Teilstichprobe „Frauen-West" einen negativen Zusammenhang zwischen sonstigen Nichterwerbstätigkeitsphasen und den individuellen Verdienstmöglichkeiten ergeben hat. Daher liegt die Vermutung nahe, dass nicht auf Arbeitslosigkeit beruhende Auszeiten auch mit positiven Zufriedenheitseffekten verbunden sind, die eventuelle negative Auswirkungen – die bspw. aus dem Wegfall des Arbeitsumfelds und der damit einhergehenden sozialen Kontakte resultieren – scheinbar kompensieren können. Zudem kann Arbeitslosigkeit negative Effekte hervorrufen, die nicht zwangsweise auch bei anderweitig begründeten Erwerbspausen eine Rolle spielen müssen. Berufliche Ausbildungs- und Trainingszeiten müssen bspw. nicht unbedingt zu einem Verlust des Arbeitsumfelds führen, sondern haben u.U. lediglich eine Veränderung desselben zur Folge. Außerdem wäre es möglich, dass sich Arbeitnehmer aus beruflichen Ausbildungs- und Trainingszeiten Erfolg und infolgedessen mehr Anerkennung erhoffen und aufgrund dieser positiven Erwartungsbildung zufriedener mit ihrem Leben sind als Arbeitslose. Ebenso ist zu vermuten, dass auch von kinderbedingten Erwerbsunterbrechungen positive Effekte auf das subjektive Wohlbefinden ausgehen, die sich in Folge von Arbeitslosigkeit nicht ergeben. Die Zufriedenheitsanalyse hat gezeigt, dass Kinder die allgemeine Lebenszufriedenheit sowohl in West- als auch in Ostdeutschland durchaus erhöhen können. Im Rahmen der Schätzungen wurde durch die Berücksichtigung der Kinderzahl sowie der Existenz von Kleinkindern im Haushalt direkt für einen kinderbedingten Einfluss kontrolliert, weitere unmittelbare Effekte sind jedoch nicht auszuschließen. Denkbar wären bspw. positive Zufriedenheitseffekte durch den Aufbau neuer sozialer Kontakte mit anderen Eltern. Zudem ist es möglich, dass Kinder dem Leben allgemein einen neuen Sinn geben und so zu einer Erhöhung des subjektiven Wohlbefindens führen.

Abschließend sollen noch einige Ansatzpunkte für eine Fortführung der vorliegenden Einkommens- und Zufriedenheitsanalysen aufgezeigt werden. Ein wesentlicher Nachteil der vorliegenden Untersuchung ist, dass durch die Aggregation mehrerer Erwerbsunterbrechungsarten zu einer übergeordneten Kategorie implizit unterstellt wird, dass die Abschreibungsraten für unterschiedliche Nichterwerbstätigkeitsphasen identisch sind. Das SOEP liefert zwar detaillierte Informationen über den Erwerbsstatus der Befragungsteilnehmer und dessen Veränderungen im Zeitablauf, zu geringe Fallzahlen für einige der Merkmalsausprägungen haben eine differenziertere Unterscheidung der verschiedenen Erwerbsunterbrechungsarten im Rahmen der vorliegenden Untersuchung jedoch unmöglich gemacht. Zu überprüfen wäre, ob eine weniger restriktive Stichprobenselektion sowie die Berücksichtigung der im SOEP zur Verfügung stehenden Ergänzungsstichproben zu genügend Beobachtungen für eine detailliertere Untersuchung der Einkommens- und Zufriedenheitseffekte unterschiedlicher Erwerbsunterbrechungstypen führen würde. KUNZE (2002) sowie BEBLO/ WOLF (2002b) und (2003) haben auf Basis der IAB-Daten nachgewiesen, dass der Grund der Erwerbspause durchaus einen Einfluss auf die Wirkungsrichtung und das Ausmaß des Einkommenseffektes haben kann. Der IAB-Datensatz eignet sich jedoch nicht zur Beantwortung aller im Rahmen der vorliegenden Untersuchung formulierten Fragestellungen, da er keine Informationen über die Zufriedenheit der Befragungsteilnehmer liefert.

Humankapitaltheoretiker gehen grundsätzlich davon aus, dass die aktuelle Berufserfahrung einen stärkeren Einfluss auf das Einkommen hat als Erwerbsjahre, die weiter in der Vergangenheit liegen.[397] Annahmegemäß setzt daher mit dem Wiedereinstieg in das Berufsleben ein Erneuerungsprozess des Humankapitals ein, der dem negativen Einkommenseffekt entgegenwirkt. Gemäß der Adaptionstheorie erfolgt im Laufe der Zeit häufig eine Anpassung an veränderte Arbeits- und Lebensbedingungen, so dass auch der negative Einfluss von Erwerbspausen auf die Zufriedenheit nach der Wiederaufnahme einer Beschäftigung sukszessive abschwächen kann.[398] Im Fokus der vorliegenden Arbeit steht die Erfassung regionaler und geschlechtsspezifischer Unterschiede hinsichtlich der Einkommens- und Zufriedenheitseffekte von Erwerbsunterbrechungen. Aus Vereinfachungsgründen wurde dabei zunächst auf eine Untersuchung möglicher Restaurationseffekte verzichtet. Es wäre jedoch durchaus interessant ergänzend zu überprüfen, wie lange die nachgewiesenen Effekte nach Wiedereinstieg in den Beruf durchschnittlich anhalten.

Die im Rahmen der vorliegenden Arbeit durchgeführten Zufriedenheitsanalysen haben ergeben, dass sich Arbeitslosigkeit mit zunehmender Häufigkeit sowohl auf die allgemeine Lebenszufriedenheit als auch auf die Einkommenszufrieden-

---
[397]Vgl. hierzu bspw. *Mincer u.a.* (1982).
[398]Vgl. hierzu z.B. *Argyle* (1999), S. 358.

heit westdeutscher Arbeitnehmerinnen positiv auswirkt. Der Grund für diese positiven Zufriedenheitseffekte konnte auf Basis der verwendeten Daten leider nicht eindeutig ermittelt werden. Als eine mögliche Begründung wurde jedoch das Phänomen der strategischen Arbeitslosigkeit aufgeführt, das sich empirisch allerdings nur schwer nachweisen lässt. Direkte Informationen zur individuellen Arbeitsbereitschaft bzw. -willigkeit werden m.E. im SOEP derzeit nicht erhoben und selbst wenn, wäre die Aussagekraft derartiger Daten wahrscheinlich stark eingeschränkt. Seit 2003 werden die Teilnehmer der SOEP-Studie jedoch detailliert zu ihrem kurzfristigen Arbeitssuchverhalten befragt:[399]

„Was haben Sie innerhalb der letzten vier Wochen unternommen, um eine (andere) Tätigkeit zu finden?"

Die Antwortmöglichkeiten hinsichtlich dieser Frage lauten: Suche über das Arbeitsamt, Suche über private Vermittler, Aufgabe von Inseraten, Bewerbung auf Inserate, Initiativbewerbung, Suche über persönliche Verbindung, Durchsehen von Inseraten, Recherche im Internet, Tests/ Vorstellungsgespräche/ Prüfungen und sonstige Bemühungen. Die Befragungsteilnehmer werden gebeten alle zutreffenden Aussagen anzukreuzen. Unter der Annahme, dass das individuelle Suchverhalten ein Indikator für die Arbeitswilligkeit einer Person ist, könnten die entsprechenden Informationen aus der Befragung zumindest einen Anhaltspunkt dafür geben, ob Arbeitslosigkeit von Frauen – insbesondere von Müttern – tatsächlich strategisch sein könnte bzw. ob strategische Arbeitslosigkeit tatsächlich eine mögliche Erklärung für den positiven Zusammenhang zwischen der Zufriedenheit und der Anzahl der Arbeitslosigkeitsphasen westdeutscher Arbeitnehmerinnen sein könnte.

---

[399]Vgl. z.B. Frage 42 im Personenfragebogen des SOEP aus dem Jahr 2003.

Anhang A

Deskriptive Statistiken des Bruttostundenlohnes

Tabelle A.1: Deskriptive Lohnstatistiken

Teilstich-probe	Anzahl der Beob.	Deflationierter Bruttostundenlohn (w)			
		Mittel-wert	Standard-abweichung	Minimum	Maximum
ohne Erwerbsunterbrechung					
Männer/ West	781	16,86	4,6083	2,09	60,80
Frauen/ West	152	13,84	4,0109	7,55	26,86
Männer/ Ost	142	10,62	3,0604	2,62	20,28
Frauen/ Ost	191	9,08	3,8223	3,26	40,84
mit Arbeitslosigkeitserfahrung					
Männer/ West	330	15,32	6,2768	2,15	85,08
Frauen/ West	112	13,70	4,3216	3,20	25,93
Männer/ Ost	170	8,68	2,9856	2,45	23,34
Frauen/ Ost	154	7,45	2,4709	1,78	15,79
mit Nichterwerbstätigkeitserfahrung					
Männer/ West	8.348	19,90	9,3827	0,34	320,67
Frauen/ West	6.144	14,86	7,9562	0	247,43
Männer/ Ost	4.221	12,93	5,5513	0	58,50
Frauen/ Ost	4.108	12,41	7,4460	1,04	323,14

Quelle: Eigene Berechnungen auf Basis der Stichproben A und C des SOEP (Wellen I-U).

Anhang B

Variablenliste

Tabelle B.1: Relevante Einkommens- und Zufriedenheitsdeterminanten

Variablenname	Variablenbeschreibung
Abhängige Variablen	
lnw	logarithmierter deflationierter Bruttostundenlohn
lny	logarithmiertes deflationiertes Haushaltsnettoeinkommen
alz	allgemeine Lebenszufriedenheit
ekz	Zufriedenheit mit dem Haushaltseinkommen
Humankapitalvariablen	
kum Anz. der ALO-Phasen	kumulierte Anzahl der Arbeitslosigkeitsphasen
kum. ALO-Dauer	kumulierte Arbeitslosigkeitsdauer in Jahren (monatsgenau)
quadr. kum. ALO-Dauer	quadrierte kumulierte Arbeitslosigkeitsdauer dividiert durch 100
Interaktionsterm-ALO	Produkt aus der kumulierten Anzahl und Dauer der Arbeitslosigkeitsphasen
kum. Anz. der NERW-Phasen	kumulierte Anzahl der Nichterwerbstätigkeitsphasen
kum. NERW-Dauer	kumulierte Nichterwerbstätigkeitsdauer in Jahren (monatsgenau)
quadr. kum. NERW-Dauer	quadrierte kumulierte Nichterwerbstätigkeitsdauer dividiert durch 100
Interaktionsterm-NERW	Produkt aus der kumulierten Anzahl und Dauer der Nichterwerbstätigkeitsphasen
Höchster Schulabschluss	
sbil01	Haupt- oder Realschulabschluss
sbil02	Abitur
sbil03	(noch) kein Abschluss
sbil04	anderer Abschluss

Fortsetzung der Tabelle B.1 folgt auf der nächsten Seite ...

Fortsetzung - Tabelle B.1

Variablenname	Variablenbeschreibung
Höchster Berufsabschluss	
bbil01	Berufsabschluss
bbil02	Hochschulabschluss
bbil03	kein Abschluss
Berufserfahrung	(tatsächliche) Berufserfahrung in Jahren (monatsgenau)
quadr. Berufserfahrung	quadrierte Berufserfahrung dividiert durch 100
Betriebszugehörigkeit	Betriebszugehörigkeitsdauer in Jahren (monatsgenau)
quadr. Betriebszugehörigkeit	quadrierte Betriebszugehörigkeitsdauer dividiert durch 100
Persönliche Merkmale	
Altersdummies	
alt01	unter 30 Jahre
alt02	zwischen 30 und 49 Jahre
alt03	über 49 Jahre
Familienstand	
famstd01	verheiratet
famstd02	ledig
famstd03	verwitwet/ geschieden
Kinderzahl	Anzahl der Kinder unter 16 Jahren im HH
Kleinkind	Kleinkind unter 3 Jahren im Haushalt (Dummy=1, falls ja)
Gesundheitszustand	(sehr) guter Gesundheitszustand (Dummy=1, falls ja)
Erwerbsminderung	Erwerbsminderung durch eine Behinderung (Dummy=1, falls ja)
Pflegefall im Haushalt	Pflegefall im Haushalt (Dummy=1, falls ja)
Arbeitsplatzbezogene Merkmale	
oeffd	Tätigkeit im öffentlichen Dienst (oeffd=1, falls ja)
lnvzeit	logarithmierte vereinbarte wöchentliche Arbeitszeit
Stellung im Beruf	
stib01	Arbeiter
stib02	Angestellter mit einfacher Tätigkeit
stib03	Angestellter mit qualifizierter Tätigkeit
stib04	Angestellter mit hochqualifizierter Tätigkeit
Branche	
branch01	Energie und Bergbau
branch02	Metallindustrie
branch03	sonstige Industrie
branch04	Handel und Dienstleistungen
branch05	Verkehrswesen
branch06	Banken und Versicherungen
branch07	Bildung und Gesundheit
branch08	sonstige Branchen

Fortsetzung der Tabelle B.1 folgt auf der nächsten Seite ...

Fortsetzung - Tabelle B.1

Variablenname	Variablenbeschreibung
Betriebsgrößenklasse	
bgk01	bis 20 Mitarbeiter
bgk02	zwischen 20 und 200 Mitarbeiter
bgk03	zwischen 200 und 2.000 Mitarbeiter
Spezielle Zufriedenheitsdeterminanten	
lny	logarithmiertes deflationiertes Haushaltsnettoeinkommen
allgemeine Sorgen	Sorge um die allg. wirtschaftliche Lage (Dummy=1, falls ja)
persönliche Sorgen	Sorge um die eigene wirtschaftliche Lage (Dummy=1, falls ja)
politisches Interesse	Grad des politischen Interesses (Dummy=1, falls (sehr) stark)

Anmerkung: Die in Kapitel 6 spezifizierten Einkommens- und Zufriedenheitsmodelle wurden sowohl mit als auch ohne Berücksichtigung der arbeitsplatzbezogenen Determinanten *Stellung im Beruf, Branche* und *Betriebsgröße* geschätzt. Außer im Fall der haushaltsbezogenen Einkommensanalyse haben die Gütemaße R^2, AIC und BIC einen Hinweis darauf gegeben, dass die Aufnahme dieser drei Variablen als zusätzliche Regressoren zu einer besseren Modellanpassung führt.

Anhang C

Testergebnisse

C.1 Hausman-Spezifikationstest

Tabelle C.1: Ergebnisse der Hausman-Spezifikationstests für Westdeutschland

$H_0 : \hat{\beta}_{LSDV} \approx \hat{\beta}_{GLS}$
$H_1 : \hat{\beta}_{LSDV} \neq \hat{\beta}_{GLS}$
$\hat{\beta}_{LSDV}$ ist konsistent unter H_0
$\hat{\beta}_{GLS}$ ist effizient unter H_0 und inkonsistent unter H_1

$STATA - Korrektur^a$	Männer $W(df)$	$p > W(df)$	Frauen $W(df)$	$p > W(df)$
	Modell (1)			
$sigmamore^b$	343,46*** (48)	0,0000	277,36*** (48)	0,0000
$sigmaless^c$	360,89*** (48)	0,0000	293,09*** (48)	0,0000
	Modell (2)			
$sigmamore^b$	337,92*** (50)	0,0000	287,45*** (50)	0,0000
$sigmaless^c$	354,60*** (50)	0,0000	304,47*** (50)	0,0000
	Modell (3)			
$sigmamore^b$	336,31*** (50)	0,0000	275,72*** (50)	0,0000
$sigmaless^c$	352,77*** (50)	0,0000	291,07*** (50)	0,0000

Fortsetzung der Tabelle C.1 folgt auf der nächsten Seite ...

Fortsetzung - Tabelle C.1

$STATA - Korrektur^a$	Männer		Frauen	
	$W(df)$	$p > W(df)$	$W(df)$	$p > W(df)$
Modell (4)				
$sigmamore^b$	334,64*** (52)	0,0000	288,81*** (52)	0,0000
$sigmaless^c$	350,82*** (52)	0,0000	305,88*** (52)	0,0000

a Endliche Stichproben führen häufig dazu, dass die Varianz-Kovarianzmatrix der Differenz zwischen dem LSDV- und dem GLS-Schätzer nicht positiv-definit ist. In diesem Fall ist der Hausman-Spezifikationstest unbestimmt. STATA bietet mit den Optionen *sigmamore* und *sigmaless* standardmäßig zwei Möglichkeiten, den Test zu verallgemeinern. b Die Option *sigmamore* spezifiziert die Kovarianzmatrix auf Basis der geschätzten Standardabweichung des effizienten GLS-Schätzers. c Durch die Option *sigmaless* wird die Kovarianzmatrix mit Hilfe der geschätzten Standardabweichung des konsistenten LSDV-Schätzers bestimmt.

Quelle: Eigene Berechnungen auf Basis von Stichprobe A des Sozio-ökonomischen Panels (Wellen I-U).

Tabelle C.2: Ergebnisse der Hausman-Spezifikationstests für Ostdeutschland

$H_0 : \hat{\beta}_{LSDV} \approx \hat{\beta}_{GLS}$
$H_1 : \hat{\beta}_{LSDV} \neq \hat{\beta}_{GLS}$

$\hat{\beta}_{LSDV}$ ist konsistent unter H_0
$\hat{\beta}_{GLS}$ ist effizient unter H_0 und inkonsistent unter H_1

$STATA - Korrektur^a$	Männer		Frauen	
	$W(df)$	$p > W(df)$	$W(df)$	$p > W(df)$
Modell (1)				
$sigmamore^b$	163,97*** (48)	0,0000	283,05*** (47)	0,0000
$sigmaless^c$	168,59*** (48)	0,0000	300,81*** (47)	0,0000
Modell (2)				
$sigmamore^b$	164,33*** (50)	0,0000	285,06*** (49)	0,0000
$sigmaless^c$	168,92*** (50)	0,0000	302,99*** (49)	0,0000
Modell (3)				
$sigmamore^b$	166,46*** (50)	0,0000	289,35*** (49)	0,0000
$sigmaless^c$	171,19*** (50)	0,0000	307,97*** (49)	0,0000

Fortsetzung der Tabelle C.2 folgt auf der nächsten Seite ...

Fortsetzung - Tabelle C.2

$STATA - Korrektur^a$	Männer		Frauen	
	$W(df)$	$p > W(df)$	$W(df)$	$p > W(df)$
Modell (4)				
$sigmamore^b$	171,56*** (52)	0,0000	292,55*** (51)	0,0000
$sigmaless^c$	176,63*** (52)	0,0000	311,56*** (51)	0,0000
a, b, c Vgl. Tabelle C.1.				

Quelle: Eigene Berechnungen auf Basis von Stichprobe C des Sozio-ökonomischen Panels (Wellen I-U).

C.2 White-Test auf Homoskedastizität

Tabelle C.3: Ergebnisse der White-Tests für Westdeutschland

H_0 : Homoskedastizität			
H_1 : Heteroskedastizität			
Männer		Frauen	
$\chi^2(df)$	$p > \chi^2(df)$	$\chi^2(df)$	$p > \chi^2(df)$
Modell (1)			
1.848,14*** (1.001)	0,0000	1.854,02*** (971)	0,0000
Modell (2)			
2.064,58*** (1.096)	0,0000	1.919,24*** (1.060)	0,0000
Modell (3)			
1.933,76*** (1.096)	0,0000	1.927,17*** (1.060)	0,0000
Modell (4)			
2.023,78*** (1.193)	0,0000	1.985,11*** (1.151)	0,0000

Quelle: Eigene Berechnungen auf Basis von Stichprobe A des Sozio-ökonomischen Panels (Wellen I-U).

Tabelle C.4: Ergebnisse der White-Tests für Ostdeutschland

H_0 : Homoskedastizität
H_1 : Heteroskedastizität

Männer		Frauen	
$\chi^2(df)$	$p > \chi^2(df)$	$\chi^2(df)$	$p > \chi^2(df)$
Modell (1)			
1.528,06*** (931)	0,0000	2.070,53*** (915)	0,0000
Modell (2)			
1.689,29*** (1.022)	0,0000	2.151,40*** (1.003)	0,0000
Modell (3)			
1.609,89*** (1.022)	0,0000	2.135,74*** (1.003)	0,0000
Modell (4)			
1.773,08*** (1.113)	0,0000	2.201,25*** (1.093)	0,0000

Quelle: Eigene Berechnungen auf Basis von Stichprobe C des Sozio-ökonomischen Panels (Wellen I-U).

Anhang D

FE-Zufriedenheitsschätzungen

D.1 Ergebnisse für Westdeutschland

Tabelle D.1: Robuste FE-Zufriedenheitsschätzungen für westdeutsche Männer

Erklärende Variablen	Modell (1) Koeff. (t-Wert)	Modell (2) Koeff. (t-Wert)	Modell (3) Koeff. (t-Wert)	Modell (4) Koeff. (t-Wert)
	\multicolumn{4}{c}{Abhängige Variable: alz}			
	Humankapitalvariablen			
kum. Anz. der ALO-Phasen	-0,1540*** (-2,73)	-0,1297** (-1,98)	-0,1516*** (-2,56)	-0,1274* (-1,89)
kum. ALO-Dauer	0,0437 (1,29)	-0,0008 (-0,01)	0,0490 (0,82)	0,0030 (0,03)
quadr. kum. ALO-Dauer		0,3785 (1,04)		0,3919 (1,09)
Interaktionsterm-ALO			-0,0029 (-0,11)	-0,0029 (-0,11)
kum. Anz. der NERW-Phasen	-0,0451 (-1,31)	-0,0666* (-1,86)	-0,0453 (-1,04)	-0,1152** (-2,12)
kum. NERW-Dauer	-0,0065 (-0,63)	0,0411 (1,63)	-0,0065 (-0,36)	0,0374 (1,47)
quadr. kum. NERW-Dauer		-0,2301** (-2,53)		-0,3336*** (-2,72)
Interaktionsterm-NERW			0,0001 (0,01)	0,0089 (1,34)

Fortsetzung der Tabelle D.1 folgt auf der nächsten Seite ...

Fortsetzung - Tabelle D.1

Erklärende Variablen	Modell (1) Koeff. (t-Wert)	Modell (2) Koeff. (t-Wert)	Modell (3) Koeff. (t-Wert)	Modell (4) Koeff. (t-Wert)
Konstante	5,12*** (4,58)	5,10*** (4,57)	5,12*** (4,56)	5,12*** (4,59)
Jahresdummies (12)	ja	ja	ja	ja
HK-Variablen (6)	ja	ja	ja	ja
Persönl. Merkmale (7)	ja	ja	ja	ja
Berufl. Merkmale (5)	ja	ja	ja	ja
Spez. Zuf.-Determ. (4)	ja	ja	ja	ja
Personenjahre		5.716		
Personen		977		
R^2 (Within)	0,0798	0,0807	0,0805	0,0813
F-Test für $u_i = 0$	6,28***	6,23***	6,15***	6,02***
Freiheitsgrade (df)	(52, 4.687)	(54, 4.685)	(54, 4.685)	(56, 4.683)

Anmerkung: ***, **, * bezeichnet Signifikanz auf dem 1%-, 5%- bzw. 10%-Niveau.
Abkürzungen: ALO: Arbeitslosigkeit; NERW: Nichterwerbstätigkeit; HK: Humankapital.

Quelle: Eigene Berechnungen auf Basis der Stichprobe A des SOEP (Wellen I-U).

Tabelle D.2: Robuste FE-Zufriedenheitsschätzungen für westdeutsche Frauen

	Abhängige Variable: alz			
Erklärende Variablen	Modell (1) Koeff. (t-Wert)	Modell (2) Koeff. (t-Wert)	Modell (3) Koeff. (t-Wert)	Modell (4) Koeff. (t-Wert)
	Humankapitalvariablen			
kum. Anz. der ALO-Phasen	0,0862*** (2,58)	0,0851* (1,91)	0,1006** (2,12)	0,1043** (1,98)
kum. ALO-Dauer	-0,1477** (-2,46)	-0,1451 (-1,30)	-0,1194* (-1,80)	-0,1237 (-1,07)
quadr. kum. ALO-Dauer		-0,0235 (-0,02)		0,0754 (0,06)
Interaktionsterm-ALO			-0,0170 (-0,75)	-0,0176 (-0,80)

Fortsetzung der Tabelle D.2 folgt auf der nächsten Seite ...

D.1 Ergebnisse für Westdeutschland

Fortsetzung - Tabelle D.2

Erklärende Variablen	Modell (1) Koeff. (t-Wert)	Modell (2) Koeff. (t-Wert)	Modell (3) Koeff. (t-Wert)	Modell (4) Koeff. (t-Wert)
kum. Anz. der NERW-Phasen	-0,0310 (-1,25)	-0,0280 (-1,10)	-0,0342 (-0,71)	-0,0231 (-0,46)
kum. NERW-Dauer	-0,0140** (-1,95)	-0,0260 (-1,31)	-0,0147 (-1,06)	-0,0253 (-1,18)
quadr. kum. NERW-Dauer		0,0452 (0,64)		0,0486 (0,68)
Interaktionsterm-NERW			0,0002 (0,06)	-0,0005 (-0,12)
Konstante	3,22*** (3,93)	3,27*** (3,98)	3,21*** (3,87)	3,23*** (3,89)
Jahresdummies (12)	ja	ja	ja	ja
HK-Variablen (6)	ja	ja	ja	ja
Persönl. Merkmale (7)	ja	ja	ja	ja
Berufl. Merkmale (5)	ja	ja	ja	ja
Spez. Zuf.-Determ. (4)	ja	ja	ja	ja
Personenjahre		3.686		
Personen		807		
R^2 (Within)	0,0787	0,0796	0,0789	0,0806
F-Test für $u_i = 0$	3,97***	3,84***	3,82***	3,71***
Freiheitsgrade (df)	(52, 2.827)	(54, 2.825)	(54, 2.825)	(56, 2.823)

Anmerkung: ***, **, * bezeichnet Signifikanz auf dem 1%-, 5%- bzw. 10%-Niveau.
Abkürzungen: ALO: Arbeitslosigkeit; NERW: Nichterwerbstätigkeit; HK: Humankapital.

Quelle: Eigene Berechnungen auf Basis der Stichprobe A des SOEP (Wellen I-U).

D.2 Ergebnisse für Ostdeutschland

Tabelle D.3: Robuste FE-Zufriedenheitsschätzungen für ostdeutsche Männer

Erklärende Variablen	Modell (1) Koeff. (t-Wert)	Modell (2) Koeff. (t-Wert)	Modell (3) Koeff. (t-Wert)	Modell (4) Koeff. (t-Wert)
	Humankapitalvariablen			
kum. Anz. der ALO-Phasen	-0,0118 (-0,57)	-0,0172 (-0,21)	-0,0774 (-0,59)	-0,0205 (-0,24)
kum. ALO-Dauer	-0,1161* (-1,93)	-0,1361** (-2,14)	-0,0791** (-2,10)	-0,1447** (-2,23)
quadr. kum. ALO-Dauer		1,4264 (1,61)		1,3813* (1,71)
Interaktionsterm-ALO			0,0162 (0,19)	0,0072 (0,09)
kum. Anz. der NERW-Phasen	0,0045 (0,08)	0,0082 (0,14)	0,0002 (0,01)	0,0090 (0,09)
kum. NERW-Dauer	0,0056 (0,21)	-0,0075 (-0,07)	0,0029 (0,08)	-0,0047 (-0,08)
quadr. kum. NERW-Dauer		0,0800 (0,19)		0,0846 (0,16)
Interaktionsterm-NERW			0,0012 (0,10)	-0,0001 (-0,01)
Konstante	0,53 (0,44)	0,59 (0,49)	0,54 (0,45)	0,59 (0,49)
Jahresdummies (12)	ja	ja	ja	ja
HK-Variablen (6)	ja	ja	ja	ja
Persönl. Merkmale (7)	ja	ja	ja	ja
Berufl. Merkmale (5)	ja	ja	ja	ja
Spez. Zuf.-Determ. (4)	ja	ja	ja	ja
Personenjahre		3.548		
Personen		697		
R^2 (Within)	0,0939	0,0944	0,0942	0,0947
F-Test für $u_i = 0$	5,02***	4,84***	4,84***	4,67***
Freiheitsgrade (df)	(52, 2.799)	(54, 2.797)	(54, 2.797)	(56, 2.795)

Anmerkung: ***, **, * bezeichnet Signifikanz auf dem 1%-, 5%- bzw. 10%-Niveau.
Abkürzungen: ALO: Arbeitslosigkeit; NERW: Nichterwerbstätigkeit; HK: Humankapital.

Quelle: Eigene Berechnungen auf Basis der Stichprobe A des SOEP (Wellen I-U).

D.2 Ergebnisse für Ostdeutschland

Tabelle D.4: Robuste FE-Zufriedenheitsschätzungen für ostdeutsche Frauen

	\multicolumn{4}{c}{Abhängige Variable: alz}			
Erklärende Variablen	Modell (1) Koeff. (t-Wert)	Modell (2) Koeff. (t-Wert)	Modell (3) Koeff. (t-Wert)	Modell (4) Koeff. (t-Wert)
	Humankapitalvariablen			
kum. Anz. der ALO-Phasen	-0,2053*** (-3,22)	-0,2649*** (-3,60)	-0,1823** (-2,42)	-0,2552*** (-3,07)
kum. ALO-Dauer	0,0085 (0,17)	0,1792 (1,55)	0,0436 (0,59)	0,1877 (1,49)
quadr. kum. ALO-Dauer		-2,9748 (-1,60)		-2,9166 (-1,60)
Interaktionsterm-ALO			-0,0250 (-0,62)	-0,0087 (-0,23)
kum. Anz. der NERW-Phasen	0,0607 (1,50)	0,0570 (1,36)	0,0904 (1,44)	0,0903 (1,32)
kum. NERW-Dauer	-0,0265 (-1,64)	-0,0167 (-0,52)	-0,0100 (-0,34)	-0,0078 (-0,21)
quadr. kum. NERW-Dauer		-0,0577 (-0,46)		-0,0092 (-0,07)
Interaktionsterm-NERW			-0,0061 (-0,68)	-0,0062 (-0,67)
Konstante	1,02 (0,99)	0,98 (0,94)	0,92 (0,87)	0,91 (0,87)
Jahresdummies (12)	ja	ja	ja	ja
HK-Variablen (6)	ja	ja	ja	ja
Persönl. Merkmale (7)	ja	ja	ja	ja
Berufl. Merkmale (5)	ja	ja	ja	ja
Spez. Zuf.-Determ. (4)	ja	ja	ja	ja
Personenjahre	\multicolumn{4}{c}{3.540}			
Personen	\multicolumn{4}{c}{731}			
R^2 (Within)	0,0791	0,0836	0,0822	0,0849
F-Test für $u_i = 0$	3,95***	3,84***	3,82***	3,71***
Freiheitsgrade (df)	(51, 2.758)	(53, 2.756)	(53, 2.756)	(55, 2.754)

Anmerkung: ***, **, * bezeichnet Signifikanz auf dem 1%-, 5%- bzw. 10%-Niveau.
Abkürzungen: ALO: Arbeitslosigkeit; NERW: Nichterwerbstätigkeit; HK: Humankapital.

Quelle: Eigene Berechnungen auf Basis der Stichprobe A des SOEP (Wellen I-U).

Literaturverzeichnis

ACKRILL, JOHN L. (1995): Aristotle on Eudaimonia, in: Höffe, Otfried (Hrsg.): Aristoteles - Die Nikomachische Ethik, Berlin, 39-62.

ADDISON, JOHN T. UND W. STANLEY SEIBERT (1979): The Market of Labor: An Analytical Treatment, Santa Monica, 159-163 (Appendix 4-B).

ALBRECHT, JAMES W.; EDIN, PER-ANDERS; SUNDSTRÖM, MARIANNE UND SUSAN B. VORMAN (1998): Career Interruptions and Subsequent Earnings: A Reexamination Using Swedish Data, *Journal of Human Resources 34(2)*, 294-311.

ALESINA, ALBERTO; DI TELLA, RAFAEL UND ROBERT MACCULLOCH (2001): Inequality and Happiness: Are Europeans and Americans different?, *NBER Working Paper 8198*, Cambridge-Massachusetts.

AMEMIYA, TAKESHI (1981): Qualitative Response Models: A Survey, *Journal of Economic Literature XIX*, 1483-1536.

ANDRESS, HANS-JÜRGEN; HAGENAARS, JACQUES A. UND STEFFEN KÜHNEL (1997): Analyse von Tabellen und kategorialen Variablen - Log-lineare Modelle, latente Klassenanalyse, logistische Regressionen und GSK-Ansatz, Berlin u.a., 276-280.

ARGYLE, MICHAEL (1999): Causes and Correlates of Happiness, in: Kahnemann, Daniel; Diener, Ed und Norbert Schwarz (Hrsg.): Well-Being: The Foundations of Hedonic Psychology, New York, 353-373.

BAKER, EVA L. (1988): Can we Fairly Measure the Quality of Education?, *National Education Association Today 6(6)*, 9-14.

BALTAGI, BADI H. (1995): Econometric Analysis of Panel Data, Chichester u.a.

BAUM, CHARLES (2002): The Effect of Work Interruptions on Woman´s Wages, *Labour 16(1)*, 1-36.

BEBLO, MIRIAM; BENDER, STEFAN UND ELKE WOLF (2006): The Wage Effects of Entering Motherhood - A Within-Firm Matching Approach, *IAB Discussion Paper No. 13/2006*, Nürnberg.

BEBLO, MIRIAM UND ELKE WOLF (2003): Sind es die Erwerbsunterbrechungen? - Ein Erklärungsbeitrag zum Lohnunterschied zwischen Frauen und Männern in Deutschland, *Mitteilungen aus der Arbeitsmarkt- und Berufsforschung 4*, 36. Jg., Nürnberg, 560-572.

BEBLO, MIRIAM UND ELKE WOLF (2002a): Die Folgekosten von Erwerbsunterbrechungen, *DIW Vierteljahreshefte zur Wirtschaftsforschung 71(1)*, 83-94.

BEBLO, MIRIAM UND ELKE WOLF (2002b): Wage Penalties for Career Interruptions - An Emperical Analysis for West Germany, *ZEW Discussion Paper 02-45*, Mannheim.

BEBLO, MIRIAM UND ELKE WOLF (2000): How Much Does a Year Off Cost? - Estimating the Wage Effects of Employment Breaks and Part-Time Periods, *ZEW Discussion Paper 00-69*, Mannheim.

BECKER, GARY S. (1964): Human Capital - A Theoretical and Empirical Analysis, with Special Reference to Education, New York.

BECKER, GARY S. (1962): Human Capital - A Theoretical Analysis, *Journal of Political Economy 70(5), Teil II*, 9-49.

BEN-PORATH, YORAM (1973): Labor Force Participation Rates and the Supply of Labor, *Journal of Political Economy 81(3)*, 697-704.

BEN-PORATH, YORAM (1967): The Production of Human Capital and the Life Cycle of Earnings, *Journal of Political Economy 75(4)*, 352-365.

BERLEMANN, MICHAEL UND CLAUDIA KEMMESIES (2004): Zur Entwicklung der Lebenszufriedenheit nach der deutschen Wiedervereinigung - Eine empirische Analyse in Sachsen, Ost- und Westdeutschland, *ifo Dresden Bericht 6/2004*, Dresden.

BERNDT, ERNST R. (1991): The Practice of Econometrics: Classic and Contemporary, Massachusetts u.a., 150-223.

BLANCHFLOWER, DAVID G. AND ANDREW J. OSWALD (2000): Wellbeing over Time in Britain and the USA, *NBER Working Paper 7487*, Cambridge-Massachusetts.

BORJAS, GEORGE J. (1996): Labor Economics, New York u.a.

BUNDESERZIEHUNGSGELDGESETZ (BERZGG), in der Fassung vom 9. Februar 2004, §15 (3).

BURKHAUSER, RICHARD V.; KREYENFELD, MICHAELA AND GERT WAGNER (1997): The German Socio-Economic Panel: A Representative Sample of Reunited Germany and its Parts, in: Dunn, Thomas A. and Johannes Schwarze (Hrsg.): Proceeding of the 1996 Second International Conference of German Socio-Economic Panel Study Users, *Vierteljahreshefte zur Wirtschaftsforschung 66(1)*, 7-14.

CAMPBELL, DAVID (2002): Interrupted Work Careers and the Starting Salaries of Female Workers in Britain, [Online], Available: http://www.kent.ac.uk/economics/papers/papers-pdf/2002/0204.pdf [21.12.2005].

CHAMBERLAIN, KERRY UND SHERYL ZIKA (1992): Stability and Change in Subjective Well-Being over Short Time Periods, *Social Indicators Research 26(2)*, 101-117.

CLARK, ANDREW E. (1997): Job Satisfaction and Gender: Why are Women so Happy at Work?, *Labour Economics 4(4)*, 341-372.

CLARK, ANDREW E. UND ANDREW J. OSWALD (2002): A Simple Statistical Method for Measuring How Life Events Affect Happiness, *International Journal of Epidemiology 31(6)*, 1139-1144.

CLARK, ANDREW E.; GEORGELLIS, YANNIS UND PETER SANFEY (2001): Scarring: The Psychological Impact of Past Unemployment, *Economica 68(270)*, 221-241.

CLARK, ANDREW E. UND ANDREW J. OSWALD (1996a): Satisfaction and Comparison Income, *Journal of Public Economics 61(3)*, 359-381.

CLARK, ANDREW E.; OSWALD, ANDREW J. UND PETER WARR (1996b): Is Job Satisfaction U-Shaped in Age?, *Journal of Occupational and Organizational Psychology 69(1)*, 57-81.

CLARK, ANDREW E. UND ANDREW J. OSWALD (1994): Unhappiness and Unemployment, *The Economic Journal 104(424)*, 648-659.

DELHEY, JAN UND PETRA BÖHNKE (1999): Über die materielle zur inneren Einheit? Wohlstandslagen und subjektives Wohlbefinden in Ost- und Westdeutschland, *FS III 99-412*, WZB, Berlin.

DETTE, DOROTHEA E. (2005): Berufserfolg und Lebenszufriedenheit - Eine längsschnittliche Analyse der Zusammenhänge, Inaugural-Dissertation, Friedrich-Alexander-Universität Erlangen-Nürnberg.

DIENER, ED (1994): Assessing Subjective Well-Being: Progress and Opportunities, *Social Indicators Research 31(2)*, 103-157.

DIENER, ED (1984): Subjective Well-Being, *Psychological Bulletin 95(3)*, 542-575.

DIENER, ED; SUH, EUNKOOK M.; LUCAS, RICHARD E. UND HEIDI L. SMITH (1999a): Subjective Well-Being: Three Decades of Progress, *Psychological Bulletin 125(2)*, 276-302.

DIENER, ED UND RICHARD E. LUCAS (1999b): Personality and Subjective Well-Being, in: Kahnemann, Daniel; Diener, Ed und Norbert Schwarz (Hrsg.): Well-Being: The Foundation of Hedonic Psychology, New York, Kapitel 11, 213-229.

DIENER, ED UND SHIGEHIRO OISHI (1997a): Money and Happiness: Income and Subjective Well-Being across Nations, in: Diener, Ed und Eunkook M. Suh (Hrsg.): Culture and Subjective Well-Being, 185-218.

DIENER, ED; SUH, EUNKOOK M. UND SHIGEHIRO OISHI (1997b): Recent Findings on Subjective Well-Being, *Indian Journal of Clinical Psychology 24(1)*, 25-41.

DÖSSEL, CHRISTIAN (1999): Lebenszufriedenheit unter dem Einfluß ausgewählter objektiver Faktoren im innerdeutschen Vergleich - Eine Längsschnittanalyse mit den Daten des SOEP, *Potsdamer Beiträge zur Sozialforschung Nr. 6*, Universität Potsdam, 1-25.

DOUGHERTY, CHRISTOPHER (2005): Why Are the Returns to Schooling Higher for Women than for Men?, *Journal of Human Resources 40(4)*, 969-988.

DOUGHERTY, CHRISTOPHER R.S. UND EMMANUEL JIMENEZ (1991): The Specification of Earnings Functions: Tests and Implications, *Economics of Education Review 10(2)*, 85-98.

EASTERLIN, RICHARD A. (2006): Life Cycle Happiness and Its Sources, *Journal of Economic Psychology 27(4)*, 463-482.

EASTERLIN, RICHARD A. (1995): Will Raising the Incomes of All Increase the Happiness of All?, *Journal of Economic Behavior and Organization 27(1)*, 35-47.

EASTERLIN, RICHARD A. (1974): Does Economic Growth Improve the Human Lot? Some Emperical Evidence, in: David, P.A. und M.W. Reder (Hrsg.): Nations and Households in Economic Growth: Essays in Honour of Moses Abramowitz, New York u.a., 89-125.

ECKEY, HANS-FRIEDRICH; KOSFELD, REINHOLD UND CHRISTIAN DREGER (1995): Ökonometrie - Grundlagen, Methoden, Beispiele, Wiesbaden.

EHRENBERG, RONALD G. UND ROBERT S. SMITH (2003): Modern Labor Economics - Theory and Public Policy, 8. Auflage, Massachusetts u.a.

ELGAR, EDWARD (1993): Studies in Human Capital, Collected Essays of Jacob Mincer, Vol. 1, Columbia University and NBER, Massachusetts u.a., 69-97 (Chapter 3).

EMMONS, ROBERT A. UND ED DIENER (1985): Personality Correlates of Subjective Well-Being, *Personality and Social Psychology Bulletin 11(1)*, 89-97.

FERRER-I-CARBONELL, ADA (2002): Income and Well-Being: An Empirical Analysis of the Comparison Income Effect, *Journal of Public Economics 89(6)*, 997-1019.

FRAMBACH, HANS A. (2002): Zum Verständnis von Arbeit im historischen Wandel, *Arbeit 11(3)*, 226-243.

FRANZ, WOLFGANG (2003): Arbeitsmarktökonomik, 5. Auflage, Berlin u.a., 75-98.

FRAZIS, HARLEY UND MARK A. LOEWENSTEIN (2003): Reexamining the Returns to Training - Functional Form, Magnitude, and Interpretation, *Journal of Human Resources 40(2)*, 453-476.

FREY, BRUNO S. UND ALOIS STUTZER (2006): Does Marriage Make People Happy, Or Do Happy People Get Married?, *Journal of Socio-Economics 35(2)*, 326-347.

FREY, BRUNO S. UND ALOIS STUTZER (2003): Testing Theories of Happiness, *IERE Working Paper 147*, Institute for Emperical Research in Economics, Zürich.

FREY, BRUNO S. UND ALOIS STUTZER (2002a): Happiness and Economics, New Jersey.

FREY, BRUNO S. UND ALOIS STUTZER (2002b): What Can Economists Learn from Happiness Research?, *Journal of Economic Literature XL*, 402-435.

FREY, BRUNO S. UND ALOIS STUTZER (2000): Happiness, Economy and Institutions, *The Economic Journal 110(466)*, 918-938.

FRICK, JOACHIM R. AND JÜRGEN SCHUPP (2006): Biography and Life History Data in the German Socio Economic Panel, DIW Berlin.

FRICK, JOACHIM R. AND MARKUS M. GRABKA (2003): Missing Income Data in the German SOEP: Incidence, Imputation and its Impact on the Income Distribution, *DIW-Dicussion Paper 376*, Berlin.

FRIJTERS, PAUL; HAISKEN-DENEW, JOHN P. AND MICHAEL A. SHIELDS (2004a): Investigating the Patterns and Determinants of Life Satisfaction in Germany Following Reunification, *The Journal of Human Resources 39(3)*, 649-674.

FRIJTERS, PAUL; HAISKEN-DENEW, JOHN P. AND MICHAEL A. SHIELDS (2004b): Money Does Matter! Evidence from Increasing Real Income and Life Satisfaction in East Germany Following Reunification, *The American Economic Review 94(3)*, 730-740.

FRIJTERS, PAUL; HAISKEN-DENEW, JOHN P. AND MICHAEL A. SHIELDS (2002): The Value of Reunification in Germany: An Analysis of Changes in Life Satisfaction, *IZA-Dicussion Paper 419*, Bonn.

GALLER, HEINZ P. (1991): Opportunitätskosten der Entscheidung für Familie und Haushalt, in: Gräbe, Sylvia (Hrsg.): Der private Haushalt als Wirtschaftsfaktor, Frankfurt/ Main, 118-152.

GERLACH, KNUT UND GESINE STEPHAN (2001): Lebenszufriedenheit und Erwerbsstatus: Ost- und Westdeutschland im Vergleich, *Mitteilungen aus der Arbeitsmarkt- und Berufsforschung (MittAB) 34(4)*, 515-529.

GERLACH, KNUT UND GESINE STEPHAN (1996): A Paper on Unhappiness and Unemployment in Germany, *Economics Letters 52(3)*, 325-330.

GESANG, BERNWARD (2003): Eine Verteidigung des Utilitarismus, Stuttgart, 17-50 (Kapitel 1).

GLATZER, WOLFGANG (1992): Lebensqualität und subjektives Wohlbefinden - Ergebnisse sozialwissenschaftlicher Untersuchungen, in: Bellebaum, Alfred (Hrsg.): Glück und Zufriedenheit - Ein Symposion, Darmstadt, 49-85.

GLATZER, WOLFGANG (1984a): Lebenszufriedenheit und alternative Maße subjektiven Wohlbefindens, in: Glatzer, Wolfgang und Wolfgang Zapf (Hrsg.): Lebensqualität in der Bundesrepublik - Objektive Lebensbedingungen und subjektives Wohlbefinden, Frankfurt u.a., 177-191.

GLATZER, WOLFGANG (1984b): Determinanten der Zufriedenheit, in: Glatzer, Wolfgang und Wolfgang Zapf (Hrsg.): Lebensqualität in der Bundesrepublik - Objektive Lebensbedingungen und subjektives Wohlbefinden, Frankfurt u.a., 234-245.

GOSSEN, HERMANN H. [1854] (1967): Entwicklung der Gesetze des menschlichen Verkehrs und der daraus fließenden Gesetze für menschliches Handeln, Wiederabdruck der Ausgabe Braunschweig 1854, Amsterdam.

GREENE, WILLIAM H. (2003): Econometric Analysis, 5. Auflage, New Jersey.

GRILICHES, ZVI (1977): Estimating the Returns to Schooling: Some Econometric Problems, *Econometrica 45(1)*, 1-22.

GUPTA, NABANITA D. UND NINA SMITH (2000): Children and Career Interruptions: The Family Gap in Denmark, *CLS Working Paper 00-03*, Centre for Labour Market and Sociel Research, Aarhus (Denmark).

HAISKEN-DENEW, JOHN P.; FRICK, JOACHIM R.; SPIESS, MARTINA AND GERT G. WAGNER (2003): DTC - Desktop Companion to the German Socio-Economic Panel Study (SOEP), Version 7.0, DIW Berlin.

HAMERMESCH, DANIEL S. UND ALBERT REES (1988): The Economics of Work and Pay, 5. Auflage, New York u.a.

HANUSHEK, ERIC A. UND DONGWOOK KIM (1995): Scholling, Labour Force Quality, and Economic Growth, *NBER Working Paper 5399*, Cambridge-Massachusetts.

HAUSMAN, JERRY A. (1978): Specification Tests in Econometrics, *Econometrica 46(6)*, 1251-1271.

HAUSMAN, JERRY A. UND WILLIAM E. TAYLOR (1981): Panel Data and Unobservable Individual Effects, *Econometrica 49(6)*, 1377-1398.

HECKMAN, JAMES J. (1979): Sample Selection Bias as a Specification Error, *Econometrica 47(1)*, S. 153-161.

HECKMAN, JAMES J.; LOCHNER LANCE J. UND PETRA E. TODD (2003): Fifty Years of Mincer Earnings Regressions, *IZA Discussion Paper 775*, Bonn.

HECKMAN, JAMES J. UND SOLOMON POLACHEK (1974): Empirical Evidence on the Functional Form of the Earnings-Schooling-Relationship, *Journal of American Statistical Association 69(346)*, S. 350-354.

HELLER, BRUNO (2004): Glück - Ein philosophischer Streifzug, Darmstadt.

HILLER, TOBIAS (2006): Die Humankapitaltheorie - Ein theoretischer Erklärungsansatz für Lohndifferenziale, *Wirtschaftswissenschaftliches Studium 35(5)*, S. 285-288.

HONG, SUNK-MOOK UND EFFY GIANNAKOPOULOS (1994): The Relationship of Satisfaction with Life to Personality Characteristics, *The Journal of Psychology 128(5)*, 547-558.

HOSSENFELDER, MALTE (1992): Philosophie als Lehre vom glücklichen Leben - Antiker und neuzeitlicher Glücksbegriff, in: Bellebaum, Alfred (Hrsg.): Glück und Zufriedenheit - Ein Symposion, Darmstadt, 13-31.

HSIAO, CHENG (2004): Analysis of Panel Data, 2. Auflage, Cambridge u.a.

IRWIN, ROBIN; KAMMANN, RICHARD UND GRAEME DIXON (1979): If You Want to Know How Happy I am You´ll Have to Ask Me, *Journal of Human Resources 29(2)*, 406-428.

JACOBSEN, JOYCE P. UND LAURENCE M. LEVIN (1995): Effects of Intermittent Labor Force Attachment on Women´s Earnings, *Monthly Labor Review 118(9)*, 14-19.

JEVONS, WILLIAM S. [1879] (1970): The Theory of Political Economy, nach der 2. Auflage 1879 hrsg. und eingeleitet von R.D. Collison Black, Harmondsworth (Middlesex), 188-216.

JUNANKAR, PRAMOD N. (1991): Unemployment and Mortality in England and Wales: A Preliminary Analysis, *Oxford Economic Papers 43(2)*, 305-320.

JUNANKAR, PRAMOD N. (1986): Social Costs of Unemployment, *Discussion Paper Series No. 292*, Department of Economics University of Essex, Great Britain.

KAHNEMANN, DANIEL (1999): Objective Happiness, in: Kahnemann, Daniel; Diener, Ed und Norbert Schwarz (Hrsg.): Well-Being: The Foundation of Hedonic Psychology, New York, 3-25 (Kapitel 1).

KAMARAS, ENDRE (2003): Humankapital - Grund des Wachstums?, Marburg.

KIM, MOON-KAK UND SOLOMON W. POLACHEK (1994): Panel Estimates of Male-Female Earnings Functions, *Journal of Human Resources 29(2)*, 406-428.

KORPI, THOMAS (1997): Is Utility Related to Employment Status? Employment, Unemployment, Labor Market Policies and Subjective Well-Being Among Swedish Youth, *Labour Economics 4(2)*, 125-147.

KNECHT, RENÉ (1988): Die Humankapitaltheorie als Ansatz zur Erklärung des personellen Arbeitseinkommens, Dissertation, Universität St. Gallen.

KRAUS, FLORIAN; PUHANI, PATRICK A. UND VIKTOR STEINER (1997): Employment Effects of Publicly Financed Training Programs - The East German Experience, *IZA Discussion Paper No. 97-33*, Mannheim.

KUNZE, ASTRID (2002): The Timing of Careers and Human Capital Depreciation, *IZA Discussion Paper 509*, Bonn.

LAUTERBACH, WOLFGANG (1991): Erwerbsverläufe von Frauen - Längsschnittanalyse unter besonderer Berücksichtigung von Erwerbsunterbrechungen, in: Glatzer, Wolfgang (1991) (Hrsg.): Die Modernisierung moderner Gesellschaften (2), Wiesbaden, 773-775.

LEE, GARY R.; SECCOMBE, KAREN UND CONSTANCE L. SHEHAN (1991): Marital Status and Personal Happiness: An Analysis of Trend Data, *Journal of Marriage and the Family 53(4)*, 839-844.

LEWBEL, ARTHUR (2003): Endogenous Selection or Treatment Model Estimation, *Working Paper No. 462*, Department of Economics, Boston College, Boston.

LICHT, GEORG UND VIKTOR STEINER (1992): Individuelle Einkommensdynamik und Humankapitaleffekte nach Erwerbsunterbrechungen, *Jahrbuch für Nationalökonomie und Statistik 209(3-4)*, 241-265.

LICHT, GEORG UND VIKTOR STEINER(1991a): Abgang aus der Arbeitslosigkeit, Individualeffekte und Hysteresis - Eine Panelanalyse für die Bundesrepublik Deutschland, in: Helberge, Christof (Hrsg.): Erwerbstätigkeits- und Arbeitslosigkeitsanalysen aus dem sozioökonomischen Panel, *Beiträge aus der Arbeitsmarkt- und Berufsforschung 144*, Nürnberg, 182-206.

LICHT, GEORG UND VIKTOR STEINER (1991b): Stichprobenselektion, unbeobachtete Heterogenität und Humankapitaleffekte bei der Schätzung von Einkommensgleichungen mit Paneldaten, in: Rendtel, Ulrich und Gert Wagner (Hrsg.): Lebenslagen im Wandel: Zur Einkommensdynamik seit 1984 in Deutschland, Frankfurt u.a., 100-134.

LIGHT, AUDREY UND MANUELITA URETA (1995): Early-Career Work Experience and Gender Wage Differentials, *Journal of Labor Economics 13(1)*, 121-154.

LÖWENBEIN, ODED UND ULRICH RENDTEL (1991): Selektivität und Panelanalyse, in: Rendtel, Ulrich und Gert Wagner (Hrsg.): Lebenslagen im Wandel: Zur Einkommensdynamik seit 1984 in Deutschland, Frankfurt u.a., 156-187.

LONG, SCOTT J. UND JEREMY FREESE (2003): Regression Models for Categorical Dependent Variables Using STATA, Texas.

LUCAS, RICHARD E.; CLARK, ANDREW E.; GEORGELLIS, YANNIS UND ED DIENER (2004): Unemployment Alters the Set Point for Life Satisfaction, *American Psychological Society 15(1)*, 8-13.

LUCAS, RICHARD E.; CLARK, ANDREW E.; GEORGELLIS, YANNIS UND ED DIENER (2003): Re-examining Adaptation and the Set-point Model of Happiness: Reaction to Changes in Marital Status, *Journal of Personality and Social Psychology 84(3)*, 527-539.

MADDALA, G.S. (1983): Limited-Dependent and Qualitative Variables in Econometrics, Econometric Society Monographs in Quantitative Economics (Econometric Society Publication No. 3), Cambridge u.a.

MASTEKAASE, ARNE (1992): Marriage and Psychological Well-Being: Some Evidence on Selection Into Marriage, *Journal of Marriage and the Family 54(4)*, 901-911.

MAYRING, PHILIPP (1991a): Psychologie des Glücks, Stuttgart u.a.

MAYRING, PHILIPP (1991b): Die Erfassung subjektiven Wohlbefindens, in: Abele, Andrea und Peter Becker (Hrsg.): Wohlbefinden - Theorie, Empirie und Diagnostik, München, 51-70.

MCBRIDE, MICHAEL (2001): Relative-Income Effects on Subjective Well-Being in the Cross-Section, *Journal of Economic Behavior and Organization 45(3)*, 251-278.

MICHALOS, ALEX C. (1991): Schooling, Global Report on Student Well-Being - Volume I: Life Satisfaction and Happiness, New York u.a.

MINCER, JACOB (1974): Schooling, Experience and Earnings, NBER, New York u.a.

MINCER, JACOB (1962): On-the-Job Training: Costs, Returns, and Some Implications, *Journal of Political Economy 70(5), Teil II*, 50-79.

MINCER, JACOB (1958): Investment in Human Capital and Personal Income Distribution, *Journal of Political Economy 66(4)*, 281-302.

MINCER, JACOB UND HAIM OFEK (1982): Interrupted Work Careers: Depreciation an Restoration of Human Capital, *Journal of Human Resources 17(1)*, 3-24.

MINCER, JACOB UND SOLOMON W. POLACHEK (1978): Women´s Earnings Reexamined, *Journal of Human Resources 13(1)*, 118-134.

MINCER, JACOB UND SOLOMON W. POLACHEK (1974): Family Investments in Human Capital: Earnings of Women, *Journal of Political Economy 82(2)*, 76-108.

MYERS, DAVID G. UND ED DIENER (1995): Who is Happy?, *Psychological Science 6(1)*, 10-19.

NEAR, JANET P.; SMITH, ANN C.; RICE, ROBERT W. UND RAYMOND G. HUNT (1984): A Comparison of Work and Nonwork Predictors of Life Satisfaction, *Academy of Management Journal 27(1)*, 184-190.

OLSON, JOSEPHINE UND IRENE HANSO FRIEZE (1989): Job Interruptions and Part Time Work: Their Effect on MBA´s Income, *Industrial Relations 28(3)*, 373-386.

ONDRICH, JAN; SPIESS, KATHARINA C. UND QUING YANG (2002): The Effect of Maternity Leave on Women´s Pay in Germany 1984-1994, *DIW Discussion Paper 289*, Berlin.

OSTERBEEK, HESSEL; SLOOF, RANDOLF UND JOEP SONNEMANS (2007): Who Should Invest in Specific Training?, *Journal of Population Economics 20(2)*, 329-357.

OSWALD, ANDREW J. (1997): Happiness and Economic Performance, *Economic Journal 107(445)*, 1815-1831.

PLUG, ERIK (1997): Leyden Welfare and Beyond, *Tinbergen Institute Research Series 148*, Amsterdam.

POLACHEK, SOLOMON W. (2003): Mincer's Overtaking Point and the Lifecycle Earnings Distribution, *IZA Dicussion Paper 865*, Bonn.

POWERS, DANIEL A. UND YU XIE (2000): Statistical Methods for Categorical Data Analysis, San Diego u.a.

PRESCOTT, EDWARD C. (2004): Why Do Americans Work So Much More than Europeans?, *Federal Reserve Bank of Minneapolis Quarterly Review 28(1)*, 2-13.

PSACHAROPOULOS, GEORG (1981): Conceptions and Misconceptions on Human Capital Theory, in: Clement, Werner (Hrsg.): Schriften des Vereins für Socialpolitik, Gesellschaft für Wirtschafts- und Sozialwissenschaften (113), S. 9-15.

PYLKKÄNEN, ELINA UND NINA SMITH (2003): Career Interruptions due to Parental Leave: A Comparitive Study of Denmark and Sweden, OECD Social, Employment and Migration Working Papers, [Online], Available: http://www.oecd.org/dataoecd/61/7/2502336.pdf [21.12.2005].

ROSENBLADT, BERNHARD V.; SOEP-GRUPPE UND INFRATEST SOZIALFORSCHUNG (HRSG.) (2002): SOEP 2002 - Methodenbericht zum Befragungsjahr 2002 (Welle 19) des Sozio-ökonomischen Panels, Infratest Sozialforschung, NFO World Group, München.

ROTH, GERHARD (2003): Fühlen, Denken, Handeln. Wie das Gehirn unser Verhalten steuert, Frankfurt am Main.

RUBIN, DONALD B. (1976): Inference and Missing Data, *Biometrika 63(3)*, 581-592.

RUHM, CHRISTOPHER J. (1998): The Economic Consequences of Parental Leave Mandates: Lessons from Europe, *The Quarterly Journal of Economics 113(1)*, 285-317.

SCHETTKAT, ROLAND (2003): Differences in US-German Time-Allocation: Why Do Americans Work Longer Hours than Germans?, *IZA Dicussion Paper 697*, Bonn

SCHUPP, JÜRGEN AND GERT G. WAGNER (2002): Maintenance of and Innovation in Long-Term Panel Studies: The Case of the German Socio-Economic Panel (GSOEP), *Allgemeines Statistisches Archiv 86(2)*, 133-175.

SCHULTZ, THEODORE W. (1961): Investment in Human Capital, *American Economic Review 51(1)*, 1-17.

SCHUMACHER, J.; GUNZELMANN, T. UND E. BRÄHLER (1996): Lebenszufriedenheit im Alter - Differentielle Aspekte und Einflussfaktoren, *Zeitschrift für Gerontopsychologie und -psychatrie 9*, 1-17.

SCHWARZ, NORBERT UND FRITZ STRACK (1999): Reports of Subjective Well-Being: Judgemental Processes and their Methodological Implications, in: Kahneman, Daniel; Diener, Ed und Norbert Schwarz (Hrsg.): Well-Being: The Foundations of Hedonic Psychology, New York, 61-84.

SCHYNS, PEGGY (2003): Income and Life Satisfaction - A Cross-National and Longitudinal Study, Dissertation, Erasmus Universität Rotterdam, Niederlande.

SCHYNS, PEGGY (2002a): Income and Satisfaction in Germany and Russia: A Comparison between Poor and Rich People, in: Glatzer, Wolfgang (Hrsg.): Rich and Poor, Disparities, Perceptions, Concomitants, Dordrecht, 89-104.

SCHYNS, PEGGY (2002b): Wealth of Nations, Individual Income and Life Satisfaction in 42 Countries: A Multilevel Approach, *Social Indicators Research 60(1)*, 5-40.

SCHYNS, PEGGY (2001): Income and Satisfaction in Russia, *Journal of Happiness Studies 2(2)*, 173-204.

SCHYNS, PEGGY (2000): The Relationship Between Income, Changes in Income and Life-Satisfaction in West Germany and the Russian Federation: Relative, Absolute, or a Combination of Both?, in: Diener, Ed (Hrsg.): Advances in Quality of Life Theory and Research, Dordrecht, 83-109.

SESSELMEIER, WERNER UND GEORG BLAUERMEL (1997): Arbeitsmarkttheorien - Ein Überblick, 2. überarbeitete und erweiterte Auflage, Heidelberg u.a.

SHIELDS, MICHAEL UND ALLAN WAIBO (2002): Unhappiness and Involuntary Unemployment: The Case of Ethnic Minority Men in Britain, [Online], Available: http://www.le.ac.uk/economics/research/RePEc/lec/lpserc/pserc99-1.pdf [14.11.2006].

SIMPSON, WAYNE (2000): Intermittent Work Activity and Earnings, *Applied Economics 32(14)*, 1777-1786.

SMITH, ADAM [1776] (1976): An Inquiry into the Nature and Causes of the Wealth of Nations, herausgegeben von Campbell, R.h.; Skinner, A.S. und W.B. Todd, (1976), Volume I, London-Oxford.

SOEP GROUP (2001): The German Socio-Economic Panel (GSOEP) After More Than 15 Years - Overview, in: Holst, Elke; Lillard, Dean R. and Thomas A. DiPrete (Hrsg.): Proceeding of the 2000 Fourth International Conference of German Socio-Economic Panel Study Users (GSOEP 2000), *Vierteljahreshefte zur Wirtschaftsforschung 70(1)*, 7-14.

STONES, M.J. UND ALBERT KOZMA (1986): „Happy Are They Who Are Happy ..." - A Test between Two Causal Models of Relationships Between Happiness and Its Correlates, *Experimental Aging Research 12(1)*, 23-29.

TRZCINSKI, EILEEN UND ELKE HOLST (2005): Geburt eines Kindes erhöht die Lebenszufriedenheit der Mütter nur kurzfristig - Geringere Lebenszufriedenheit insbesondere bei türkischen Müttern, *DIW-Wochenbericht 4/2005*, 72. Jg., Berlin, 69-76.

VAN PRAAG, BERNARD M. S. (1971): The Welfare Function of Income in Belgium: An Empirical Investigation, *European Economic Review 2(3)*, 337-369.

VAN PRAAG, BERNARD M. S. (1968): Individual Welfare Functions and Consumer Behavior, Amsterdam.

VAN PRAAG, BERNARD UND ADA FERRER-I-CARBONELL (2004): Happiness Quantified - A Satisfaction Calculus Approach, Oxford.

VAN PRAAG, BERNARD UND ADA FERRER-I-CARBONELL (2002): Life Satisfaction Differences between Workers and Non-Workers - The Value of Participation per se, *Tinbergen Institue Research Discussion Paper 018/3*, Amsterdam.

VEENHOVEN, RUUT (1984): Conditions of Happiness, Dissertation, Erasmus Universität Rotterdam, Niederlande.

VERBEEK, MARNO (2002): Modern Econometrics, Chichester u.a.

WAGNER, GERT (1991): Die Erhebung von Einkommensdaten im Sozioökonomischen Panel (SOEP), in: Rendtel, Ulrich und Gert Wagner (Hrsg.): Lebenslagen im Wandel: Zur Einkommensdynamik in Deutschland seit 1984, Frankfurt/ New York, 26-33.

WAGNER, GERT; SCHUPP, JÜRGEN UND ULRICH RENDTEL (1994): Das Sozio-Ökonomische Panel (SOEP) - Methoden der Datenproduktion und -aufbereitung im Längsschnitt, in: Hauser, Richard; Ott, Notburga und Gert Wagner (Hrsg.): Mikroanalytische Grundlagen, Band 2: Erhebungsverfahren, Analysemethoden und Mikrosimulation, *Ergebnisse aus dem gleichnamigen Sonderforschungsbereich an den Universitäten Frankfurt und Mannheim*, Akademie-Verlag, Berlin.

WAGNER, GERT ; BURKHAUSER, RICHARD V. UND FREDERIKE BEHRINGER (1993): The English Language Public Use File of the German Socio-Economic Panel Study, *The Journal of Human Resources 28(2)*, 429-433.

WALDFOGEL, JANE (1998a): The Family Gap for Young Women in the United States and Britain: Can Maternity Leave Make a Difference?, *Journal of Labor Economics 16(3)*, 505-545.

WALDFOGEL, JANE (1998b): The Family Gap for Young Women with Children, *Journal of Economic Perspectives 12(1)*, 137-156.

WEEDE, ERICH (2003): Intelligenztests, Humankapital und Wirtschaftswachstum: eine international vergleichende Studie, *List Forum für Wirtschafts- und Finanzpolitik 29(4)*, 390-406.

WILLIS, ROBERT J. (1986): Wage Determinants: A Survey and Reinterpretation of Human Capital Earnings Functions, in: Ashenfelter, Orley und Richard Layard (Hrsg.): The Handbook of Labor Economics (1), Amsterdam, 525-602.

WINKELMANN, LILIANA UND RAINER WINKELMANN (1998): Why Are the Unemployed So Unhappy? Evidence from Panel Data, *Economica 65(257)*, 1-15.

WINKELMANN, LILIANA UND RAINER WINKELMANN (1995): Happiness and Unemployment: A Panel Data Analysis for Germany, *Konjunkturpolitik 41(4)*, 293-307.

WOOLDRIDGE, JEFFREY M. (2006): Introductory Econometrics - A Modern Approach, 3. Auflage, Crawfordsville (Indiana).

WOOLDRIDGE, JEFFREY M. (2002): Econometric Analysis of Cross Section and Panel Data, Massachusetts.

ZAPF, WOLFGANG (1984): Individuelle Wohlfahrt: Lebensbedingungen und wahrgenommene Lebensqualität, in: Glatzer, Wolfgang und Wolfgang Zapf (Hrsg.): Lebensqualität in der Bundesrepublik - Objektive Lebensbedingungen und subjektives Wohlbefinden, Frankfurt u.a., 13-26.

ZIEFLE, ANDREA (2004): Die individuellen Kosten des Erziehungsurlaubs: Eine empirische Analyse der kurz- und längerfristigen Folgen für den Karriereverlauf von Frauen, *WZB Discussion Paper SP I 2004-102*, Berlin.

Schriften zur empirischen Wirtschaftsforschung

Herausgegeben von Peter M. Schulze

Band 1 Christoph Balz: Multivariate Überprüfung von Hysteresiseffekten. Eine empirische Analyse ausgewählter Arbeitsmärkte. 1999.

Band 2 Daniel Porath: Fiskalische Beurteilung der Staatsverschuldung mit ökonometrischen Methoden. Eine empirische Studie für die Bundesrepublik Deutschland. 1999.

Band 3 Martina Johannsen: Theorie und Empirie von Arbeitsmärkten. Eine ökonometrische Analyse für Rheinland-Pfalz. 2000.

Band 4 Peter M. Schulze: Regionales Wachstum und Strukturwandel. Quantitative Analyse mit Regionaldaten für die Bundesrepublik Deutschland. Unter Mitarbeit von Christoph Balz. 2001.

Band 5 Nora Lauterbach: Tertiarisierung und Informatisierung in Europa. Eine empirische Analyse des Strukturwandels in Deutschland, Frankreich, Italien und Großbritannien. 2004.

Band 6 Robert Skarupke: Renditen von Bildungsinvestitionen. Paneldaten-Schätzungen für die Bundesrepublik Deutschland. 2005.

Band 7 Manfred Scharein: Zur Theorie skalenparametergesplitteter Verteilungen und ihrer Anwendung auf den deutschen Aktienmarkt. 2005.

Band 8 Ke Ma: Quantitative Renditeanalysen am deutschen Aktienmarkt mit Multifaktoren-Modellen. 2005.

Band 9 Jens Ulrich Hanisch: Rounding of Income Data. An Empirical Analysis of the Quality of Income Data with Respect to Rounded Values and Income Brackets with Data from the European Community Household Panel. 2007.

Band 10 Yvonne Lange: Fertilität und Erwerbsbeteiligung von Frauen in Deutschland. Eine empirische Analyse. 2007.

Band 11 Jörg Schmidt: Relative Deprivation, Arbeitszufriedenheit und Betriebswechsel. Eine Analyse auf Basis von Linked Employer-Employee Daten. 2008.

Band 12 Tanja Kasten: Monetäre und nicht-monetäre Effekte von Erwerbsunterbrechungen. Eine mikroökonometrische Analyse auf Basis des SOEP. 2008.

www.peterlang.de

Jörg Schmidt

Relative Deprivation, Arbeitszufriedenheit und Betriebswechsel

Eine Analyse auf Basis von Linked Employer-Employee Daten

Frankfurt am Main, Berlin, Bern, Bruxelles, New York, Oxford, Wien, 2008.
XXIII, 255 S., zahlr. Tab. und Graf.
Schriften zur empirischen Wirtschaftsforschung.
Herausgegeben von Peter M. Schulze. Bd. 11
ISBN 978-3-631-57211-5 · br. € 54.70*

Relative Deprivation (RD) ist der ökonomische, werturteilsfreie Ausdruck für Neid. Im Rahmen des Betriebs als Bezugsgruppe werden in der Arbeit individuelle und betriebsbezogene Ungleichheitsmaße als Indizes für RD formal hergeleitet und in das Konzept der Arbeitszufriedenheit eingebunden. Auf Basis eines Linked Employer-Employee Datensatzes für Deutschland werden zunächst ein Überblick über Ausmaß und Verteilung von RD präsentiert und die wesentlichen Determinanten von RD identifiziert. Im Anschluss wird der Einfluss von RD auf die Arbeitsmobilität untersucht. Die Analyse zeigt, dass eine hohe individuelle und betriebsbezogene RD die Wahrscheinlichkeit eines Betriebswechsels erhöht.

Aus dem Inhalt: Konzept der relativen Deprivation · Relative Deprivation und Arbeitszufriedenheit · Daten und Methodik (Linked Employer-Employee Daten für Deutschland, Fixed Effects Modelle, Logistische Regressionen) · Relative Deprivation im Betrieb · Arbeitsmobilität als Folge von relativer Deprivation

Frankfurt am Main · Berlin · Bern · Bruxelles · New York · Oxford · Wien
Auslieferung: Verlag Peter Lang AG
Moosstr. 1, CH-2542 Pieterlen
Telefax 0041(0)32/3761727

*inklusive der in Deutschland gültigen Mehrwertsteuer
Preisänderungen vorbehalten
Homepage http://www.peterlang.de

LEBENSLAUF

Geburtstag und -ort:	27.11.1976 in Berlin.
09.1989 – 05.1996	Wald-Oberschule, Berlin.
Schulabschluss:	Allgemeine Hochschulreife, 29.05.1996.
04.1997 – 09.2002	Studium der Volkswirtschaftslehre, Freie Universität Berlin.
Diplomarbeitsthema:	Konjunkturprognosen unter Verwendung der Ifo- und ZEW-Erwartungsdaten im Vergleich.
Abschluss:	Diplom-Volkswirtin, 01.10.2002.
Seit 07.2003	Wissenschaftliche Mitarbeiterin, Westfälische Wilhelms-Universität Münster.
Dissertationsthema:	Monetäre und nicht-monetäre Effekte von Erwerbsunterbrechungen: Eine mikroökonometrische Analyse auf Basis des SOEP.